U0945200

傅同瑾◎主编

做改革实干家

国家行政学院出版社

图书在版编目（CIP）数据

做改革实干家 / 傅同瑾主编．— 北京 ：国家行政学院出版社，2015.9

ISBN 978-7-5150-1591-0

Ⅰ．①做…　Ⅱ．①傅…　Ⅲ．①体制改革－中国－干部教育－学习参考资料　Ⅳ．①D61

中国版本图书馆 CIP 数据核字 (2015) 第 216212 号

书　　名　做改革实干家

主　　编　傅同瑾

责任编辑　王　娜

出版发行　国家行政学院出版社

（北京市海淀区长春桥路 6 号　100089）

电　　话　（010）68920640　68929037

编 辑 部　（010）68928873

经　　销　新华书店

印　　刷　北京中印联印务有限公司

版　　次　2015 年 9 月北京第 1 版

印　　次　2015 年 9 月北京第 1 次印刷

开　　本　787 毫米 ×1092 毫米　　1/16

印　　张　14.5

字　　数　200 千字

书　　号　ISBN　978-7-5150-1591-0

定　　价　36.00 元

目录 Contents

|第一章| 让人民对改革有更多获得感 / 1

➢ 让人民呼声与改革脉搏共振 / 2

➢ 让人民对改革有更多获得感 / 4

➢ 群众获得感要真切实在 / 7

➢ 人民满意是深化改革的根本标准 / 9

➢ 紧紧依靠人民把改革推向前进 / 12

|第二章| 坚定不移朝着全面深化改革目标前进 / 14

➢ 准确把握全面深化改革的内在规律，以更大的政治勇气和智慧打赢全面深化改革的攻坚战 / 15

➢ 靠全面深化改革　筑就中国梦 / 17

➢ 深刻理解和准确把握全面深化改革的总目标 / 19

➢ 准确把握全面深化改革的本质要义 / 22

➢ 深刻把握和自觉运用全面深化改革的辩证法 / 25
➢ 如何看待“对改革开放的质疑”？ / 28

|第三章| 把握改革大局自觉服从服务改革大局 / 35

➢ 深刻理解和把握“新的伟大斗争” / 36
➢ 着眼大格局　把握大逻辑　凝心聚力谋改革 / 39
➢ 深刻把握全面深化改革的关键地位和作用需要更高的能力和水平 / 42
➢ 改革是顶层设计和摸石头过河的统一 / 44
➢ 渐进中必须要有更大突破 / 46
➢ 服从服务大局做改革的促进派 / 49

|第四章| 以重大问题为导向抓住改革关键问题 / 52

➢ 冲破“两个束缚”是全面深化改革的关键 / 53
➢ 当前深化改革面临的几个问题 / 55
➢ 基层改革面临三类难题 / 57
➢ 经济体制改革要处理好政府、市场、社会的关系 / 60
➢ 全面深化改革须维护国有经济主导地位 / 63
➢ 全面深化改革　必须解决好制度模式选择问题 / 68
➢ 把深化文化体制改革的各项任务落到实处 / 71
➢ 改革社会组织管理制度　激发和释放社会发展活力 / 73
➢ 紧扣国家治理现代化深化党的建设制度改革 / 76

|第五章| 运用法治思维和法治方式推进改革 / 78

➢ 全面深化改革必须全面推进依法治国 / 79

➢ 正确认识和把握党和法的关系 / 84
➢ 法治与德治：相辅相成 相得益彰 / 88
➢ 领导干部应率先确立和运用法治思维 / 91
➢ 把提升领导干部依法履职能力作为硬要求 / 93
➢ 加强基层法治机构和法治队伍建设 / 96
➢ 依法决策 减少决策随意性 / 98

|第六章| 改革要聚焦聚神聚力抓好落实 / 101

➢ 改革落地生根要除“四障” / 102
➢ 防止“不改、假改、乱改” / 103
➢ 以问题为导向继续推进简政放权改革 / 106
➢ 继续深入推进行政审批制度改革 / 108
➢ 深化国企改革 完善国资监管 / 110
➢ 深化财税体制改革 建立现代财政制度 / 112
➢ 促进城镇化的绿色化 / 116
➢ 户籍制度改革需坚持六个原则 / 120
➢ 深化农村改革 推进农业现代化 / 121
➢ 农村土地制度改革须守住三条底线 / 124
➢ 教育改革发展需要双轮驱动 / 126
➢ 深化科技体制改革要解决三个问题 / 128
➢ 推进就业社保改革 更好保障改善民生 / 131
➢ 以生态文明理念解决环境污染突出问题 / 133
➢ 深化改革增强人才工作实效性 / 135

|第七章| 在全面深化改革中推进反腐倡廉建设 / 141

➢ 正风肃纪重塑清明政治生态 / 142
➢ 反腐败是推动经济发展的强大正能量 / 144
➢ 在全面深化改革中推进反腐倡廉建设 / 146
➢ 以改革的办法坚决铲除滋生腐败的土壤 / 149
➢ 零容忍查处腐败问题不能松 / 152
➢ 保持反腐败高压态势不放松 / 155
➢ 严惩腐败必须纠正错误认识 / 157
➢ 勇于担当主体责任 坚定不移反腐倡廉 / 160

|第八章| 自觉运用改革精神谋划推动工作 / 165

➢ 以全面深化改革引领新常态 / 166
➢ 以改革思维破解新常态中的难题 / 167
➢ 以加快创新、改革和开放推动我国经济结构调整 / 169
➢ 以改革新突破释放发展新动力 / 172
➢ 深化改革促进产业结构升级 / 178

附 录 中央全面深化改革领导小组历次会议 / 181

后 记 / 223

第一章

让人民对改革有更多获得感

引子

人民是社会历史的创造者，是改革开放的主体力量。深化改革，必须牢固树立“改革为了人民，改革依靠人民，改革成果让人民共享”的理念，从人民利益出发领导、谋划、推动、落实改革，并让人民从改革中得到看得见、摸得着的实惠，最大限度地提升人民群众的“获得感”和“幸福感”。

让人民呼声与改革脉搏共振*

近来，有个改革热词叫群众“获得感”。这个词被热议，道出了社会公众渴望改革进一步与民意互动的期盼。捍卫公共利益，准确把握社会心理需求，符合这些特征的改革，才能真正改到人们心里去。

“人民群众对美好生活的向往，就是我们的奋斗目标。”事实上，让群众得到更多实惠，一直是改革的基本取向。今年以来，中央全面深化改革领导小组召开了3次会议研究改革问题，始终有个鲜明的指导思想，即进一步提升改革质量，增强人民群众“获得感”。

在中央全面深化改革领导小组第十一次会议上，习近平总书记强调，“不断提高领导、谋划、推动、落实改革的能力和水平，切实做到人民有所呼、改革有所应”。就在这次会议上，发展乡村教育、深化公立医院改革、破解“立案难”等老百姓关心的热点难点问题，成为下一步改革的重要着力点。

从“获得感”到“呼应感”，“一切为了人民”的利益目标没有变，狠抓落实的现实导向没有变，只是对改革的及时性、含金量提出了更高的要求。显然，对民意的呼应，不是被动回应，也不等于简单顺应，而要达到“让改革瓜熟蒂落、与社会同频共振”的效果。

改革进入深水区之后，适时让改革与民意响应模式提速换挡，体现了中央对全面深化改革的驾驭能力。党的十八大以来，中央坚持把改革力度、发展速度和社会可承受程度统一起来，哪些该小步走，哪些可以大步行，哪些应该惊险一跃，把握得十分到位，做到了蹄疾而步稳。究其原因，就是因为改革与民意的呼应度非常高。两年多来，许多过去长期未能突破的改革举措之所以推进得波澜不惊，比如单独二孩政策、城乡户籍统一登记、商事登记制度改革等，就是因为对群众现实需求、真实心声有十分精细的把握，带给

---

* 刘天亮：《让人民呼声与改革脉搏共振》，《人民日报》2015年4月3日。

群众很明显的“呼应感”。

然而，改革越深入，就越要同时面对利益的纠缠和民意的复杂。这使得改革“最先一公里”和“最后一公里”的对接变得更棘手。发展目标耽搁不得，全面深化改革的任务排山倒海，然而，一些地方和干部却患上改革疲劳症，对群众期盼作虚假的呼应。可行性论证了一轮又一轮，口号换了一个又一个，就是听不见改革措施的落地声。更有甚者，假装摸石头，作势踩油门，以改革和民意的幌子耗掉群众的耐心，也错失了改革的时间窗口，最终让问题积重难返。

在一个权利意识不断高涨、思想观念日益多样的时代，改革的顺利推进，已然离不开群众的积极参与；改革的上下对称，更离不开民意的推动和监督。也就是说，尽可能地畅通民意表达渠道，建立起改革与民意互动的良性模式，打捞真正有意义的社会观点和态度，已经成为时代的基本要求。

对改革发自内心的呼应，显然不能只来自偶然的结果利好，也不仅来自为民办事的良好意愿，只能更多来自于一个及时的、动态的了解群众诉求的机制。从微观上讲，实现这种层次的呼应，殊为不易。

据报道，有一位想干事的领导干部，上任之初就登门拜访当地知名人士，征求他们对改革发展的意见，大家一开始十分欣慰，很快心就凉了，因为这位领导从此对他们避而不见，原因是意见不合、不如不见。思想交流尚且如此波折，何况是面对“碎片化”的民意？切实呼应民意，没有捷径可走，惟有不断推进信息公开的水平，不断加强调查研究的力度，不断把群众工作做细做扎实。

“治理之道，莫要于安民；安民之道，在于察其疾苦。”抓住复杂中国不断变动的真实民意，是过去30多年改革的成功秘诀，也是近年来改革不断冲破利益藩篱的最大依仗。不忘初心，方得始终。葆有对群众的那份真挚感情，看到他们心中的改革图景，才能让改革行动始终与人民心声相激荡，在时代浪潮中从不迷航。

让人民对改革有更多获得感 *

2013年11月，党的十八届三中全会审议通过《中共中央关于全面深化改革若干重大问题的决定》，并成立中央全面深化改革领导小组。一年多来，中央全面深化改革领导小组先后召开11次会议，审议出台了一系列重要改革意见和改革方案。改革在一些重要领域和关键环节取得重大进展和积极成效，从十个方面提升了人民群众的获得感。

创业——商事制度改革促进了大众创业万众创新。《中共中央关于全面深化改革若干重大问题的决定》第9条提出，推进工商注册制度便利化，把注册资本实缴登记制逐步改为认缴登记制。2013年12月，全国人大常委会修订《中华人民共和国公司法》，大幅度撤除公司注册门槛。2014年2月，国务院印发《注册资本登记制度改革方案》，实行注册资本认缴登记制，将企业年度检验制度改为企业年度报告公示制度。商事制度改革极大地激发了大众创业的激情，全国市场主体呈现井喷式增长。截至2015年2月底，商事制度改革一年来，全国新登记注册市场主体1333.59万户，同比增长17.67%。

投资——投资体制改革让投资者获得资本性收益。《中共中央关于全面深化改革若干重大问题的决定》第12条提出，健全多层次资本市场体系，推进股票发行注册制改革，多渠道推动股权融资，发展并规范债券市场，提高直接融资比重。2014年5月，国务院印发《关于进一步促进资本市场健康发展的若干意见》，全面落实决定提出的上述改革任务。投资体制改革让广大股市投资者获得了一个大大的牛市红包，从2013年11月到2015年3月，上证指数从2100点左右上涨到3800点左右，涨幅超过80%。

办事——行政体制改革让人民群众办事更便捷更舒心。《中共中央关于全面深化改革若干重大问题的决定》在第四部分的导语中提出，深化行政体

* 方彦：《让人民对改革有更多获得感》，《学习时报》2015年4月6日。

制改革，创新行政管理方式，增强政府公信力和执行力，建设法治政府和服务型政府。2014 年，国务院各部门共取消和下放 246 项行政审批事项，取消评比达标表彰项目 29 项、职业资格许可和认定事项 149 项，再次修订投资项目核准目录，大幅缩减核准范围。特别是《关于全面深化公安改革若干重大问题的框架意见》及相关改革方案的出台，为人民群众办证、办事带来了极大便利，办一本护照需要六次返乡的尴尬故事再也不会重演了。

户籍——户籍制度改革为农村人口落户城镇打开了方便之门。《中共中央关于全面深化改革若干重大问题的决定》第 23 条提出，创新人口管理，加快户籍制度改革，全面放开建制镇和小城市落户限制，有序放开中等城市落户限制，合理确定大城市落户条件，严格控制特大城市人口规模。2014 年 7 月，国务院发布《关于进一步推进户籍制度改革的意见》。意见规定，进一步调整户口迁移政策，统一城乡户口登记制度，全面实施居住证制度，加快建设和共享国家人口基础信息库。《意见》提出，到 2020 年，努力实现 1 亿左右农业转移人口和其他常住人口在城镇落户。困扰年轻人的户口迁移这个大难题有望得到一定程度的破解。

法治——司法体制改革使得社会更加公平正义。《中共中央关于全面深化改革若干重大问题的决定》在第九部分的导语中提出，深化司法体制改革，加快建设公正高效权威的社会主义司法制度，维护人民权益，让人民群众在每一个司法案件中都感受到公平正义。2013 年 12 月，全国人大常委会作出重要决定，实行 50 多年的劳动教养制度终于被废止。2014 年 2 月以来，中央全面深化改革领导小组先后审议通过了《关于深化司法体制和社会体制改革的意见及贯彻实施分工方案》《关于司法体制改革试点若干问题的框架意见》《关于设立知识产权法院的方案》《最高人民法院设立巡回法庭试点方案》《设立跨行政区划人民法院、人民检察院试点方案》《关于领导干部干预司法活动、插手具体案件处理的记录、通报和责任追究规定》等。一年多来，司法改革的含金量已经开始展示出来，人民群众在公正法治上有了更多的获得感。

廉洁——党的纪律检查体制改革让人民享受到廉洁政治的阳光。《中共中央关于全面深化改革若干重大问题的决定》第 36 条提出，改革党的纪律检查体制，健全反腐败领导体制和工作机制，改革和完善各级反腐败协调小组职能。2014 年 12 月以来，中央全面深化改革领导小组先后审议通过了一个意见和三个办法，即《关于加强中央纪委派驻机构建设的意见》和《省（自治区、直辖市）纪委书记、副书记提名考察办法（试行）》《中央纪委派驻纪检组组长、副组长提名考察办法（试行）》《中管企业纪委书记、副书记提名考察办法（试行）》。通过锲而不舍、驰而不息地惩治腐败，人民群众获得了廉洁政治的阳光。

就学——考试招生制度改革让孩子们享受到更好的教育。《中共中央关于全面深化改革若干重大问题的决定》第 42 条提出，推进考试招生制度改革，探索招生和考试相对分离、学生考试多次选择、学校依法自主招生、专业机构组织实施、政府宏观管理、社会参与监督的运行机制，从根本上解决一考定终身的弊端。2014 年 9 月，国务院印发《关于深化考试招生制度改革的实施意见》。意见规定，部属高校要合理确定分省招生计划，到 2017 年录取率最低省份与全国平均水平的差距从 2013 年的 6 个百分点缩小至 4 个百分点以内，确保贫困地区农村学生进入重点高校人数明显增加，推进九年义务教育均衡发展，完善义务教育免试就近入学的具体办法，进一步落实和完善进城务工人员随迁子女就学和升学考试的政策措施。

养老——养老制度改革让老人们的养老钱包更厚实。《中共中央关于全面深化改革若干重大问题的决定》第 45 条提出，整合城乡居民基本养老保险制度、基本医疗保险制度。2014 年 2 月，国务院常务会议决定，在已基本实现新型农村社会养老保险、城镇居民社会养老保险全覆盖的基础上，依法将这两项制度合并实施，在全国范围内建立统一的城乡居民基本养老保险制度。2015 年 1 月，国家将城乡居民基础养老金标准统一由 55 元提高到 70 元，增长了 27%，并建立了基础养老金标准常态化增长机制，企业退休人员实现了退休金“十一连增”，人民群众期待已久的降低养老保险缴费比例也被提上了议事日程。

就医——公立医院改革破解群众看病就医难题。《中共中央关于全面深化改革若干重大问题的决定》第 46 条提出：加快公立医院改革，落实政府责任，建立科学的医疗绩效评价机制和适应行业特点的人才培养、人事薪酬制度。2015年4月，中央全面深化改革领导小组第十一次会议审议通过了《关于城市公立医院综合改革试点的指导意见》。强调要坚持公立医院公益性的基本定位，将公平可及、群众受益作为改革出发点和立足点，落实政府办医责任，统筹推进医疗、医保、医药改革，坚持分类指导，坚持探索创新，破除公立医院逐利机制，建立维护公益性、调动积极性、保障可持续的运行新机制，构建布局合理、分工协作的医疗服务体系和分级诊疗就医格局。可以预见，改革将惠及全体人民群众。

生育——计划生育改革让年轻人生育意愿获得新的释放。《中共中央关于全面深化改革若干重大问题的决定》第46条提出：启动实施一方是独生子女的夫妇可生育两个孩子的政策，逐步调整完善生育政策，促进人口长期均衡发展。2013年12月28日，十二届全国人大常委会第六次会议审议通过了国务院《关于调整完善生育政策的决议（草案）》的议案。2014年“单独两孩”政策正式启动。目前，全国绝大多数省份实施了“单独两孩”新政。国家卫生计生委有关负责人透露，截至2014年底，全国共有106.9万对单独夫妇申请再生育，基本符合预期。预计2015年，受“单独两孩”政策影响，出生人口比2014年多100万左右。

群众获得感要真切实在*

春运时，跟车跑了趟长途。全程40多个小时，从明媚温暖的南方到天寒地冻的北方。回来时，火车上的暖气很不给劲，车厢内也就六七摄氏度，时不时还没有热水供应，旅客们一路怨言。列车工作人员也一脸无奈：机车有问题，他们也解决不了。虽说只要准备充分，就能避免水管冻住，但供水由车站负责，他们自己也在挨冻、忍受口渴。后来，到了另外一个大站换了车头，才暖和起来。

* 赵鹏：《群众获得感要真切实在》，《人民日报》2015年3月19日。

想一想，这还真不是列车服务层面能解决的事。别瞧都穿铁路制服，车站是车站，客运是客运，机务是机务，电力是电力……窗口背后的发条不止一个，提升服务说来容易做来难。按说，铁路部门内部已经改革，各有各的业务范围，责任划分比较明确。可一旦推诿责任互相扯皮，旅客也只能干瞪眼。机车的问题，一方说对方没有搞好维护，另一方则认为是对方操作有失误，都称要追究对方责任。

争执带来的闹心，也是当前全面深化改革亟待解决的问题。改革正向纵深推进，“最先一公里”不断破题，但“最后一公里”的获得感不强。还有许多难题，挡在必经之路上，拦在爬坡之顶上，成了花样繁多、一时难以捋顺的所谓“中梗阻”。个中原因不难理解：固化的利益，只有在最核心的地方，才缠绕成结；陈旧的藩篱，越深入到体制之内，才越密集成林。

两头很热闹，中间环节仍在纠缠胶着，对改革红利和政策利好会造成不可估量的损耗。医家讲，通则不痛，痛则不通。当前有这么一种龃龉：改革的痛点，群众感受非常直接。然而，对应改革的力度，却觉得不痛快。还拿铁路部门来说，尽管进行了全方位的机制体制改革，但若是无法打通中间环节，让窗口服务质量有切实的改进，群众不仅难有真实的获得感，还可能消解前期的获得。

全面深化改革，无疑是要对所有“不通”之处，进行一次全面大扫除。然而，“鼓包”处背后的内部机制，外行人未必了然。在这种局面下，除了着力消除改革的惰性，还必须警惕一种苗头：以虚晃一枪的改革，耗掉社会支持改革的热情，最终把改革带进死胡同。当前有些改革表面上积极，实则只考虑自身和内部利益调整，而未虑全局利益；只热衷于摆脱自身责任、满足少数人获益方便，而罔顾公众的长远利益。

因此，对改革的取向必须有一个兜底的评价机制，这就是习近平总书记所说的，“把改革方案的含金量充分展示出来，让人民群众有更多获得感。”改革是要排除万难的事业，必须基于无与伦比的勇气和理性，但也不能无视社会心理和情感向度。再高远的改革，也必须回到地上，切切实实考虑群众的获得感，否则就有可能失去群众支持而寸步难行，错失时机，贻误大业。

群众有没有获得感，是检验改革是否真正到位、真正彻底、真正有效的标尺。这就意味着，改革首先要找好起点，从群众最期盼的领域改起，从制约经济社会发展最突出的问题改起；然后是中间环节不能跑偏，不断以群众获得感来校正航向，最大限度凝聚改革正能量。

人民满意是深化改革的根本标准 *

习近平总书记强调，对党和人民事业有利的，对最广大人民有利的，对实现党和国家兴旺发达、长治久安有利的，该改的就要坚定不移改，这才是对历史负责、对人民负责、对国家和民族负责。新一轮改革，在有利于完善和发展中国特色社会主义制度、推进国家治理体系和治理能力现代化的基础上，进一步明确，衡量改革，人民满意是根本。把为了人民、依靠人民、造福人民的理念作为判断和衡量深化改革的根本标准。

解决好改革“为了谁”的问题。深化改革不是为改革而改革，促进社会公平正义、增进人民福祉是全面深化改革的价值取向。一方面，把促进社会公平正义体现在深化改革的顶层设计中，体现在改革制度设计的全过程。制度安排是深化改革的突破口和着力点。党的十八届三中全会着眼于尊重和保障人民平等参与、平等发展的权利，创造更加公平公正的社会环境，作出了一系列深化改革的决策部署和制度创新。我们党领导人民进行革命、建设和改革，就是为了建设真正公平正义的社会。当我们遇到关系比较复杂、一时难以权衡的利益问题时，要同群众坐在一条板凳上，首先想到群众在期待什么，如何保障群众利益。在出台涉及群众切身利益的政策措施时，充分考虑群众的承受能力和接受程度，稳妥加以处理。我们出台改革制度和措施，都应站在人民立场上、从人民利益出发去把握、去处理。为人民深化改革，就是把人民拥护不拥护、赞成不赞成、高兴不高兴、答应不答应作为改革的出发点和归宿，及时回应群众的利益诉求，最大程度地集聚民意，维护群众

* 蔡国英：《人民满意是深化改革的根本标准》，《学习时报》2014年4月7日。

利益。实践证明，我们党之所以能最大程度地凝聚社会共识，激发人民群众参与改革的巨大热情，其根本原因就在于把增进人民福祉作为深化改革的根本价值，把人民群众更多更公平地共享改革发展成果作为改革的美好愿景。另一方面，重视保障和改善民生，把解决好人民群众最关心最直接最现实的利益问题作为改革的出发点和落脚点。只有高度重视改善民生，努力解决群众生产生活中的困难和问题，才能为改革创造良好环境。民生保障得越好，改革成功的希望就越大，社会稳定的基石就越牢固。在深化改革进程中，既要抓住经济建设这个中心，把“蛋糕”做好、做大，又要通过健全完善社会公平保障体系，把“蛋糕”分好、分匀。习近平总书记强调：“在前进道路上，我们一定要坚持从维护最广大人民根本利益的高度，多谋民生之利，多解民生之忧，在学有所教、劳有所得、病有所医、老有所养、住有所居上持续取得新进展。”人民对幸福美好生活的追求，就是我们党不懈奋斗的目标。这既是对新一轮改革目的与意义的生动诠释，也是我们党执政理念的集中体现。

解决好改革“依靠谁”的问题。深化改革，不是哪一部分人的改革，应充分发挥人民主体作用。习近平总书记强调：“人民是历史的创造者，群众是真正的英雄。”改革中认识和实践上的突破、新生事物的产生和典型经验的创造，都是来自人民群众的实践和智慧。经验表明，强调人民的主体作用，是我们党各项事业能够不断取得胜利的法宝。在深化改革过程中，这一弥足珍贵的经验，是我们党团结带领人民共同奋斗的根本遵循。

人民群众是先进生产力和先进文化的创造主体，是加快改革、深化改革的根本力量。在新的历史时期，深化改革的主体只能是广大人民群众。只有充分发挥人民的主体作用，才能有效调动他们的积极性、主动性和创造性，推动生产力的发展。只有倾听群众呼声、回应群众诉求、顺应群众期盼，才能及时总结群众中创造的新鲜经验，把群众的智慧和力量凝聚到改革上来。反之，必定会增加改革的阻力和成本，削弱改革的成绩和效能。

发挥人民主体作用，就是让人民探索改革实践的涓涓细流，汇聚成推动改革的滚滚热潮。改革是亿万人民自己的事业，必须尊重实践，尊重群众，集中人民智慧，团结一切可以团结的力量，调动一切可以调动的积极因素，形成推进改革的强大合力。同时，把群众作为深化改革的主心骨，制定改革方案要认真听取群众意见，遇到改革难题要虚心向群众请教。深化改革是一项开创性的事业，鼓励基层和群众大胆探索，发挥人民主体作用，尊重群众首创精神，激发群众创造热情。对于基层和群众创造的生动鲜活的实践经验，及时发现，不断提炼，积极推广，真正把蕴藏在群众中无穷、无尽、无限的创造潜力挖掘和释放出来。

解决好改革“好了谁”的问题。深化改革不能只是少数人得到好处，更不能形成利益集团，必须让绝大多数人得到实惠。党的十八届三中全会提出：“让发展成果更多更公平惠及全体人民。”我们确定的各项改革任务和要求，从根本上讲，都是为了满足人民群众日益增长的物质文化需求，为了维护人民群众的经济、政治、文化、社会和生态等权益，让人民更好更公平更广泛地共享改革发展成果。古今中外的改革一再证明，如果改革发展成果不能很好地体现和反映在绝大多数人身上，只是部分人、少数人得到了利益，或者形成了利益集团，改革就会失去动力。通过深化改革，积极回应人民对经济发展、社会安定、公共服务、公平正义的新期待，对美好生活的新向往，让人民成为改革发展成果的享有者。

只有让人民共享改革发展成果，改革大业才能凝心聚力，才能使人民将自己的切身利益同改革的命运紧紧联系在一起，使改革得到人民的广泛认同、衷心拥护和大力支持，成为人民的共同事业。这既是我们党对人民的庄严承诺，也是人民的共同心声。当然，深化改革必然会有利益的触动，只有打破利益固化的藩篱，把人民利益放在首位，始终坚持惠及人民利益，才能经受住历史的检验和人民的评判。要牢固树立群众观点，集中反映人民愿望，站在人民的立场上把握和处理改革涉及的一些列重大问题，认真谋划改革思路，不断提出改革举措。让人民从改革中得到更多实惠，把人民是否满意作为衡量深化改革的重要尺度，努力使改革符合客观实际，经得起人民检验。让人民共享改革发展成果具有确定的内容和要求，就是在改革中始终把人民的根本利益放在第一位，围绕人民群众最关心、最直接、最现实的利益问题来推进，努力把经济社会发展的长远目标和提高人民生活水平的阶段性任务有机统一起来，把实现人民的长远利益和当前利益紧密结合起来。

紧紧依靠人民把改革推向前进 *

全面深化改革，怎样拥有持续动力？如何获得可靠支持？党的十八届三中全会强调，紧紧依靠人民推动改革。这是我国30多年改革开放的宝贵经验，也是全面深化改革的基本遵循。

人民是社会历史的创造者，是改革开放的主体力量。邓小平同志说："我们改革开放的成功，不是靠本本，而是靠实践，靠实事求是。农村搞家庭联产承包，这个发明权是农民的。农村改革中的好多东西，都是基层创造出来，我们把它拿来加工提高作为全国的指导。"改革开放在认识和实践上的每一次突破，改革开放中每一个新生事物的出现、每一条新鲜经验的创造，无不来自人民的实践和智慧。正是一个个普通人激情燃烧、创新创造的涓涓细流，汇聚成了波澜壮阔的改革开放时代大潮。在新的历史起点上全面深化改革、实现新的发展，最根本的还是让人民广泛参与、使人民普遍受益，紧紧依靠人民把改革推向前进。

改革千难万难，问计于民就不难。全面深化改革需要解决一系列热点难点问题，一刻也离不开人民的理解和认同，一刻也离不开人民的参与和支持。我国改革开放经历了从外围到核心、从简单到复杂的过程，容易改的问题都改得差不多了，剩下的大都是难啃的硬骨头。越是情况复杂、越是任务艰巨，越要根据群众的愿望要求、凝聚群众的智慧创造来完善政策措施，从而形成破解难题、推进发展的磅礴力量。全面深化改革需要全民参与，不能闭门造车，也不能异想天开，而应沉下来、钻进去，到问题比较集中、工作难以开展的地区进行调查研究，听听干部群众是怎么想的，问问专家学者是怎么看的，从中寻找答案、获取对策。

事情有轻重缓急之分，但人民利益是改革的永远之重。改革必然涉及每

* 杨学博：《紧紧依靠人民把改革推向前进》，《人民日报》2014年1月24日。

个人的切身利益，任何一项改革举措都可能对人们的生产生活产生重要影响。全面深化改革，出发点和落脚点是促进社会公平正义、增进人民福祉，让人民过上更好生活。在制定和出台与群众利益密切相关的改革举措时，在遇到关系复杂、很难权衡的利益问题时，首先应从人民利益的角度想一想：有没有虚心听取群众意见？有没有考虑到大多数人的感受？会不会损害群众利益？怎样最大限度地把不同层面群众的利益兼顾好？提高改革的科学性，很重要的一条就是通过科学的顶层设计、合理的制度安排以及扎实细致的实际工作，使改革发展成果更多更公平惠及全体人民。唯有如此，全面深化改革才能始终得到人民的拥护和支持，获得最深厚的力量源泉。

乐民之乐者，民亦乐其乐；忧民之忧者，民亦忧其忧。30多年来，我们党正是秉持一切为了群众、一切依靠群众，从群众中来、到群众中去的群众路线，才取得了举世瞩目的发展成就。在未来前进的征途上，在全面深化改革的过程中，只要相信人民、依靠人民，就没有趟不过去的河、越不过去的坎，就一定能谱写改革开放新篇章、夺取中国特色社会主义事业新胜利。

第二章

坚定不移朝着全面深化改革目标前进

引子

改革开放是当代中国最鲜明的特色，是实现中华民族伟大复兴的关键一招。只有坚定不移朝着全面深化改革目标前进，全面建成小康社会、全面依法治国、全面从严治党的伟大战略布局才能落实，中华民族伟大复兴的中国梦才能铸就。

准确把握全面深化改革的内在规律，以更大的政治勇气和智慧打赢全面深化改革的攻坚战*

全面深化改革，任务十分艰巨。我们要坚决贯彻中央决策部署，坚持正确方向，把握内在规律，加强统筹协调，切实把全会提出的各项改革举措落到实处，坚定不移朝着全面深化改革目标迈进。

要把握改革的正确方向。全面深化改革，重点在“全面”，关键在“深化”，根本在“改革”。只要对党和人民事业有利的，对最广大人民有利的，对实现党和国家兴旺发达、长治久安有利的，该改的就要坚定不移改。我们的改革是有方向、有立场、有原则的，是在中国特色社会主义道路上不断前进的改革，而不是对社会主义制度改弦易张，既不走封闭僵化的老路，也不走改旗易帜的邪路。习近平总书记强调：“问题的实质是改什么、不改什么，有些不能改的，再过多长时间也是不改。”像“一个中心、两个基本点”，社会主义市场经济，公有制为主体、多种所有制共同发展，逐步实现全体人民共同富裕，人民代表大会制度，中国共产党领导的多党合作和政治协商制度，民族区域自治制度，马克思主义的指导地位，党对军队的绝对领导等等，这些集中体现中国特色社会主义本质和优势的东西不仅不能改掉，而且要在改革中使其不断完善。要增强政治定力，决不能在根本性问题上出现颠覆性错误。

要处理好全面深化改革的重大关系。习近平总书记强调，在推进改革中，要坚持正确的思想方法，坚持辩证法，处理好解放思想和实事求是的关系、整体推进和重点突破的关系、全局和局部的关系、顶层设计和摸着石头过河的关系、胆子要大和步子要稳的关系、改革发展稳定的关系。这是对我国改革开放成功经验的高度总结，是全面深化改革的科学方法。要坚持解放思想

---

* 节选自秋石：《全面深化改革是全面建成小康社会的必由之路》，《求是》2015年第10期。

和实事求是的统一，坚持从实际出发、从人民群众的利益出发推进改革。要坚持整体推进和重点突破的统一，既注重推动各项改革相互促进、协同配合，又注重抓好牵一发而动全身的重要领域和关键环节的改革，对全面改革起到牵引和推动作用。要坚持全局和局部的统一，从全局上来统筹谋划，防止局部和眼前合理却不利于全局和长远的情况发生。要坚持顶层设计和摸着石头过河的统一，既鼓励各地根据当地实际进行各具特色、富有成效的探索和实践，又加强总体规划，更加注重改革的系统性、整体性、协同性。要坚持胆子要大和步子要稳的统一，既敢于出招又善于应招，做到“蹄疾而步稳”。要坚持改革发展稳定的统一，把改革的力度、发展的速度和社会可承受的程度统一起来，扎实有效地把全面深化改革推向前进。

要着力推动改革举措落地见效。必须以时不我待的紧迫意识和夙夜在公的责任意识，按照改革的路线图和时间表扎实开展工作，以改革破难题、增活力、促发展、惠民生。要注重发挥经济体制改革的牵引作用，正确处理政府和市场的关系，积极设立政府权力清单和责任清单，善于运用负面清单管理方式，进一步简政放权、放管结合，转变政府职能，着力破解制约结构调整、转型升级的体制机制障碍，最大限度激发全社会创业创新创造的新活力。要认真执行中央要求，有序推进改革，该中央统一部署的不要抢跑，该尽早推进的不要拖宕，该试点的不要仓促推开，该深入研究后再推进的不要急于求成，该得到法律授权的不要超前推进。要协调推进改革，注重改革的关联性和耦合性，把握全局，力争最大综合效益。要依靠人民推动改革。改革开放是亿万人民自己的事业。我们推进任何一项重大改革，都要站在人民立场上把握和处理好涉及改革的重大问题，都要从人民利益出发谋划改革思路、制定改革举措。坚持从老百姓最期盼的领域改起，从制约经济社会发展最突出的问题改起，让老百姓得到实实在在的好处，把最广大人民的智慧和力量凝聚到改革上来，确保实现全面深化改革的目标任务。

百舸争流千帆竞，乘风破浪正远航。党的十八届三中全会以来，全面深化改革方向明确、路径清晰、举措有力，随着一批批带有顶层设计性质的改革实施方案相继出台，随着一项项具有标志性、关键性、引领性作用的重大改革举措陆续推出，犹如阵阵新风吹拂华夏大地，正化为新一轮改革声势夺人的大潮，为全面建成小康社会注入强劲动力，取得了良好的开局。我们要坚定信心、攻坚克难，以“三严三实”的作风扎实推进全面深化改革，夺取全面建成小康社会的决定性胜利。

靠全面深化改革　筑就中国梦*

第一，改革开放为实现中国梦提供强大动力和有力保障。改革开放为实现中国梦奠定坚实基础，提供可靠保障，没有改革开放，就没有中国的今天，也不会有中国更加美好的未来。因此，可以说推进改革开放与实现中国梦是内在统一的。

一方面，改革开放开启中国梦新征程。习近平总书记指出，实现中华民族伟大复兴的中国梦，就是要实现国家富强、民族振兴、人民幸福。正是改革开放开启了国家富强、民族振兴、人民幸福的新征程，使中国梦的实现成为可能。改革开放的成功，使我们比历史上任何时期都更接近中华民族伟大复兴的目标，这是对中国梦的最好诠释。

另一方面，改革开放保障中国梦的实现。改革开放只有进行时，没有完成时；改革开放中的矛盾只能用改革开放的办法来解决。只有深化改革，才能破解发展难题、创新发展模式，构建系统完备、科学规范、运行有效的制度体系，进一步释放体制机制活力，协调各种利益关系，化解社会矛盾；只有扩大开放，才能使中国在国际事务和国际社会发挥更大的作用，使实现中国梦的过程成为既造福中国人民，也造福世界各国人民的过程。因此，可以说改革开放不仅是实现中国梦的助推器，还是实现中国梦的重要保障。

第二，以实现中国梦为动力全面深化改革开放。实现中国梦必须坚定不移地推进改革开放。当前，我国改革进入攻坚期和深水区，既面临前所未有

---

* 福建省中国特色社会主义理论体系研究中心：《靠全面深化改革 筑就中国梦》，《经济日报》2015年2月5日。

的机遇，也面临一系列严峻挑战。现实中的问题千头万绪，各种深层矛盾错综复杂，只有全面深化改革开放，不断推进实现中国梦进程与改革开放的协调发展，才能有效解决前进道路上的各种问题，推动我国经济社会持续健康发展，实现民族伟大复兴的中国梦。

实现民族伟大复兴的中国梦。首先要处理好方向与方法的关系。实现中国梦是一个复杂的系统工程，改革开放是一场深刻的革命，都必须坚持正确方向，沿着正确道路推进。在方向问题上，头脑必须十分清醒，不断推动社会主义制度自我完善和发展，坚定不移走中国特色社会主义道路。改革开放必须坚持正确的方法论，在不断实践探索中推进。全面深化改革开放既要重视整体推进，也要重视突破重点领域的关键问题，增强改革的系统性、整体性、协同性，努力做到全局和局部相配套、治本和治标相结合、渐进和突破相衔接，形成推进改革开放的强大合力；全面深化改革开放既要注重顶层设计，也要注重摸着石头过河，在摸石过河中加深对规律的认识。

其次，要处理好速度与质量的关系。全面深化改革开放，必须坚持发展是硬道理的战略思想，决不能有丝毫动摇。在推动经济持续健康发展中，要在尊重经济规律的基础上实现有质量、有效益、可持续的速度，要在不断转变经济发展方式、不断优化经济结构中实现增长。在对经济工作的管理中，要用更多的市场手段、经济手段、法律手段，不断提升创新能力、市场驾驭能力。

最后要处理好改革、发展与稳定的关系。改革发展稳定三者的关系，贯穿 30 多年改革历程。能否科学把握三者关系、实现改革发展稳定的有机统一，决定全面深化改革和实现中国梦的成败。改革的力度、发展的速度、社会的可承受度，成为处理改革发展稳定关系必须坚持的三个维度。

第三，高举改革开放旗帜为实现中国梦而奋斗。实现中国梦，必然涉及方方面面，涉及深层次问题、深层次矛盾的有效解决和重要利益关系、基本利益格局的深度调整等等，任务之复杂、之艰巨可想而知。在这种背景下，只有全面深化改革，才能破瓶颈、涉险滩，才能把中国特色社会主义事业顺利推向前进。

一方面要慎重提出改革举措。全面深化改革是关系党和国家事业发展全局的重大战略部署，必须秉持科学理念，讲究改革策略，提高改革决策科学性。既要重视整体推进，又要重视重点突破，加强各项改革的系统性、整体性、协同性研究；既要反复研究、反复论证，但也不能因此就谨小慎微、裹足不前，什么也不敢干、不敢试；既要注重顶层设计，也要注重摸着石头过河，在实践探索中加深对规律的认识，在统筹规划中协力推进改革；既要胆子大，又要步子稳，坚定改革信心，以更大的政治勇气和智慧、更有力的措施和办法推进改革。

另一方面要充分发挥人民主体作用。改革开放是亿万人民自己的事业，必须坚持以人为本，尊重人民主体地位，发挥群众首创精神，紧紧依靠人民推动改革，紧紧依靠人民实现中国梦。只有从人民的实践创造和发展要求中吸取无穷的智慧和力量，才能谱写改革开放伟大事业历史新篇章，才能全面建成小康社会、不断夺取中国特色社会主义新胜利、实现中华民族伟大复兴的中国梦。

深刻理解和准确把握全面深化改革的总目标*

党的十八届三中全会提出的全面深化改革的总目标，就是完善和发展中国特色社会主义制度、推进国家治理体系和治理能力现代化。我们讲过很多现代化，包括农业现代化、工业现代化、科技现代化、国防现代化等，国家治理体系和治理能力现代化是第一次讲。深刻理解和准确把握这个总目标，是贯彻落实各项改革举措的关键。

全面深化改革，全面者，就是要统筹推进各领域改革，就需要有管总的目标，也要回答推进各领域改革最终是为了什么、要取得什么样的整体结果这个问题。总目标立起来了，才能统领全局，才能“立治有体，施治有序”。过去，我们也提出过改革目标，但大多是从具体领域提的。比如，我们讲过，

* 节选自孙业礼：《正确把握全面深化改革的方向、总目标和方法论》，《求是》2014年第13期。

政治体制改革总的目标是巩固社会主义制度，发展社会主义社会的生产力，发扬社会主义民主，调动广大人民的积极性。党的十四大提出，我国经济体制改革的目标是建立社会主义市场经济体制。党的十八届三中全会提出全面深化改革的总目标，并在总目标统领下明确了经济体制、政治体制、文化体制、社会体制、生态文明体制和党的建设制度深化改革的分目标。这是改革进程本身向前拓展提出的客观要求，体现了我们党对改革认识的深化和系统化。

全面深化改革的总目标体现了我们党对社会主义建设规律认识的深化。怎样治理社会主义这样全新的社会，在以往的世界社会主义运动中没有很好解决。马克思、恩格斯没有遇到全面治理一个社会主义国家的实践；列宁在俄国十月革命后不久就过世了，没来得及深入探索这个问题；苏联在这个问题上进行了探索，取得了一些实践经验，但也犯下了严重错误，没有解决这个问题。我们党在全国执政以后，不断探索这个问题，虽然也发生了严重曲折，但在国家治理体系和治理能力上积累了丰富经验、取得了重大成果，改革开放以来的进展尤为显著。同时我们必须看到，相比我国经济社会发展和人民群众的要求，相比当今世界日趋激烈的国际竞争，相比实现国家长治久安，我们在国家治理体系和治理能力方面还有许多亟待改进的地方，我们的制度还没有达到更加成熟更加定型的要求。制度执行力、治理能力已经成为影响我国社会主义制度优势充分发挥、党和国家事业顺利发展的重要因素。

从形成更加成熟更加定型的制度看，我国社会主义实践的前半程已经走过了，前半程我们的主要历史任务是建立社会主义基本制度，并在这个基础上进行改革，现在已经有了很好的基础。后半程，我们的主要任务就是完善和发展中国特色社会主义制度，为党和国家事业发展、为人民幸福安康、为社会和谐稳定、为国家长治久安提供一整套更完备、更稳定、更管用的制度体系。这项工程极为宏大，零敲碎打调整不行，碎片化修补也不行，必须是全面的系统的改革和改进，是各领域改革和改进的联动和集成，在国家治理体系和治理能力现代化上形成总体效应、取得总体效果。邓小平同志在 1992 年提出，再有 30 年的时间，我们才会在各方面形成一整套更加成熟更加定型的制度。党的十八届三中全会提出要推进国家治理体系和治理能力现代化，就是邓小平同志这一战略思想的继承发展和延伸。这是完善和发展中国特色社会主义制度的必然要求，是实现社会主义现代化的应有之义。

全面深化改革的总目标体现了新一届党中央治国理政的新方略。从长远看，真正实现社会和谐稳定、国家长治久安，还是要靠制度，靠我们在国家治理上的高超能力。没有有效的国家治理体系和治理能力，就不能有效解决社会矛盾和问题，各种社会矛盾和问题日积月累、积重难返，必然带来严重政治后果。

习近平同志对国家治理体系和治理能力有明确的论述和界定：国家治理体系和治理能力是一个国家制度和制度执行能力的集中体现。国家治理体系是在党领导下管理国家的制度体系，包括经济、政治、文化、社会、生态文明和党的建设等各领域体制机制、法律法规安排，也就是一整套紧密相连、相互协调的国家制度；国家治理能力则是运用国家制度管理社会各方面事务的能力，包括改革发展稳定、内政外交国防、治党治国治军等各个方面。

怎样推进国家治理体系和治理能力建设，主要应该抓些什么工作呢？对此习近平同志也有明确要求：推进国家治理体系和治理能力现代化，就是要适应时代变化，既改革不适应实践发展要求的体制机制、法律法规，又不断构建新的体制机制、法律法规，使各方面制度更加科学、更加完善，实现党、国家、社会各项事务治理制度化、规范化、程序化。要更加注重治理能力建设，增强按制度办事、依法办事意识，善于运用制度和法律治理国家，把各方面制度优势转化为管理国家的效能，提高党科学执政、民主执政、依法执政水平。

准确把握全面深化改革的本质要义 *

全面深化改革要准确把握改革内容的全面性

全面深化改革是改革开放30多年后的“再出发”，标志着改革开放由以前的单项突破进入到全面、系统、整体推进的新阶段。党的十一届三中全会作出把党和国家工作中心转移到经济建设上来、实行改革开放的历史性决策。30多年来，中华大地发生翻天覆地的历史性巨变，中国人民的面貌、社会主义中国的面貌、中国共产党的面貌焕然一新，国家在国际社会赢得举足轻重的地位。但是，当前国际国内的形势、环境和条件都发生极为广泛而深刻的变化，国家发展也面临一系列突出的矛盾和挑战，形势和任务迫切要求在新的历史起点上全面深化改革，破解前进道路上的各种困难和问题。十八届三中全会之所以提出全面深化改革，是因为解决面临的突出矛盾和问题，以往那样仅仅依靠单个领域、单个层次的改革难以奏效，必须加强顶层设计、整体谋划、全面推进，必须是全面的系统的改革和改进，是各领域改革和改进的联动和集成。

全面深化改革是党的十八大精神的再部署，既有主要任务和重大举措的具体安排，更有对改革开放成功经验的系统总结和理论概括。党的十八大提出全面建成小康社会和全面深化改革开放的目标，要求必须以更大的政治勇气和智慧，不失时机深化重要领域改革。党的十八届三中全会，适应党和国家事业发展的新要求，以当前亟待解决的重大问题为提领，以改革为主线，提出一系列全面深化改革的新举措，是全面贯彻落实党的十八大精神的战略部署和统筹安排，不仅有明确“路线图”“时间表”，而且更加全面系统地总结和丰富了党的改革理论。在改革的总目标上，提出完善和发展中国特色

---

* 节选自陈飞：《准确把握全面深化改革的本质要义》，《光明日报》2014年4月24日。

社会主义制度，推进国家治理体系和治理能力现代化；在改革的本质上，指出改革开放是党在新的时代条件下带领全国各族人民进行的新的伟大革命；在改革的性质上，指出改革是社会主义制度的自我完善和发展，坚定走中国特色社会主义道路；在改革的作用上，提出改革开放是决定当代中国命运的关键抉择，是党和人民事业大踏步赶上时代的重要法宝；在改革的主体上，要坚持以人为本，尊重人民的主体地位，发挥群众首创精神，紧紧依靠人民推动改革；在改革的价值目标上，强调要以促进社会公平正义、增进人民福祉为出发点和落脚点；在改革动力上，提出进一步解放思想、解放和发展社会生产力、解放和增强社会活力；在改革的方法上，强调要加强顶层设计和摸着石头过河相结合，整体推进和重点突破相促进。这一系列重大政策突破和理论创新，表明我们党对改革规律认识的不断深化，彰显了我们党对改革的充分自觉和坚定自信。

全面深化改革涉及社会生活的方方面面，广度、力度、深度和难度都前所未有，必须更加注意改革的系统性、整体性、协同性。全面深化改革，不是推进一个领域或几个领域的改革，而是推进所有领域改革。从广度看，全面深化改革的主要任务和重大举措，既涉及经济、政治、文化、社会、生态文明，也涉及国防和军队改革、加强和改善党的领导等重要领域，把伟大事业和伟大工程紧密结合起来。从力度看，就是确保到2020年要“在重要领域和关键环节改革上取得决定性成果”。从深度看，经过30多年不断改革，很多容易改的问题已经得到有效解决，留下来的大都是深层次的体制机制问题，甚至是牵动全局的敏感问题和重大问题，改革进入深水区。从难度看，当前改革触及的都是难啃的硬骨头，调整的都是极为复杂的利益关系，需要涉险滩、破瓶颈，矛盾复杂、敏感、艰巨程度都前所未有，改革进入攻坚期。每一项改革都会对其他改革产生重要影响，每一项改革又都需要其他改革协同配合。必须高度重视改革的系统性、整体性、协同性，既解决好生产关系中不适应的问题，又解决好上层建筑中不适应的问题。必须深入研究各领域改革关联性、各项改革举措耦合性和可行性，把改革的力度、发展的速度和社会可承受的程度统一起来。必须更加注重各项改革的相互促进、良性互动，整体推进、重点突破，在政策上相互配合、实施中相互促进、成效上相得益彰。

全面深化改革要准确把握面临矛盾的深刻性

以革故鼎新的精神冲破思想观念的束缚。改革最怕的是思想僵化、因循守旧、故步自封。全面深化改革不是对过去体制机制的修修补补，而是重构和创设，要转型升级，要提质增效。这必然带来社会物质生活、精神生活和文化生活的转变，必然要对旧的生产方式、工作方式、生活方式产生冲击和影响，必然要进行一场深刻的思想革命。观念的转变是最根本的转变，观念的转变也是最艰难的转变，观念的转变又是最迫切的转变。解放思想是前提，是总开关，没有思想上的先导和破冰，就没有改革上的突破和创新，就没有发展的动力和条件。只有进一步解放思想，才能真正进一步解放和发展社会生产力、解放和增强社会活力。

以壮士断腕的精神打破利益固化的樊篱。全面深化改革是立足国家整体利益、根本利益、长远利益进行部署的，必然带来利益格局的深刻调整。一部分人在原有的发展模式中得到巨大的利益和好处，转型后有的既得利益没有了，有的既得利益受到强烈的冲击和影响，难免抗拒转型，抵制改革。要打破既有的利益格局，绝非易事，比触动灵魂还难。随着改革不断推进，对利益关系的触及将越来越深，在社会利益多元化、改革路径缺乏共识的背景下，统筹兼顾各方面利益难度更大、任务更加艰巨。要以对历史、对人民、对国家和民族负责的态度，站在公共利益的立场上，以更大的智慧和勇气实质性打破行业利益、部门利益、地方利益的固化樊篱，增进改革的共识与合力。

以勇往直前的精神冲破体制机制的弊端。体制的弊端是最大的弊端，机制的障碍是最大的障碍。体制机制一旦形成并实施，就有巨大的社会运行惯性。一些体制机制有它的历史合理性并在过去很长时间里发挥过重大作用，不少同志比较熟悉和适应，难以割舍；在过去体制机制下工作的人员多分布面广，彻底打破它难度很大，也绝不是一蹴而就的事情。中国社会发展到今天，已经由经验式粗放式进入科学化精细化管理阶段，要实现国家治理体系和治理能力的现代化，政策制度的作用日益显现。全面深化改革，就是要坚决破除各方面体制机制性弊端，构建系统完备、科学规范、运行有效的制度体系，使各方面制度更加成熟更加定型，推动中国特色社会主义制度自我完善和发展，为国家长治久安提供有效体制机制保障。

深刻把握和自觉运用全面深化改革的辩证法 *

加强顶层设计和整体谋划坚持在各项改革协同配合中推进

……

坚持从全局出发看问题。全面深化改革是关系党和国家事业发展全局的重大战略部署，不是某个领域某个方面的单项改革，必须坚持从全局出发看问题。从全局出发看问题，首先要看提出的重大改革举措是否符合全局需要，是否有利于党和国家事业长远发展；其次要坚持以人民利益为重，胸怀大局、把握大势、着眼大事，使作出的改革决策符合最广大人民的根本利益，符合党和人民事业的发展要求；再次要牢记人民重托，牢记责任重于泰山，坚持立党为公、执政为民，向前展望、超前思维、提前谋局。

坚持以重大问题为导向。问题是时代的声音。习近平同志强调“要有强烈的问题意识，以重大问题为导向”。这是对马克思主义实践、认识、再实践、再认识的认识论和注重抓主要矛盾和矛盾主要方面的矛盾分析方法的深入把握。习近平同志指出，中国共产党人干革命、搞建设、抓改革，从来都是为了解决中国的现实问题。可以说，改革由问题倒逼而产生，又在不断解决问题中而深化。坚持以重大问题为导向，就是要以我国改革开放和现代化建设的实际问题、以我们正在做的事情为中心，抓住经济社会发展的重大问题，抓住改革创新的关键问题，围绕关系人民群众切身利益的焦点、难点问题，研究对策、寻找答案；就是要有自我革新的勇气和胸怀，敢于啃硬骨头，

* 节选自杜飞进：《深刻把握和自觉运用全面深化改革的辩证法》，《光明日报》2014 年 2 月 13 日。

敢于涉险滩，敢于向积存多年的顽瘴痼疾开刀。

坚持底线思维。所谓底线思维，就是凡事从坏处准备，努力争取最好的结果，做到有备无患、遇事不慌，牢牢把握主动权。习近平同志提出的“坚持底线思维”，是对矛盾双方在一定条件下相互转化的对立统一规律的深刻把握，是一种包括辩证法、实践论在内的系统思维。坚持底线思维，对于准确判断前进道路上的各种风险挑战，及时采取应对之策，化挑战为机遇，创造性地开展工作，具有重要意义。坚持底线思维，就是要用两点论看待问题，既看到面临的机遇和有利因素，又看到面临的挑战和不利因素，未雨绸缪、科学研判，守住底线、不破红线，及时防范化解各种风险，并促进形势向好的方面转化，牢牢把握全面深化改革的正确方向和各项工作的主动权。

从纷繁复杂的事物表象中把握改革规律处理好若干重大关系

……

处理好解放思想与实事求是的关系。解放思想是最根本的解放，是解放和发展生产力、解放和增强社会活力的总开关。全面深化改革要有新突破，就必须进一步解放思想。但解放思想不是思想的随意发散，而必须以实事求是为目的和准则。解放思想与实事求是是辩证统一的，解放思想就是找出症结、寻找答案、探索规律、追求真理的过程；而要做到实事求是，就必须坚持解放思想，勇于突破思想观念的障碍和利益固化的藩篱，勇于打破思想的僵化和利益的羁绊。

处理好整体推进与重点突破的关系。我国的改革是涉及经济体制、政治体制、文化体制、社会体制、生态文明体制和党的建设体制等各领域各方面的全面改革，如果不注重各项改革措施的协调配合，造成改革的“短板”，就会使改革效果大打折扣，甚至成为继续深化改革的阻碍。因此，全面深化改革必须更加注重各项改革的相互配合、相互促进、良性互动。但整体推进并不意味着没有重点，唯物辩证法的两点论不是均衡的两点论，而是有重点的两点论。因此，在全面推进各领域各方面改革的同时，必须注意突出重点，抓住影响全局的主要矛盾。

处理好顶层设计与摸着石头过河的关系。我国的改革开放是从摸着石头过河起步的，摸着石头过河是富有中国特色、符合中国国情的改革方法，也是我们党成功领导改革开放事业的高超智慧和宝贵经验。但是，改革开放作为决定当代中国命运的关键抉择，其实从一开始就有顶层设计。事实证明，摸着石头过河与加强顶层设计并非矛盾对立的，坚持两者辩证统一是我们党在改革方法论上的重大创新。坚持两者辩证统一，形成顶层决策和一线探索之间的良性互动，是全面深化改革必须坚持的重要方法。

处理好胆子要大与步子要稳的关系。胆子要大，就是要坚定改革的决心和勇气；步子要稳，就是要统筹考虑、全面论证、科学决策。胆子要大与步子要稳相结合，才能既有闯的劲头，又不会犯根本性、方向性的错误。习近平同志指出，搞改革，现有的工作格局和体制运行不可能一点都不打破，不可能都是四平八稳、没有任何风险。只要经过了充分论证和科学评估，只要是符合实际、必须做的，该干的还是要大胆干。强调步子要稳，就是各项改革必须有序推进，不能任由各地各部门自行其是、各自为战，不能跑急、跑偏、跑乱。

处理好改革、发展、稳定的关系。改革开放是发展中国特色社会主义的强大动力，发展是解决中国一切问题的“总钥匙”，稳定是改革发展的前提，这是改革发展稳定的基本关系。作为中国特色社会主义的三个重要支点，改革发展稳定的关系贯穿于改革开放的全过程。当前，改革发展稳定相互交融的态势更加明显，改革面临着更深层次的利益调整，发展面临着错综复杂的矛盾和问题，稳定也面临着诸多风险和挑战。这样的复杂环境，对于我们处理好改革发展稳定的关系，把改革的力度、发展的速度和社会可承受的程度统一起来，提出了更高要求。习近平同志深刻指出，把改善人民生活作为正确处理改革发展稳定关系的结合点。这不仅明确指出了处理改革发展稳定关系的价值指向，而且为处理好改革发展稳定的关系提供了一把金钥匙。改革啃硬骨头、涉险滩，归根结底是为了克服既得利益的掣肘，破除各方面体制机制弊端，促进更好发展、增进人民福祉；发展以实现好、维护好、发展好最广大人民根本利益为价值指向，是以人为本的科学发展；稳定是广大人民群众最大、最根本的利益，没有稳定，一切都无从谈起。只有紧紧围绕改善人民生活深化改革、推动发展、维护稳定，才能达到改革发展稳定三者之间最大程度的统一，才能让改革红利释放到最大限度，发展绩效达到最高水平。

如何看待“对改革开放的质疑”？*

1. 必须坚定不移地坚持改革开放

实践充分证明，改革开放是党和人民事业大踏步赶上时代的重要法宝。

第一，没有改革开放，就没有今天中国经济的繁荣局面。改革开放以来，我国经济总量不断迈上新台阶，综合国力和国际竞争力由弱变强，成功实现由低收入经济体向中等收入经济体的历史性跨越。国内生产总值由 1978 年的 3645 亿元跃升到 2014 年的 636463 亿元。1978 年我国经济总量仅位居世界第十位，2008 年超过德国，居世界第三位，2010 年超过日本，居世界第二位，成为仅次于美国的世界第二大经济体。我国经济总量占世界的份额由 1978 年的 1.8% 提高到 2012 年的 11.5%。根据世界银行的数据，我国人均国民总收入已由 1978 年的 190 美元上升至 2012 年的 5680 美元。

第二，没有改革开放，就没有今天中国人民的美好生活。改革开放以来，我国城乡居民生活实现了从基本消灭贫困到解决温饱，再到总体小康、向全面小康目标迈进的历史性跨越。2014 年城镇居民人均可支配收入 28844 元，农村居民人均可支配收入 10489 元，扣除物价上涨因素后，实际都比 1978 年增长十几倍，城乡居民拥有的财富明显增加。贫困人口大幅减少，农村绝对贫困人口从 1978 年的 2.5 亿人减少到 2010 年的 2688 万人，平均每年脱贫 544 万人。

第三，没有改革开放，就没有今天中国的国际地位。我国对外开放的广度和深度不断拓展，从沿海到沿江、沿边和内陆，从制造业到农业和服务业，从大规模“引进来”到大踏步“走出去”，中国对世界经济的影响力大幅提

---

* 节选自布成良：《如何看待“对改革开放的质疑”？》，《红旗文稿》2015 年第 7 期。

升。2013年我国货物进出口总额首次突破4万亿美元，成为全球第一。《金融时报》为此刊发评论："过去30年，每隔约4年，中国贸易额就会翻番"。2014年我国实际使用外商直接投资金额1196亿美元，连续多年位居发展中国家首位；对外直接投资则达到1160亿美元。

36年来的实践告诉我们，没有改革开放就没有当代中国的发展进步，这是坚持和发展中国特色社会主义的一条宝贵经验。正如习近平总书记强调的，改革开放是"大势所趋、人心所向，停顿和倒退没有出路"。

2. 改革决不是搞私有化

有些人所谓的"改革开放不足"，实际上是认为私有化不足，认为只有私有化才能搞市场经济，只有私有化才能促进经济发展。有的人以打破国有企业的垄断地位为名，主张削弱甚至像苏联解体时那样分掉国有企业；有的人以要素市场形成为名提出要搞土地私有化，等等。这些观点的影响和后果都很危险。私有化过去不是改革的方向，现在和将来也不会是改革的方向。这是因为：

第一，私有化并不一定能够促进经济发展。目前，世界上实行私有化的国家经济体有近200个，其中发达的资本主义经济体只占极小部分。《经济学人》认为，今天西方多数国家的经济都成了寅吃卯粮的债务依赖型经济，即通过借新债还旧债的方法，解决经济和财政问题。法国和意大利已经30多年没有实现收支平衡了，冰岛政府因治理无方使"国家破产"，近年来的国际金融危机已将私有化经济的不可持续性暴露无遗。2008年以来，西方国家经济普遍陷入严重衰退，失业率居高不下，贫富差距进一步扩大。据报道，2012年美国1%最富有人群的收入，占全民年收入的19%，创下1928年以来最高纪录，绝大多数中产阶级生活改善缓慢，相当多的人甚至生活贫困化。

第二，私有化不是发展中国家包治百病的"良方妙药"。前些年，西方一些人在俄罗斯搞"500天计划"，以"休克疗法"搞私有化运动，瓦解了俄罗斯原有的经济制度，从根本上打乱了整个社会的变革秩序。乌克兰推行私有化改革的十年，国民经济倒退了60%。阿根廷在西方支持下进行的"私有化"改革，也使国民经济严重衰退，国家负债1300多亿美元，社会分化，人民贫困，贫困率由私有化之前的7.7%猛增至30%，失业率超过了20%。可以说，许多国家的“私有化”带来的是“贫困化”，是民不聊生，是民族的冲突和国家的动荡。

历史的教训值得深思。在中国改革的进程中，离开了公有制为主体搞私有化，必然会产生两极分化，造成富者愈富、贫者愈贫的“马太效应”。削弱国有企业在国民经济中的主导地位、主导作用，在关系国家安全和国民经济命脉的重要行业和关键领域放弃国有企业的影响力，甚至分掉国有企业，必然会为国际垄断资本所控制，国家的主权和民族的独立就难以保障。因此，经济改革要不断增强国有经济的控制力、影响力。

城镇化是解决农业农村农民问题的重要途径，是现代化的必由之路。但土地私有化绝不是解决“三农”问题的出路。我国人多地少，经营规模小，劳动生产率低，人均耕地仅0.1公顷，农户户均土地经营规模约0.6公顷。如果实行土地私有化，其结果非但不能加快实现农业现代化和城镇化，反而可能导致大量农民失去土地，大批涌进城市却难以就业，可能会出现城市贫民窟化。事实证明，私有化不符合我国现实发展规律，不符合广大人民群众切身利益。我们决不能搞土地私有化，而要坚持以人为本，建立和完善城乡发展一体化的体制机制，合理引导人口流动，有序推进农业转移人口市民化，稳步推进城镇基本公共服务常住人口全覆盖，不断提高人口素质，促进人的全面发展和社会公平正义，使全体居民共享现代化建设成果。

3. 改革决不是搞国家资本主义

否定改革开放的社会主义性质，把中国特色社会主义说成是“国家资本主义”或“新官僚资本主义”，是完全错误的。2008年金融危机以后，西方媒体热炒“国家资本主义”话语，更多的目的是给我们贴上意识形态的标签。2012年，时任美国国务卿的希拉里·克林顿在多个场合发表演讲使用这个概念，作为其批评以中国为代表的新兴国家经济发展模式的理由，她认为，国家资本主义的兴起构成经济和战略挑战，以主权财富基金和大型国有企业为特征的国家资本主义会造成世界范围内以企业为基本单位的经济竞争不平等；大型国有企业的管理缺乏透明度和问责制，可能成为一些国家滥用经济优势、干扰邻国发展的工具。

用“国家资本主义”或资本社会主义称呼中国，否认中国社会主义的性质是荒谬的。

第一，将世界划分为自由市场和国家资本主义是一种简单化的思维。世界是多彩的。以美国为代表的资本主义模式也只是资本主义世界中的一种模式，其他还有英国模式、莱茵模式、瑞典（福利国家）模式、东亚模式，等等。把世界分为“市场资本主义”和“国家资本主义”两个阵营过于简单化，事实上，几乎所有国家都或多或少存在着政府干预经济的形式，只不过程度不同而已。

“一花独放不是春，百花齐放春满园。”当今世界上有 200 多个国家和地区，每个国家都能够根据本国的国情创造适合自己发展的道路和模式。中国特色社会主义是把马克思主义普遍原理与本国国情相结合的、不同于西方发达国家的另一种现代化发展道路（或模式）。世界是多向度发展的，不能总是用美国或西方的标准来裁判其他国家的发展道路。

第二，经济行为的合法性并不取决于国家或企业的性质，而取决于经济竞争是否平等，是否遵守竞争规则。西方经济学的主流一直有意贬低政府在经济发展中的作用，如果认真回顾主要发达国家崛起的历史，就不难发现国家在其中扮演着非常重要的角色。总结 20 世纪以来的发展经验，许多经济学家认为，在全球化背景下，国有企业有利于在提高发展中国家经济福利的同时实现社会目标。

“国家资本主义”论者总是攻击中国国有企业的效率和腐败问题。腐败问题是全球性的普遍问题，并不为某些国家所独有。国有企业并不必然就是低效率和容易滋生腐败，英国、德国、法国、日本历史上都存在大量的国有企业。没有充分证据表明，国有企业效率和问责程度比私有企业差，在 2008 年国际金融危机中，我国国有企业的效率和社会责任表现突出。而美国一些企业明显缺乏透明度和社会责任，尤其是经营者对于所有者缺乏责任。这些企业肆无忌惮地进行所谓金融创新，其实是不负责任地玩转移风险的投机游戏，而危机来临时又能因“过大而不能倒闭”，得到政府的巨额救助，侵吞纳税人的利益。“占领华尔街”运动就是对美式资本主义的反抗。

自由资本主义只是经济行为天然合法的一个神话，企业绩效的高低、社会责任的大小并不取决于是国企还是私企。中国国有企业总体上已经同市场经济相融合，国有企业的效益和效率都有所提高。当然，提高企业绩效的根本途径是竞争而并非一些人所鼓噪的“私有化”。中国自加入 WTO 以后，一直遵循既有国际规则参与国际经济合作，参与世界经济竞争，获得较多的发展机遇和合理的发展空间。无论是运行主权财富基金还是开展国际投资，都是依照国际经济规则和国际惯例，在改革开放中，甚至给外资以超国民待遇。中国企业一直按照国际规则在国内外市场展开竞争，并创造了经济总量快速跃升的“中国奇迹”。2014 年，我国境内投资者共对全球 156 个国家和地区的 6128 家境外企业进行了直接投资，全年累计实现非金融类对外直接投资 1028.9 亿美元。截至 2014 年底，我国累计非金融类对外直接投资已达 6463 亿美元。我国已从商品输出阶段进入投资输出和服务贸易输出阶段。这令西方一些人惊讶和恐惧，所以，他们总是用“国家资本主义”的标签来打压中国。可以预见，今后围绕国际贸易规则话语权的斗争将更加激烈。

4. 改革前后“两个历史时期”决不能相互否定

中国用几十年的时间走完了发达国家几百年走过的发展历程。路是一步一步走过来的，跨出第一步，才有第二步。有些人喜欢将改革开放前后两个历史时期割裂甚至对立起来。或者是对改革开放前的时期全面否定，以衬托、解释改革开放后的成功；或者是批评改革过程中出现的贫富差距、腐败蔓延等问题，用改革开放前的时期来否定后一时期，认为改革开放前 30 年实行的是典型的社会主义，更符合马克思恩格斯当年的设想和人民群众的愿望，等等。所有把两个历史时期完全对立起来、互相否定的观点，都是片面的、错误的。

西方左翼学者普遍认为，改革开放后中国经济所取得的非凡成就是和改革开放前所打下的社会经济基础和人民所受到的教育分不开的。例如，美国著名马克思主义学者莫里斯·迈斯纳认为：“改革前 30 年的基础建设是后 30 年发展的起点。”那种认为毛泽东为了意识形态而牺牲现代化建设的观点是站不住脚的，“在毛泽东时代，工业总产值在工农业总产值中的比重由 30% 增加到 72%，中国已从一个基本的农业国转变为一个初具规模的工业国。”①

历史已经证明，如果没有1949年建立新中国并进行社会主义革命和建设，积累了重要的思想、物质、制度条件，积累了正反两方面经验，改革开放就很难顺利推进，中国特色社会主义也很难成功开创。中国特色社会主义理论体系，不仅包括对毛泽东思想活的灵魂即实事求是、群众路线、独立自主的继承和发展，也包括对探索中正确的经验总结和独创性理论成果的继承和发展。如，毛泽东的《论十大关系》《关于正确处理人民内部矛盾的问题》等著作中关于社会主义社会的基本矛盾、我国国内的主要矛盾，要正确区分和处理敌我矛盾和人民内部矛盾；要坚持以农业为基础和工业为主导，以农轻重为序安排国民经济，走一条中国工业化的道路；社会主义可分为“不发达”和“比较发达”两个阶段；加强社会主义法制建设，反对领导机关和领导干部官僚化、特殊化等思想观点。尽管上述思想观点和方针政策有的并没有得到贯彻落实，有的没有坚持下去，但党在这一时期的经验总结和认识成果，为开创和发展中国特色社会主义提供了重要思想来源。正如邓小平所指出的：“从许多方面来说，现在我们还是把毛泽东同志已经提出、但是没有做的事情做起来，把他反对错了的改正过来，把他没有做好的事情做好。今后相当长的时期，还是做这件事。当然，我们也有发展，而且还要继续发展。”②

改革开放前后两个时期不能相互否定，它们是坚持、改革、发展的关系，是继承和创新的关系，它们始终坚持科学社会主义的指导，同时又不断解放思想，实事求是，用发展着的马克思主义指导当代中国社会主义实践。改革开放前后两个历史时期是两个相互联系又有重大区别的时期。一方面，二者在坚持社会主义发展方向、基本制度、根本任务、奋斗目标基础上相互联系，两个历史时期之间决不是彼此割裂的，更不是根本对立的；另一方面，二者在进行社会主义建设的思想指导、方针政策、实际工作上有着很大差别，也包括进行社会主义实践探索的内外条件、实践基础等方面存在很大差别。其

① 莫里斯·迈斯纳：《毛泽东的中国及后毛泽东的中国——人民共和国史》，四川人民出版社1989年版，第537页。

② 《邓小平文选》第2卷，人民出版社1994年版，第300页。

中，有的差别是具有转折意义的，比如，从“以阶级斗争为纲”到“以经济建设为中心”，从高度集中的计划经济体制到社会主义市场经济。而前后两个时期的联系则是本质的、内在的，都是党领导人民进行社会主义建设的实践探索。只有正确认识这种联系与区别，才能看到，无论用哪一个历史时期否定另一个历史时期，都是对党的历史的否定，是历史虚无主义的表现。

5. 改革决不能照搬西方政治制度

中国的改革是在中国共产党的领导下进行的。以经济改革为先导，有效推进价格改革、国有企业改革、贸易体制改革、金融体制改革等，以新的制度安排替代或置换旧的制度结构，经济改革任务也由建立社会主义市场经济体制转变为完善社会主义市场经济体制。在改革整个过程中，始终坚持社会主义制度并在中国共产党的领导下进行。政治改革选择了积极稳妥、有序推进的道路，渐进地发展社会主义民主。因此，说我们的政治体制改革是滞后的观点是错误的，也是不符合实际的。

众所周知，农村实行家庭联产责任制之时，政治上就废除了人民公社体制，后来又废除了领导干部实际上的终身制，实行任期制。可以说，我国的政治体制改革一直在稳步推进。中国的改革首先是一个经济发展过程，改革总体上不存在哪些方面改了，哪些方面没有改，改革在某些方面滞后的问题，在某些方面、某个时期、某个领域，改革快一点、慢一点是有的。我们党所领导的改革历来是全面改革，改革的目的是完善和发展社会主义制度。我们要靠不断改革创新，使中国特色社会主义在解放和发展社会生产力、解放和增强社会活力、促进人的全面发展上比资本主义制度更有效率，更能激发全体人民的积极性、主动性、创造性。有些不能改的，再过多长时间也是不改，不能把这说成是不改革。正如习近平总书记所强调的：社会上很多意见和建议值得我们深入思考，但也有些意见和建议偏于极端。一些敌对势力和别有用心的人也在那里摇旗呐喊、制造舆论、混淆视听，把改革定义为往西方政治制度的方向改，否则就是不改革。他们是醉翁之意不在酒，“项庄舞剑、意在沛公”。对此，我们要洞若观火，保持政治坚定性，明确政治定位。

第三章

把握改革大局自觉服从服务改革大局

引子

全面深化改革是一项复杂的系统工程，而不是某个领域某个方面的单项改革。随着改革深入推进，这一特征愈发凸显。“不谋全局者，不足谋一域。”坚持以全局视野看问题、想办法，敢于在突破利益藩篱时动真格、见真章，善于在把握大局中破难题、克难关，是中央对各级领导干部的要求，也是全面深化改革的制胜关键。

深刻理解和把握“新的伟大斗争”*

“新的伟大斗争”的主要形式

综合国际国内形势和环境来看，当前我们党所面临的“新的伟大斗争”主要有以下一些形式。

争夺资源。资源竞争是当今世界各国竞争的重要形式之一。地球上储存的资源相对有限。缺乏资源会严重影响一个国家的发展及竞争力，因而当前许多国家都在围绕资源展开激烈竞争。第一、第二次世界大战，一定意义上说就是资源争夺大战。目前，这种战争仍然以不同形式在世界的局部地区进行。

货币战争。美国等西方强国注重金融立国，极力维护本国、本地区货币的世界霸主地位。2008 年国际金融危机发生后，一些西方国家打压人民币是不争的事实。研究表明，当前一些西方国家在我国周边不断挑起事端，主要目的之一就是刺激货币流向霸权主义国家。

争夺市场。即为世界市场和中国市场而展开争夺。我国拥有世界上最大的市场。发展经济必须拥有广阔市场，西方发达国家围绕我国市场展开的争夺从来没有停止过。

意识形态斗争。强权政治和霸权国家试图对我国打一场“没有硝烟的战争”。它们以“自由、民主、人权”等为招牌，大力对我国进行意识形态渗透，目的就是动摇我们的思想根基，摧毁中国人的自信心和凝聚力。当前意识形态领域的斗争复杂而尖锐，一些错误思潮暗流涌动，此起彼伏，竞相发声，大肆攻击中国特色社会主义、中国共产党的领导、社会主义核心价值观等。

* 节选自韩庆祥：《深刻理解和把握“新的伟大斗争”》，《人民日报》2014 年 7 月 23 日。

领土争端。少数周边国家与我争夺我国固有的领土，一些西方大国趁机介入，挑拨离间甚至公然为其不合理主张撑腰打气。对此，我们必须高度重视，深刻认识到这种围绕国家领土主权斗争的长期性，依法、合情、合理地予以回应。

反腐败斗争。当前，腐败现象在一些领域易发多发，我们党在不断加大反腐败的力度。本届中央领导集体组织开展的反腐败斗争，力度大、手段和方式多、效果显著。与此同时，腐败分子暗中抵触，腐败与反腐败的斗争将更为激烈。

网络斗争。在网络空间，我们既能看见传播正能量的“天使”，也能看到发泄不满、谩骂他人、传播色情、招摇撞骗、混淆是非、聚众挑事、制造虚假信息、进行网络策反等释放负能量的“魔鬼”。网络世界中的“天使”与“魔鬼”为争夺网民和阵地而展开的斗争日益凸显，现实世界的斗争也会体现到网络世界。

反民族分裂主义的斗争。我国是一个多民族国家。西方敌对势力亡我之心不死，经常在我国挑起各种事端，制造民族裂痕，搞民族分裂主义。因此，反对民族分裂主义是一项长期而艰巨的任务。

“新的伟大斗争”的新特点

斗争对象和形式全面多样，处处可能是斗争的“战场”。我们正在进行的“新的伟大斗争”之对象，既有国外的，也有国内的；既有党外的，也有党内的；既有经济、政治的，也有文化、社会的；既有有形的敌对势力，也有无形的挑战、考验、危险。经济、政治、文化、社会各领域都有斗争，资源、货币、市场、意识形态、网络等都是斗争的载体。

西方敌对势力对斗争精心策划、处心积虑。西方敌对势力对我斗争，大多以传播西方社会思潮且以文化渗透的方式，把“自由、民主、人权”作为突破口。大致步骤是：第一步，让中国人崇拜西方“标准”；第二步，用西方“标准”裁判中国现实；第三步，使一些人认为西方“月亮”是圆的、中国“月亮”是缺的，对中国现实社会看不惯；最后一步，使一些人对社会主义制度、中国共产党领导和马克思主义产生不满，从而达到动摇中国人理想信念、摧毁中国人自信和分化人心的目的。

国内外敌对势力采取的斗争方式隐蔽巧妙，极具诱惑性和欺骗性。许多斗争是用文明、学术外衣设置政治陷阱，以文明、学术思想掩盖政治意图，让一些人甘愿上钩，不知不觉掉入陷阱。这主要体现在：一是以文化、文明诱惑掩盖政治图谋。西方敌对势力从未放弃西化、分化中国的政治图谋，但感到用赤裸裸的军事和政治手段扼杀、围剿中国不合时宜，转而想打一场“没有硝烟的战争”。当今时代，世界范围各种思想文化交流交融交锋日趋频繁。西方敌对势力抓住此机会，往往通过各种名目的基金会、社会组织，以考察访问和培训为旗号，培植代理人，进行文化渗透；利用其在经济、政治、文化、科技、军事上的“话语权优势”，诱惑一些中国人尤其是专家学者、领导干部和企业家，使他们对中国的历史、传统、文化、文明、理论、思想失去自信，成为西方文化、思想的俘虏。二是用学术思想遮蔽政治图谋，以学术创新诱惑我国专家学者，使他们掉进西方所设计的政治陷阱。一些西方社会思潮确实提出了具有一定创新性和学术性的思想。但它们常常打着学术创新的旗号，以学术研究、学术交流、学术访问的面具来掩饰其政治意图，容易迷惑我们的一些专家学者，使他们丧失判断力和鉴别力。因此，我们要提高政治敏锐性和政治判断力，彻底揭露和拒斥西方以文化、文明、学术外衣设置的政治陷阱。

综上所述，当前我们面临的“新的伟大斗争”，可谓复杂而严峻。积极应对我们党面临的诸多挑战、“四大考验”和“四大危险”，努力破解推进中国特色社会主义伟大事业和实现中华民族伟大复兴进程中出现的诸多难题，都需要我们进行艰苦卓绝的斗争。我们应进一步增强忧患意识、责任意识、使命意识，进一步培育战略思维、辩证思维、底线思维，准确把握机遇、有效应对挑战、科学破解难题，确保中国特色社会主义事业持续发展、不断推进。

着眼大格局　把握大逻辑　凝心聚力谋改革*

一、新常态新发展，根本出路在改革

习近平总书记指出，唯改革者进，唯创新者强，唯改革创新者胜。新常态不仅是速度状态，更是发展状态；不仅是发展条件和环境的新常态，更是发展理念和模式的新常态；不仅标志着新阶段新趋势，更孕育着新动力新方式，昭示着发展的新水平新境界。认识、适应、引领新常态，是一个尊重客观规律、发挥主观能动性的过程，带来的应当是发展方式、发展动力、体制机制的根本性转变。实现这些转变，出路在改革，动力在改革，成败在改革。

稳增长促发展的新动能来自改革。新常态下，经济增长从高速转向中高速是客观规律使然，不以人的意志为转移。发展是第一要务，是解决我国一切问题的基础和关键，是全面建成小康社会的重要法宝。调整速度不是不要速度，而是要摒弃把经济发展仅仅理解为速度增减的形而上学发展观，要的是建立在提质增效升级基础上的速度。在外部需求萎缩、要素规模驱动力下降、传统人口红利减少、资源环境约束趋紧的形势下，要实现经济持续健康发展，做到“换挡不失速”，就必须坚持稳中求进，用改革的“进”保经济的“稳”，通过不断深化改革，为经济社会发展创造良好预期。着力破除制约发展的体制机制障碍，完善社会主义市场经济体制，实现有质量、有效益、可持续的发展。

转方式调结构的新引擎来自改革。我国经济正在向形态更高级、分工更复杂、结构更合理的阶段演化，经济发展方式正从规模速度型粗放增长转向质量效率型集约增长，经济结构正从增量扩能为主转向调整存量、做优增量

---

* 节选自黄兴国：《着眼大格局　把握大逻辑　凝心聚力谋改革》，《求是》2015年第8期。

并举的深度调整。习近平总书记关于新常态下经济发展趋势性变化的论述，深刻揭示了转方式调结构的紧迫性。任何发展方式都是一种动力机制的塑造和利益体制的安排。30多年改革发展的实践证明，改革的力度往往决定着转变经济发展方式的成效。改革是最大红利，不改革就是最大风险。要抓住体制症结深化改革，形成合理的制度导向，实现经济发展方式的根本转变；要把调整优化经济结构作为重中之重，运用改革思维和改革方式，促进经济提质增效升级。

强动力增活力的源泉来自改革。新常态下经济发展动力正在从以往过于依赖投资和出口拉动转向更多依靠国内需求特别是消费需求拉动，从要素驱动转向创新驱动，从传统增长点转向新的增长点。我国新型工业化、信息化、城镇化、农业现代化蕴藏巨大的增长潜力，而将潜力转化为新的增长点的出路就在于改革，在于使市场更活、创新更实、政策更宽、环境更优。这就迫切需要使市场在资源配置中起决定性作用，建立统一开放、竞争有序的市场体系，制定公平开放透明的市场规则，靠市场发现和培育更多新技术、新产品、新业态、新模式；迫切需要更好地发挥政府作用，制定合理的差别化激励政策，营造有利于大众创业、市场主体创新的政策环境和制度环境；迫切需要使发展构筑在创新驱动上，着力深化科技和教育体制改革，着力构建以企业为主体、市场为导向、产学研相结合的创新体系，走依靠科技进步、劳动者素质提高、管理创新驱动的内生增长之路。

二、新常态新突破，凝心聚力是关键

新常态也伴随新矛盾新问题，正像习近平总书记所强调的，问题是事物矛盾的表现形式，我们强调增强问题意识、坚持问题导向，就是承认矛盾的普遍性、客观性，就是要善于把认识和化解矛盾作为打开工作局面的突破口。改革进入攻坚期、深水区，是事物发展中矛盾特殊性的表现形态。协调推进“四个全面”，必须直面矛盾，破解深水坚冰，以最大共识涉险滩攻难关，以改革红利赢信心添动力。人心是最大的政治，共识可以转化为力量。我们必须统一思想、增强信心，共同为改革想招、一起为改革发力。

在方向目标上强定力。习近平总书记多次强调，我们的改革是有方向、有立场、有原则的。在方向目标上凝聚共识，就是要坚定道路自信、理论自信、制度自信。这既是我们民族的底气、骨气，更是我们民族的精神，必须做到刻骨铭心。增强改革的战略定力，就是要在思想政治行动上始终与以习近平同志为总书记的党中央保持高度一致，坚持政治原则，严守政治纪律，丝毫不动摇改革的决心和方向，坚定不移地贯彻中央的部署要求，不折不扣地落实各项改革举措。要向改革要出路，善于在改革发展进程中解决问题，要在改革中学习改革，善于运用法治思维和法治方式推进改革，用改革的方式方法攻难事、办实事，善做善成。要牢固树立进取意识、机遇意识、责任意识，敢于担当，积极作为，把中央要求与地方实际紧密结合起来，大胆创新、敢于突破，推动改革的顶层设计和基层探索良性互动。

在“最大公约数”上添动力。改革越来越深，必然触及更深层次的矛盾、触动更深层次的利益、触碰更深层次的关系；改革越来越难，既要冲破思想观念障碍、打破思维定势，又要突破利益固化藩篱；改革越来越险，触碰的问题越来越敏感，牵一发而动全身；改革任务越来越重，发展中的问题和发展后的问题、一般矛盾和深层次矛盾、有待完成的任务和新提出的任务交织叠加。面对这些“深、难、险、重”，迫切需要用“四个全面”统一思想，用改革开放这一最鲜明的特色、最鲜明的旗帜、最鲜明的品格解放思想，真正拿出自我革新的勇气和胸怀，下定敢于啃硬骨头的决心，保持只有进行时没有完成时的坚韧，做好承受压力和代价的准备，以无畏和担当的精神推进改革。在多元利益格局中求同存异，寻求“最大公约数”，必须立足最广大人民群众的整体利益、根本利益、长远利益，把维护人民群众的切身利益作为根本出发点，善于从群众关注的焦点、百姓生活的难点中寻找改革切入点，控制好各方利益的平衡点，最大限度集中群众智慧，紧紧依靠人民群众推进改革，使改革建立在广泛深厚的群众基础之上，使改革成果惠及全体人民。

在协同推进中聚合力。全面深化改革是一项系统工程，牵涉面广，耦合性强，是各领域改革和改进的联动和集成，每一项改革都会对其他改革产生重要影响，每一项改革又都需要其他改革协同配合。在这个意义上，改革既是驱动力也是凝聚力，既是方法路径也是精神内核，迫切需要精神上同心、路径上同向、步调上同频。必须树立战略思维、创新思维、辩证思维、法治思维，更加注重系统性、整体性、协同性，更加注重顶层设计，防止零打碎敲、修修补补，克服畸重畸轻、单兵突进，打破各种“中梗阻”，力戒相互掣肘、相互抵触，形成整体合力。要弄清整体政策安排与某一具体政策、系统政策链条与某一政策环节、政策顶层设计与政策分层对接、政策统一性与政策差异性、长期性政策与阶段性政策的关系，使眼前和长远相统筹、全局和局部相配套、渐进和突破相衔接，使各项改革举措在价值取向上相互配合、在实施过程中相互促进、在改革成效上相得益彰，汇聚改革的强大正能量。

深刻把握全面深化改革的关键地位和作用需要更高的能力和水平 *

全面深化改革是一项系统工程，各项改革相互关联、相互影响。对于这样一个庞大复杂的系统工程，需要具有领导、谋划、推动、落实的能力和水平，坚持战略思维、辩证思维、法治思维、系统思维、底线思维和创新思维，统筹谋划，顶层设计，科学实施，正确、准确、有序、协调推进改革，切实做到以下四个有机结合。

——坚持党委领导与顺应民意相结合。各级党委要把促进改革举措落地作为重要政治责任，强化一把手责任，敢于担当，主动作为，按照中央部署制定贯彻落实的规划和计划，研究各个领域的改革方案和改革举措，强化监督检查，确保落实到位。要坚持人民在全面深化改革中的主体地位，切实做到人民有所呼、改革有所应。决策和实施的每一个环节，都要征求采纳群众意见，努力解决事关群众切身利益的体制问题，把改革方案的含金量充分展

* 节选自郭金平：《深刻把握全面深化改革的关键地位和作用》，《光明日报》2015年5月17日。

示出来，让人民群众有更多的获得感，激发人民群众参与支持改革的积极性、主动性和创新性，最大限度增强全面深化改革的动力。

——坚持统筹全局与兼顾各方相结合。“不谋全局者，不足谋一域”。要站在全局和长远发展的高度，从社会最广大人民群众的整体利益出发，加强顶层设计和整体谋划，加强各项改革的关联性、系统性、可行性研究，统筹考虑、全面论证、科学决策，把握好当前和长远、局部与全局、个人与集体等利益关系，努力兼顾改革相关各方合理利益，实现改革发展成果惠及人民。

——坚持分清轻重与排序缓急相结合。习近平总书记强调，要把握好重大改革次序，优先推进基础性改革。全面深化改革任务千头万绪，纷繁复杂，各个领域改革任务轻重缓急程度各异。这要求按照各个领域改革的轻重难易制定任务书，按照紧迫程度制定时间表，按照轻重缓急排列次序，有条不紊、稳扎稳打推进各个领域改革。

——坚持循序渐进与大胆推进相结合。全面深化改革是循序渐进的工作，既要敢于突破，又要一步一个脚印，稳打稳扎推进。研究、思考、确定全面深化改革的思路和重大举措，出台各个领域改革方案和改革举措，必须进行全面深入的调查研究，作出社会风险评估和可行性论证，查找突出问题和现实困难，了解各方面的意见建议和群众的所想所盼，切实做到科学决策和充分准备。对认识还不深入又必须推进的改革，要大胆探索，试点先行，找出规律，凝聚共识，为全面推开积累经验、创造条件。改革举措一旦出台，就要以踏石留印、抓铁有痕的劲头义无反顾，大胆推进，坚决落地。为此，要营造支持改革的舆论氛围和社会导向，发挥各级党组织战斗堡垒作用和党员的先锋模范作用，组织动员广大群众参与支持，凝聚全社会同心协力推动的强大改革动力。

改革是顶层设计和摸石头过河的统一*

中国渐进式改革是成功的

顶层设计这个说法是在2010年十七届五中全会上第一次提出来的。在提出以后，也有人会议论说，是不是提出了顶层设计，就意味着我们已经不再摸着石头过河了呢？其实不是。

过去30多年中国的改革成就已经证明中国式的、渐进式的改革是成功的。它成功在哪儿？我们改革可能从各个局部都推进了。但是，它的核心在于我们不把某一种特定的模式作为预先的目标。也就是说，很多发展中国家、转轨国家都采纳了所谓的“华盛顿共识”，我们没有接受这个东西，判断改革可行的标志就是三个“有利于”，因此按照这个道理，可以选择不同的推进方式，最后取得成功。

但是，今天我们已经进入一个新的发展阶段，这个发展阶段有一些与以往不同的特点，因此改革也有了新的特点，是顶层设计和摸着石头过河两者的统一。

为什么要顶层设计？这是说我们的改革已经从所谓的帕累托改进进入卡尔托改进。什么叫帕累托改进？早期的改革有一个最大的特点，就是会给一个特定的群体，比如给农民或者农民工或者一个特定群体带来直接的利益，改善他们的生活，同时不损害其他的群体。而随着改革的推进，这种机会越来越少，当改革给一部分人带来好处的时候，可能一部分人作为既得利益者会形成损失。因此，会产生改革的激励不融的问题。这个时候我们就进入卡尔托改进。卡尔托改进的核心是，如果改革总的收益是正的，是有总收益的，是有改革红利的，可以把一部分改革红利拿来补偿那些在改革中付出成本的群体，使得改革变成大家都有相同的激励、可以容易推进的方式。

---

* 节选自蔡昉：《改革是顶层设计和摸石头过河的统一》，《中国经营报》2014年12月26日。

例如，最初很多人不知道新型城镇化是什么含义，地方政府跃跃欲试，以为是大规模投资建设的机会。当他们做这样想象的时候，中央政府又告诉他们，新型城镇化，新在以人为核心，以农民工的市民化为核心。

这时候地方政府明白这个意思了，但是，他们马上就想到，要为农民工的市民化付出成本。因此，很多地方政府就会算账，有人说解决一个农民工变成市民的成本，要十万块钱，有的说二十万，还有的说三十万。因此，改革在这个问题上，你付了成本，但是改革的好处你能不能得到？这就有了分歧。

这个时候，我们就需要来算一算，户籍制度改革到底有什么样的红利给我们？第一，户籍制度改革让农民工更加稳定地进入城市并留下来，因此提高了劳动力供给，可以解决现在劳动力短缺的问题。第二，继续拉动农民工从生产力低的农业部门转移到生产力高的非农产业中，可以提高资源的重新配置效率，带来生产率的提高。第三，农民工有了基本公共服务，有了社会保障，没有后顾之忧，就可以像城市居民一样正常消费，平衡我们的需求结构，更有利于我们转向内需和消费需求的宏观经济格局。

因此，这项改革可以一石三鸟，立竿见影，带来人口红利，我们的测算是，可以给中国 GDP 增速带来一到两个百分点的直接提升，因此改革红利是巨大的。但是每一个群体所得到的份额可能不一致。因此，顶层设计需要把这种改革红利预先支付给那些付出成本的单位，同时也和他们分担改革的成本，这样就使改革容易推进。这就是所谓的卡尔托改进。

此外，重大改革要做到“于法有据”，早期的改革，那时候法律体系还不健全，但是到了 2010 年、2011 年，我们已经完成了建立中国特色的社会主义法律体系这个任务。这个时候，第一，建设法治国家，改革要遵守法律，第二，改革目标仍然会有和现行法律不一致的地方，需要通过试点来看一看这项改革是不是正确的，是不是行得通，是不是可以推广。对此，我们叫“立、改、废、释”，立法修改现行法律的一些规定，废除一些不再适用的法律，重新解释法律的规定。

创造性的破坏中国的改革红利从哪来

再看看中国改革的红利在什么地方。过去中国经济增长在哪儿？红利在哪儿？总的来说，我把它概括为人口红利。人口红利的核心就是说，在很长时间的过程中，中国的劳动年龄人口，最有生产力的这部分，是不断增长的，而人口的抚养比，负担逐渐下降。这有利于劳动力的供给，有利于生产率的提高，通过资源重新配置，提高生产率，而且最重要的一条是，企业的资本回报率是比较高的，因为有充足的劳动力和资本相配合。在这个过程中，我们实现了高速经济增长。但是，从2010年开始，中国劳动人口到达顶峰，从那时候开始负增长，19到59岁的人口这几年都是负增长，每年会减少几百万。人口抚养比开始提高了，因此劳动力短缺了，人力资本不足了，资本回报率显著下降。从企业的角度来说，利润率在下降，找不到好的投资机会了。

我们测算的结果是，中国的潜在增长率明显地降下来了。从1995—2010年的10.3%下降到"十二五"时期的平均只有7.6%。那么，到"十三五"，如果没有其他的变化，可能会降到6.2%。如果认识到这一点，能够找出提高潜在经济增长率的方法，从而使未来的实际增长速度更快一些，通过改革得到的增长率的百分点就是所谓的改革红利。

同时，因为潜在增长率降了，所以我们要有新的平常心，可以接受慢一些的速度。即使接受慢一些的速度，我们也做了预测，按照现在预测到未来的潜在经济增长率来计算，其实只要加上应该获得的改革红利，未来2020年在2010年的基础上，按照不变价，国民生产总量翻一番的目标是完全可以实现的。

渐进中必须要有更大突破*

渐进中要有突破

实际上，我国30多年以渐进性为总体特征的改革，并没有拒绝突进、

* 商志晓：《渐进中必须要有更大突破》，《学习时报》2014年8月18日。

阻挡突破，而是由一系列突进、不间断突破贯穿其中的。比如：作为改革启动标志的安徽省小岗村的分田到户，就是针对农村长期大锅饭集体经济的一次突进；十四大确立社会主义市场经济体制的改革方向和目标，就是相对于长期探索的建立什么样的经济体制的一次突破。其他还有开放特区和实施沿海对外开放、推进股份制改革、建立公共服务型政府，以及在财税金融、外贸投资、文化教育、社会管理、生态环保、权力制约、决策机制等众多方面大大小小的突进与突破。

可以说，改革进程如同一条河流，河床河道不可能是一马平川、直通无碍的，河水必然要在克服阻碍、荡涤淤积过程中奔腾向前，必然要形成一些激流、荡起层层浪花。河水不断流淌的“渐进性”，是以激流、浪花形成的“突进”与“突破”为条件的。“渐进性”构成整条河流，而激流、浪花则凸显其生机和活力。

如果说此前我国30多年的改革是渐进中有突破、渐进中存在着突破、渐进中包含着突破，那么我国当下以至今后一段时期的改革，则是渐进中必须有突破、渐进中需要更多突破、渐进中应当有更大突破。这是改革所需，亦是现实要求。

一是因为改革任务加重。我国改革已进入到全面深化阶段，不只是领域广阔（如经济体制、政治体制、文化体制、社会体制、生态文明体制和党的建设制度等），而且要触及深层矛盾。经过前30多年的改革，好改的都改了，能改的都改完了，现在剩下的都是难啃的“硬骨头”，任务极为繁重。

二是因为改革难度加大。难度大在牵一发而动全身，稍有不慎轻则无功而返，重则前功尽弃。全面深化改革的复杂程度、敏感程度、艰巨程度在累积，我们所面对的是一些涉及面宽、触及利益层次深、配套性强、风险较大的改革，正所谓进入到了攻坚期和深水区。人们对改革效应的预期普遍提高，对改革成果分享的要求明显增强，改革形势亦空前复杂。

三是因为改革时间紧迫。十八届三中全会部署改革提出的时间表，是到2020年在重要领域和关键环节改革上取得决定性成果，形成系统完备、科学规范、运行有效的制度体系，使各方面制度更加成熟更加定型。这与1992年邓小平预测再有30年时间我们形成一整套成熟定型的制度，在时间指向上是一致的。现在距离这个时间的年份，只能以个位数计算了，可谓时不我待、紧迫逼人。

四是因为改革成败意义更加突显。改革是决定当代中国命运的关键一招，也是决定实现“两个一百年”奋斗目标、实现中华民族伟大复兴的关键一招。改革的重要性和关键性，改革成败得失的重大意义，愈来愈显著。改革只能成功不能失败、只能前行不能停顿的现实要求，使我们今天面对的严峻形势如同改革之初类同，我们不仅没有了选择余地，而且也已经没有了可等待的时间，只能是义无反顾，必须要大刀阔斧。

这意味着，我们在渐进性改革的道路上，当下和今后必须更多地思考和关注如何突进、如何突破问题。改革的紧迫性和重要性，改革的不可逆和加速度，改革的广度拓展和深度推进，都需要我们必须有更多的突进与突破，需要下更大的气力去实现更大力度的突进与突破。

突破和渐进相促进

当下和今后改革所需要的突进与突破，既包括思想观念上的，也包括体制机制上的，更需要实践行动上的。在这所有方面，新一届中央领导集体主动作为，积极奋发，在短短一年多的时间内，已经取得了实质性的推进和成就，并朝向更大更多更广的突进与突破去努力。

思想观念上的突进与突破，集中体现在十八届三中全会《中共中央关于全面深化改革若干重大问题的决定》中，体现在由此带来的亿万人民群众对全面深化改革的高度共识和积极响应中。思想观念是体制机制、实践行动的先导和基础。唯有思想观念在怎么样、哪些方面、如何实现突进与突破等一系列问题上取得一致、达到统一，我们才能够迈出切实有效、坚定有力的改革步伐。在这方面，我们仍需努力，许多方面远未到位。

体制机制上的突进与突破，体现在我们党和政府改进工作作风、密切联系群众的诸多规定规范中，体现在从国务院到各级人民政府一系列文件条例法规的“废改立”中。制度体系的系统完备，是改革的标志性成果，是改革突破的直接体现。在这方面，我们要完善和发展中国特色社会主义制度，推进国家治理体系和治理能力现代化，要处理好政府和市场的关系，使市场在资源配置中起决定性作用，要建设社会主义法治国家、深化文化体制改革，还需要积极探索，不断创新。

实践行动上的突进与突破，集中体现在我们党坚持党要管党、从严治党的一系列重大举措中，集中体现在我们党以前所未有的工作力度和重大成果推进反腐倡廉建设中，也体现在经济社会发展的一系列政策调整与实践创新中。特别是我们党以雷霆之势、万钧之力，以高压态势对腐败分子施予威慑与惩治，坚持"老虎""苍蝇"一起打，不间断地制度化地推进反腐败斗争，可谓是真正意义上的突进与突破。当然，这方面的突进与突破远未结束，必将带动各领域全方位改革的持久推进和深化发展。

十八届三中全会强调要在重要领域和关键环节改革上取得决定性成果，习近平总书记要求加强顶层设计，努力做到全局和局部相配套、治本和治标相结合、渐进和突破相促进，统筹推进重要领域和关键环节改革。这里面，都蕴含着改革要加大力度、改革要统筹推进、改革要力求突破、改革要着力治本的明确任务。为此，我们要走渐进式改革道路，处理好改革、发展与稳定的关系，但绝不能以渐进式改革为托词而拖延时间，贻误实现突进与突破的佳时良机。也就是说，当下以至今后的改革不能只是着眼枝节、小打小闹，不能只是零敲碎打、碎片修补，而必须咬紧牙关、强力推进，像邓小平强调的那样"杀出一条血路来"，必须坚定不移、勇往直前，如习近平要求的那样"明知山有虎，偏向虎山行"。

服从服务大局做改革的促进派*

全面深化改革不是"你好我好大家好"的温情相待，而是"啃硬骨头、涉险滩、动奶酪"的利益调整。具有怎样的大局观，决定着我们能走多远、登多高、抵达何处。对全局改革有利、对党和国家事业发展有利、对本系统

---

* 崔文佳：《服从服务大局做改革的促进派》，《北京日报》2015 年 5 月 8 日。

本领域形成完善的体制机制有利，是我们当前亟须凝聚的大局共识。

1+1 等于几？在现实工作中，既可能凝心聚力让“1+1>2”，也可能九龙治水使“1+1<2”。寥寥几句，掷地有声。全面深化改革不是“你好我好大家好”的温情相待，而是“啃硬骨头、涉险滩、动奶酪”的利益调整。打破固化的、不合理的利益格局，进行适时的、合理的利益调整，是今日改革的题中应有之义。不夸张地说，任何回避利益调整的改革，都是伪改革、假改革，都不可能收到预想成效。尤其是随着改革进入攻坚期和深水区，容易的、皆大欢喜的改革都已完成，困难的、逆水行舟的改革任务艰巨。在可以预见的未来，挑战必将像一筐螃蟹似的，抓起一个又牵起另一个，利益调整的难度也势必随之增大。

要想在曲折的改革进程中迎来柳暗花明的豁然开朗，必须高处站位、放宽视野。“会当凌绝顶，一览众山小”，具有怎样的大局观，决定着我们能走多远、登多高、抵达何处。尤其是各级领导干部，正确的大局观更应是基本素质。道理并不难懂，但在不少人那里，却抽象空洞、说易行难。结合实践，总书记深入浅出地将其具化为“三个有利”：对全局改革有利、对党和国家事业发展有利、对本系统本领域形成完善的体制机制有利。以此为驱动力，沉疴顽疾即便刮骨疗毒也必须祛除，星星之火即便呕心沥血也应当呵护；以此为参照系，哪些领域的改革应当齐头并进，哪些阶段的改革应当重点用力，一目了然。

长期以来，大局意识在很多领导干部那里常常讲得多、做得少；听得多、领悟得少。有人觉得，总揽大局是上级的事，地方基层何苦操这份心。有人认为，我管的条条块块也很重要，我这也是大局。凡此种种，都是没用好辩证法的表现。部分是整体中的部分，离开了整体，部分也就不能成其为部分。闭门造车，规划怎能契合实际？坐井观天，工作怎能做到点上？惟有跳出一地一时、一部门一行业的限制，把问题放到更大的格局中去分析，以全局眼光透视改革方位，才能真正明白自己在改革链条中的功能定位，才能真正理解“最难走的路是上坡路”，也才能在爬坡过坎中信心十足、脚步坚定。而这，正是我们当前亟须凝聚的大局共识。

在改革的复杂系统中，人始终是独具决定性的变量，领导干部应该做改革促进派。何为“改革促进派”？通俗地讲，就是要以大局观为指导，把维护顶层设计的自觉性和落实基层工作的能动性结合起来。何事当兴何事当废，何事应急何事应缓，要在全面深化改革的大方略中思考，拿出担当和魄力，该推进的迅速推进，该放手的果断放手，用实际行动做改革的促进派。

西谚说，“在亚历山大胜利的根源里，人们总能找到亚里士多德”。这启示我们，思想是行动的先导，怎么想决定怎么做。改革推进到哪一步，思想政治工作就要跟进到哪一步。有了统一的精神，有了共同的理想，全党全国同心同德，何愁汇集不起攻坚克难的力量？

全面深化改革好比推演一道复杂的攻坚方程式，厘清各项前提条件，设定好最终目标，才能在苦思冥想后茅塞顿开。争做改革促进派，关键是要做个“行动派”，在行动中把握发展机遇，在行动中破解改革难题，将改革目标转化为实际举措、实际行动、实际成果。这是全面深化改革的应有之举，也是赢得时代新荣光的必由之路。

第四章 以重大问题为导向抓住改革关键问题

引子

问题是时代的声音。我国的改革坚持以问题为导向，是在回答和解决时代提出的重大问题中前进的。当前，我们的改革进入“攻坚期”和“深水区”，遇到的难度前所未有。改革要以重大问题为导向抓住改革关键问题，围绕解决好人民群众反映强烈的问题，回应人民群众呼声和期待。

冲破“两个束缚”是全面深化改革的关键 *

可以说，当下的改革除了仍然存在的思想阻力之外，既得利益因素已经成为阻挠改革前进的最大障碍。在我国推进改革的过程中，好改的、见效快的、普遍受益的改革，绝大多数都已经进行了，现在剩下的都是难啃的硬骨头，要调整的是已经成型的利益格局。虽然深化改革通过调整利益分配格局来促进经济社会的健康持续发展，最终受益的是包括既得利益者在内的全体社会成员，但短期内必然要触动一部分人的利益。例如，推进政府机构改革要精简机构，牵涉到部分单位和人员的进退去留，就得革自己的命；推进行政审批制度改革，意味着下放权力，就得削自己的权。列宁曾经引用了一句格言：“几何公理要是触犯了人们的利益，那也一定会遭到反驳的。”这说明打破利益束缚是何等的难！一些人不愿改革、害怕改革、阻挠改革，其根源就在于顾忌个人名利得失，抱着既得利益不放。为了人民的长远和根本利益，我们必须以壮士断腕的决心、刮骨疗伤的勇气、抓铁有痕的举措，既冲破因循守旧、求稳怕冒、畏难推责、等待观望等思想观念的束缚，又打破“国家利益部门化、部门利益个人化”等利益固化的束缚，不失时机深化重要领域改革，确保实现全面深化改革的奋斗目标。

习近平总书记指出：“冲破思想观念的障碍、突破利益固化的藩篱，解放思想是首要的。在深化改革问题上，一些思想观念障碍往往不是来自体制外而是来自体制内。思想不解放，我们就很难看清各种利益固化的症结所在，很难找准突破的方向和着力点，很难拿出创造性的改革举措。”这就告诫我们，要全面深化改革，必须要继续解放思想，解放思想、更新观念是全面深化改革的前提条件。党的十八届三中全会提出：“进一步解放思想、解放和发展社会生产力、解放和增强社会活力”。这“三个进一步解放”，既是改

* 节选自石平：《冲破“两个束缚”是全面深化改革的关键》，《求是》2015年第10期。

革的目的，又是改革的条件。其中，解放思想是前提，是解放和发展社会生产力、解放和增强社会活力的总开关；解放和发展社会生产力、解放和增强社会活力是解放思想的必然结果，也是解放思想的目的和重要基础。解放思想，就是指在发展着的马克思主义指导下打破习惯势力和主观偏见的束缚，自觉地把思想认识从那些不合时宜的观念、做法和体制的束缚中解放出来，从对马克思主义的错误的和教条式的理解中解放出来，从主观主义和形而上学的桎梏中解放出来，使思想和实际相符合，坚持与时俱进，做到实事求是。习近平总书记系列重要讲话是最新版本的中国特色社会主义理论，是马克思主义中国化的最新理论成果。在新的历史条件下解放思想的核心就是深入学习贯彻习近平总书记系列重要讲话精神，自觉用“四个全面”引领各项工作，主动适应和引领经济发展新常态，加快转变发展方式，打破不合时宜的思想定势。面对新形势新任务，如果完全顺着既有的思想定势来行事，思想不敏锐、思路不开阔，就可能觉得不需要改革或不积极去推动改革了，就可能误事。我们说要以更大决心冲破思想观念束缚，就是要更好地用发展着的马克思主义指导新的实践，破除妨碍改革发展的那些思想定势，增强全面深化改革的思想自觉和行动自觉。

实现社会公平正义是发展中国特色社会主义的重大任务。我们党领导全国各族人民进行革命、建设和改革，就是为了促进社会公平正义，坚持走共同富裕道路。改革开放30多年来，我国社会生产力快速发展起来，老的问题得到相当程度的解决，但新的矛盾也突出了，怎样分配财富、实现共同富裕已成为老百姓的关注点，到了着重解决发展起来后出现的新问题的时候了。党的十八届三中全会提出：全面深化改革，“以促进社会公平正义、增进人民福祉为出发点和落脚点”。近两年来，从户籍制度改革打破身份壁垒，到高考招生进一步向农村倾斜；从简政放权激发社会活力，到商事制度改革降低创业门槛，这一系列重大改革举措就是贯彻落实全会精神的具体体现，致力于权利公平、机会公平、规则公平，为广大人民群众提供了梦想成真、人生出彩的机会。我们要始终坚持党的根本宗旨，牢牢把握全面深化改革的出发点和落脚点，进一步破除利益固化的藩篱，创造更加公平正义的社会环境，使改革发展成果更多更公平惠及全体人民。全面深化改革是立足国家利益、根本利益、长远利益进行部署的，目的是要达到一加一大于二的效果，使整体利益产生乘数效应，避免一加一小于二的状况，防止局部利益互相掣肘、互相抵消。在地方和部门工作的同志要站在党和国家事业全局的高度思考问题、推动工作，而不是各取所需、挑三拣四，甚至借改革之名强化局部利益。要注意避免对中央精神合意则取、不合意则舍的倾向，避免不得要领、违规操作的倾向，避免缺乏信心、心存观望的倾向。特别是要正确处理好市场和政府的关系，加快政府职能转变，切实发挥市场在资源配置中起决定性作用和更好发挥政府作用，清除一切阻碍合理竞争的市场壁垒，着力打造大众创业、万众创新和增加公共产品、公共服务的“双引擎”，妥善协调社会各方面的利益，逐步缩小城乡、区域和社会成员之间的收入差距，不断改善人民生活，为我国经济社会的健康发展注入长远而持久的活力。

实践发展永无止境，解放思想永无止境，改革开放永无止境。面对新形势新任务，要全面建成小康社会，必须在新的历史起点上全面深化改革。我们要牢固树立进取意识、机遇意识、责任意识，拿出勇气，敢于担当，大胆冲破思想观念的障碍，坚决突破利益固化的藩篱，真正让改革落地，为全面建成小康社会提供强有力的动力和制度保障。

当前深化改革面临的几个问题*

党的十八大尤其是党的十八届三中全会以来，以释放市场活力对冲经济下行压力，我国在深化经济体制改革的许多重要领域和关键环节改革上取得了重要成果。但同时应看到，在多种利益与多重困难的相互交织下，需要清醒地对改革进程中出现的一些新问题加以辩证认识，这样才能在深化经济体制改革道路上走得更稳更好。

一是稳定增长与经济改革的力度。2015 年 5 月 13 日国家统计局公布的

* 周跃辉：《当前深化改革面临的几个问题》，《学习时报》2015 年 5 月 18 日。

数据显示：我国4月份规模以上工业增加值同比增长5.9%，社会消费品零售总额同比增长10%，1—4月城镇固定资产投资同比增长12%。应当说，这些指标数据与预期目标有些距离，经济下行压力比较大。从2013年上半年以来，中央层面出台了一系列激发市场活力的改革措施，在促进简政放权、产业结构调整、创新驱动发展、稳定外贸出口等方面加大了改革配套的力度。然而，我们在实际调研中发现，一些地方政府在碰到稳定经济增长的难题时，往往出现放弃或者回避改革措施的状况，以为稳定增长就是靠投资刺激，最终又回到依赖上项目做工程来拉动经济增长的老路上来。

二是顶层设计与经济改革的落实。从整体上看，要破解发展面临的各种难题，化解来自各方面的风险和挑战，要推动我国经济社会持续健康发展，除了深化改革开放，别无他途。调查研究表明：不少企业经营者和群众反映，中央改革力度确实很大，但企业能实实在在获得的改革红利还不是特别明显。中央层面对改革的决心大、动作大，但一些地方对改革还存在担心多、动作小、跟进不力等方面的现象。例如在行政审批体制改革领域，一些地方和部门将“含金量”低的审批事项取消和下放，而对那些“含金量”高的审批事项却抱着不放。当中央层面对落实任务压得紧了，这些地方和部门就将保留的事项分解，下放一些事项滥竽充数，有些甚至出现以“文件落实文件”的现象。

三是评估绩效与经济改革的深化。评估是绩效管理的关键环节，第三方评估是政府绩效管理的重要形式，通常包括独立第三方评估和委托第三方评估。第三方评估作为一种必要而有效的外部制衡机制，弥补了传统的政府自我评估的缺陷，能在深化经济体制改革的进程中发挥不可替代的促进作用。2014年夏天，由国务院办公厅委托，全国工商联等四家单位负责的第三方评估，针对“落实企业投资自主权，向非国有资本推出一批投资项目的政策措施”“加快棚户区改造，加大安居工程建设力度”和“实行精准扶贫”等方面做了相对独立的政策绩效评估，实现了良好的社会影响。但应看到，相关职能部门和省级政府对第三方评估之后的整改情况，却没有在后续的评估环节中加以体现。同时，如何建立第三方评估的长效机制等，都需要进一步深化研究。

四是红利共享与经济改革的导向。“天下顺治在民富，天下和静在民乐。”深化经济体制改革必须使改革发展成果更多更公平惠及全体人民，若不能给老百姓带来实实在在的利益，若不能创造更加公平的社会环境，甚至导致更多不公平，改革就失去了意义，也不可能持续。应当说，当前“与民争利”“挤出效应”等问题还是客观存在的，少数官员的腐败、权力寻租等问题没有得到根本解决。尤其是一部分群体如失地农民、农业转移人口等，限于各种因素难以共享发展改革所带来的红利，由此引起不满，其中因土地征用、房屋拆迁等利益冲突引发的群体事件还时有出现。从根本上讲，“让发展成果更多更公平惠及全体人民”的改革导向需要更加扎实地贯彻落实。

改革以重大问题为导向。当然，以上所梳理的深化经济体制改革所面临的几个方面的问题，与全面深化改革的其他领域相比较而言，有些具有普遍性，有些具有特殊性。在未来一段时期，我们要在深化经济体制改革中寻找新的经济增长点，力图通过深化科技体制改革、投融资体制改革等途径，为稳定经济增长提供更加可靠的途径。要进一步推动经济体制改革顶层设计与地方具体落实之间的有效衔接，积极构建第三方评估长效机制，促进经济体制各项改革措施扎根落地。同时，还要通过深化改革不断激发人民群众的创新、创造和创业热情，让改革红利被更多人所共享，确保经济改革的航程达到最终目的。

基层改革面临三类难题*

基层改革向既得利益挥刀存难题

基层是一个利益交织体，就拿县级政府来说，推动改革的利益阻力主要包括：

---

* 节选自姜志勇：《基层改革面临三类难题》，《北京日报》2015年4月27日。

第一，县级政府自身的利益。县级政府本身就是一个利益主体，当改革不符合全县的利益，或让全县的利益受损时，改革是很难获得领导层共识的。比如，乡镇合并改革，目前中央对县里面的一部分转移支付是按照乡镇的数目来拨付的，乡镇合并后，转移支付必然会减少。有的县若干年前率先进行过乡镇合并，这些年转移支付减少了，所以在这一轮的乡镇合并改革中，他们变聪明了，不会再积极推动了，最起码不会再像以前那么积极了。

第二，县级政府面临的第二个利益群体就是上级政府，尤其是上级的各个部门。在这一轮改革中，特别是合并科局机构的改革，没有上级部门的支持是不行的，如果部门在县级的所属机构被撤并了，会认为县级对这一工作不重视。

第三，县里的既得利益群体。这个社会关注比较多。这既包括在职的官员在机构改革中的安置问题，也包括市场化改革中失去政府支持的企业的利益问题，还包括政府官员的福利问题，比如公车改革，取消公车的话，将会影响所有配车官员的利益，县里面的公车改革，如果上级没有强硬措施的话，是很难自主开展的。

基层改革责任和权力、财力不匹配的难题

推动改革需要改革者具备相应的权力，改革者只能在自己的权属范围内进行改革，不可能超越自身的权属范围，尤其是在中央强调改革要在法治范围内进行的情况下，改革者更不可能冒着违法的风险去进行改革。基层在推动改革方面，面临以下困境。

第一，责任与权力的困境。基层是一个责任大、权力却很小的政府，很多问题都需要基层来承担责任，但这些问题不少都是上级引发的，他们没有权力去解决。在缺乏足够行政权力和财力的情况下，基层的改革推动很难，例如缺乏权力，很难推动行政审批制度改革，行政审批设立和废除的权力不在基层，基层的行政审批制度改革只能按照上级的动作来，或只能在优化服务上面想办法。

第二，责任和财力的困境。按照现在的税制，基层政府的财政来源很少，县级的税收基本都只够人员工资，在这种情况下，基层缺乏履行责任的足够

财力。

例如，水库移民问题、转业军人待遇问题，很多要靠国家政策来解决，但移民和转业军人的上访问题却完全要由基层政府来承担。再如，经济发展方式的转型改革，尤其是保护生态的转型改革，在缺乏财力的情况下，地方很难放弃已有的“三高”企业，特别是对于那些偏远的山区、贫困县来说，招商引资本来就很难，很少有企业愿意来他们这里投产，在这种情况下要排斥“三高”企业、转型发展方式显得更为艰难。

基层改革的制度保障难题

面临利益、财力和权力的难题，对于那些想改革的干部来说，他们还会有制度的困境，他们希望能有制度对以下问题进行明确，这也是对改革干部的制度保障：

第一，改革中能做什么、不能做什么？尤其是在中央加强法治建设、加强反腐败和继续整顿四风的情况下，基层本职工作现在尚显得畏首畏尾，因为一不小心就会碰高压线，基层那些有魄力的干部往往是在打擦边球，实则担着很大风险。

第二，违法怎么办？虽然中央强调改革要在法治范围内进行，但基层很多改革都是试点探索，都是摸着石头过河，已有的法律不一定适合未来发展，在法律没有修改的情况下，他们违法怎么办？基层的一些探索其实都行走在法律的边缘，甚至改革方案不敢对外公布，属于内部文件。

第三，吃亏怎么办？就如上面提到的乡镇合并改革，国家应该对转移支付制度进行调整，让那些积极改革的不吃亏。再如，城镇化建设，撤乡建镇后，“镇”的农业转移支付肯定要比“乡”的少，怎么保障他们不吃亏？

第四，怎么面对改革引起的纠纷，特别是改革引发的上访问题？利益受损者上访、向上级打小报告怎么办？国家怎么保障那些积极推动改革的干部不因上访问题而受到影响？现在基层的维稳压力大，而且是无限责任，保持稳定是基层官员的最重要工作。

经济体制改革要处理好政府、市场、社会的关系*

党的十八届三中全会通过的《中共中央关于全面深化改革若干重大问题的决定》（以下简称《决定》）提出，要“发挥经济体制改革牵引作用，推动生产关系同生产力、上层建筑同经济基础相适应，推动经济社会持续健康发展”。由此可见，深化经济体制改革，关键是要厘清和理顺政府、市场、社会三者的关系，准确界定各自边界，充分发挥各自优势。

坚持社会主义市场经济的改革方向，使市场在资源配置中起决定性作用

经济体制改革必须坚持社会主义市场经济的改革方向，以建立和完善社会主义市场经济体制为目标。《中共中央关于全面深化改革若干重大问题的决定》指出，经济体制改革是全面深化改革的重点，核心问题是处理好政府和市场的关系，使市场在资源配置中起决定性作用和更好发挥政府作用。改革开放以来，我国的社会主义市场经济理论经历了一个逐步发展完善的历史过程，在这一过程中，中国共产党人以高度的理论自觉和理论自信，对社会主义市场经济的认识不断深化，对市场地位和作用的判断更加准确。

1979 年，邓小平明确指出：“说市场经济只存在于资本主义社会，只有资本主义的市场经济，这肯定是不正确的。社会主义为什么不可以搞市场经济，这个不能说是资本主义。”这一判断摆脱了把市场经济等同于资本主义的传统观念桎梏。党的十四大确立了建立社会主义市场经济体制的目标，提出要使市场在国家宏观调控下对资源配置起基础性作用；党的十八届三中全会提出使市场在资源配置中起决定性作用，这是对社会主义市场经济理论

* 宁阳：《经济体制改革要处理好政府、市场、社会的关系》，《光明日报》2014 年 7 月 9 日。

与实践的重大推进，反映了我们党对社会主义市场经济理论认识的进一步深化。从“基础性作用”到“决定性作用”，市场的地位和作用得到“升级”，这体现了市场决定资源配置的一般规律，彰显了市场这只“看不见的手”的巨大作用。

市场作为经济的一种基本调节手段，通过价值规律客观地起着导向作用，能够实现资源的合理配置。《中共中央关于全面深化改革若干重大问题的决定》指出，必须积极稳妥从广度和深度上推进市场化改革，大幅度减少政府对资源的直接配置，推动资源配置依据市场规则、市场价格、市场竞争实现效益最大化和效率最优化。更好发挥市场作用，必须完善产权保护制度和建设统一开放竞争有序的现代市场体系，激励更多要素参与市场交易，激发市场活力，提高资源配置效率，使“一切劳动、知识、技术、管理、资本的活力竞相迸发，让一切创造社会财富的源泉充分涌流”。

发挥社会主义政治制度的独特优势，更好发挥政府作用

纵观经济学百余年发展史，对于政府与市场的关系和政府职能的认识，虽然经历了从“小政府”到“大政府”再到“小政府”的过程，但是，现代市场经济离不开政府的宏观调控，二者之间存在着共生性的内在关联，已经成为人们的共识。市场虽然在优化资源配置方面具有独特优势，但市场并非万能，其自发性、盲目性、滞后性等弊端容易导致市场失灵。而且，市场化程度愈高，市场机制作用愈强，市场失灵现象往往就暴露得愈充分，政府作用也愈显重要。

社会主义市场经济体制的完善必须充分发挥社会主义政治制度的强大优势，更好发挥政府作用，强化政府的长期规划、微观规制和应对国际风云变幻的能力。只有划定政府与市场的合理边界，政府把该管的管好，该放的放下，让“无形之手”和“有形之手”相得益彰，实现市场高效、政府有为，才能迸发出强大力量。更好发挥政府作用，旨在为市场创造良好环境、提供优质服务，而并非替代市场的作用。政府放权也不意味着政府职能的弱化，而是要努力寻求市场机制与政府干预的最佳结合，使政府在调节经济、弥补市场失灵的同时，防止出现“越位”“缺位”和“错位”。

当前，政府对微观经济运行直接干预过多，涉入微观经济领域运行过深，市场配置资源的作用没有得到充分发挥的问题依然存在，导致市场和社会的活力被抑制，经济社会发展进一步升级受到阻碍，同时也出现了权力寻租、腐败滋生、社会公平受损、公共服务供应不足等问题。未来政府要减少或退出直接配置市场资源。《中共中央关于全面深化改革若干重大问题的决定》明确指出，政府的职责和作用主要是保持宏观经济稳定，加强和优化公共服务，保障公平竞争，加强市场监管，维护市场秩序，推动可持续发展，促进共同富裕，弥补市场失灵。

激发社会组织活力，进一步推进经济体制改革

由于政府无法掌握所有信息，以及企业和民众心理预期抵消政府政策效果等现象的存在，使得在市场失灵之外，还可能会出现政府失灵的现象，这就需要我们充分发挥“看不见的市场之手”与“看得见的政府之手”之外的社会的积极作用。这是因为，社会也可以提供一种社会资源的分配，给市场机制提供一种补充作用。

政府必须改变治理理念，树立“还权于民”“还政于社会”的观念。改变计划经济时代由于政府权力空前膨胀，包揽经济社会事务，从而导致政府与社会关系失衡，社会力量和社会组织全面萎缩，社会活力和创造力严重窒息的局面。依据《中共中央关于全面深化改革若干重大问题的决定》的精神，我们要正确处理政府和社会的关系，加快实施政社分开，推进社会组织明确权责、依法自治、发挥作用。要创新社会治理体制，增强社会发展活力，提高社会治理水平。发挥政府主导作用，鼓励和支持社会各方面参与，实现政府治理和社会自我调节、居民自治良性互动。

总之，政府、市场和社会三者关系，并不是此消彼长、你大我小、你强我弱、你进我退的相互对立，而应该是边界明确、权责清晰、分工协作、互相促进的有机统一。正确处理政府、市场、社会的关系是经济体制改革的关键所在，政府、市场、社会需要各司其职、各负其责、相互制衡、协调一致。

全面深化改革须维护国有经济主导地位 *

党的十八届三中全会对全面深化改革指明了方向：到 2020 年在重要领域和关键环节改革上取得决定性成果，形成系统完备、科学规范、运行有效的制度体系，使各方面的制度更加成熟更加定型。显然，我们的改革是要使中国特色社会主义的各方面制度更加成熟更加定型。但学术界的有些观点偏离了这个方向，尤其是有一股否定社会主义国有经济的思潮，明显有违社会主义初级阶段的基本经济制度。今年是全面深化改革关键年，有必要依据马克思主义的科学体系澄清一些错误的观点，以确保改革的正确方向。

一、重视社会主义国有经济是对“国家迷信”吗?

有学者认为，把国有经济与社会主义性质相联系，属于斯大林对社会主义经济的定义，并提出：“斯大林的社会主义经济定义（社会主义的最主要特点就是国有制的统治地位）带有明显的被马克思主义经典作家强烈批评过的‘国家迷信’的色彩，并不符合马克思主义国家观。”这是用张冠李戴的手法，来为自己的观点寻找理论根据。恩格斯在为马克思的《法兰西内战》1891 年单行本所写的导言，确曾批判过机会主义者“对国家迷信”，但那要指明的是，无产阶级革命不能简单地掌握资产阶级的国家政权，并运用它来达到自己的目的，而必须把它打碎，重新建立自己的国家机器。这与无产阶级革命胜利后，在新建立的社会主义国家政权下，建立和发展国有制经济是风马牛不相及的两回事。所以，用恩格斯批评机会主义者对资本主义“国家迷信”的观点，来否定社会主义国家国有制经济的主导地位，是不符合恩格斯理论观点原义的。

其实，马克思主义科学体系中，最核心的基本原理，就是无产阶级革命，

* 黄振奇：《全面深化改革须维护国有经济主导地位》，《红旗文稿》2015 年第 2 期。

打碎资产阶级旧的国家机器，建立新的真正民主的国家政权，夺取资产阶级的全部资本，建立和发展社会主义国有制经济，加快生产力的发展。马克思和恩格斯在《共产党宣言》中明确指出：“工人革命的第一步就是使无产阶级上升为统治阶级，争得民主。”“无产阶级将利用自己的政治统治，一步一步地夺取资产阶级的全部资本，把一切生产工具集中在国家即组织成为统治阶级的无产阶级手里，并且尽可能快地增加生产力的总量。”恩格斯在《反杜林论》中，更简明地概括了上述马克思主义基本原理：“无产阶级将取得国家政权，并且首先把生产资料变为国家财产。”当然，马克思主义设想的未来社会，是在生产力高度发达的资本主义国家被推翻之后建立起来的社会主义，可以实行单一的国家所有制。而我国由于旧社会是一个生产力极端落后的农业国，革命成功后建立的社会主义还是它的初级阶段，不仅公有制存在国有和集体两种形式，而且存在个体、民营和外资等所有制；但在我国社会主义基本经济制度中，公有制是占主体的，国有经济发挥着主导作用。如果否定国有经济，公有制占主体不存在了，也就不可能坚持中国特色社会主义。

二、能够把社会主义仅仅定义为“共同富裕”吗?

邓小平理论是马列主义、毛泽东思想的继承和发展，同样重视社会主义公有制（国有制和集体所有制）的主体地位。而有学者却说：“我赞成邓小平的定义，邓小平说‘社会主义的本质，社会主义的优越性在于逐步实现共同富裕’，所以是不是社会主义跟国有制的比重大小没有关系。”实际上，邓小平在不同时间、不同场合，曾多次讲到社会主义。例如，1985年3月，邓小平在一次讲话中说：“一个公有制占主体，一个共同富裕，这是我们所必须坚持的社会主义的根本原则。”1985年8月，邓小平在接见外宾时又说：“社会主义有两个非常重要的方面，一是以公有制为主体，二是不搞两极分化。”从上边引证的两段话中，即可明显看出，抛开以公有制为主体，把社会主义仅仅定义为“实现共同富裕”，是不符合中国特色社会主义理论的，那也不是邓小平的定义。党的十八大报告在讲到“必须坚持走共同富裕道路”时，也强调指出：“共同富裕是中国特色社会主义的根本原则。要坚持社会主义基本经济制度和分配制度，……使发展成果更多更公平惠及全体人民”。

事实上，公有制为主体和实现共同富裕，是密不可分的。马克思在《哥达纲领批判》中早就指出过：“消费资料的任何一种分配，都不过是生产条件本身分配的结果；而生产条件的分配，则表现生产方式本身的性质。例如，资本主义生产方式的基础是：生产的物质条件以资本和地产的形式掌握在非劳动者手中，而人民大众所有的只是生产的人身条件，即劳动力。既然生产的要素是这样分配的，那么自然就产生现在这样的消费资料的分配。如果生产的物质条件是劳动者自己的集体财产，那么同样要产生一种和现在不同的消费资料的分配。庸俗的社会主义仿效资产阶级经济学家……把分配看成并解释成一种不依赖于生产方式的东西，从而把社会主义描写为主要是围绕着分配兜圈子。”

三、社会主义经济就是“共富”加“市场”吗?

有学者把社会主义的基本经济特征归纳为“以实现共同富裕为目标的市场经济”。这个对社会主义经济的界定，也是违背邓小平关于社会主义经济的基本理论观点的。邓小平在《坚持四项基本原则》一文中指出：“社会主义的经济是以公有制为基础的，生产是为了最大限度地满足人民的物质、文化需要，而不是为了剥削。由于社会主义制度的这些特点，我国人民能有共同的政治经济社会理想，共同的道德标准。以上这些，资本主义社会永远不可能有。”1985 年 9 月，邓小平在中共全国代表会议上的讲话又说：“在改革中，我们始终坚持两条根本原则，一是以社会主义公有制经济为主体，一是共同富裕。有计划地利用外资，发展一部分个体经济，都是服从于发展社会主义经济这个总要求的。”

该学者在“把社会主义基本经济特征规定为以实现共同富裕为目标的市场经济”后面的括弧里说：“这也就是社会主义市场经济的确切含义。”将社会主义的基本经济特征与经济体制划等号，这首先是逻辑上的混乱。就经济体制来说，社会主义市场经济，不单是发挥市场经济的作用，还要正确发挥政府的作用。发展市场经济虽能提高社会资源配置效率、激发经济发展活力，但市场不是万能的，还有一些重要方面市场是管不了的。例如，社会供求总量平衡和社会成员收入公平分配，单靠市场是解决不了的，这早已被资本主义社会发展历史所证明了的。资本主义国家搞了几百年的市场经济，不仅没有实现共同富裕，而且社会成员收入分配不公却越来越严重。2013 年 12 月 4 日美国总统奥巴马承认："日益加剧的收入分配不平等是美国面临的最大挑战。"党的十八届三中全会指出："经济体制改革是全面深化改革的重点，核心问题是处理好政府和市场的关系，使市场在资源配置中起决定性作用和更好发挥政府作用。"科学的宏观调控、有效的政府治理，是发挥社会主义市场经济体制优势的内在要求。党的十八届三中全会《中共中央关于全面深化改革若干重大问题的决定》对政府作用的定位是："政府的职责和作用主要是保持宏观经济稳定，加强和优化公共服务，保障公平竞争，加强市场监管，维护市场秩序，推动可持续发展，促进共同富裕，弥补市场失灵。"所以抛开更好发挥政府作用，只讲以实现共同富裕为目标的市场经济，那就根本谈不上什么"社会主义市场经济的确切含义"。

党的十八届三中全会《中共中央关于全面深化改革若干重大问题的决定》在讲坚持和完善基本经济制度时，首先指出："公有制为主体、多种所有制经济共同发展的基本经济制度，是中国特色社会主义制度的重要支柱，也是社会主义市场经济体制的根基。"社会主义市场经济与资本主义市场经济的根本区别，就在于我们有以公有制为主体、多种所有制共同发展的基本经济制度和以共产党领导的国家经济社会发展战略规划为核心的宏观调控体系。改革开放以来，我国推行市场取向的经济体制改革和实行社会主义市场经济，有效防止了与资本主义市场经济相伴生的周期性经济危机，宏观经济持续高速增长。1979 年至 2013 年，GDP 年均增速高达 9.8%，其中只有三个年份因主动调整或政治因素影响，使经济增长率趋缓至 4% 左右；我国还成功应对了 1997 年爆发的亚洲金融危机和 2008 年爆发的国际金融危机。当然，我们也应清醒看到，我国当前和今后的发展还存在诸多挑战和不可持续的问题。按照党的十八届三中全会《中共中央关于全面深化改革若干重大问题的决定》的要求，"紧紧围绕使市场在资源配置中起决定性作用深化经济体制改革，坚持和完善基本经济制度，加快完善现代市场体系、宏观调控体系、开放型经济体系，加快转变经济发展方式，加快建设创新型国家，推动经济更有效率、更加公平、更可持续发展。”

四、不改革开放走老路不行，假改革之名走邪路行吗？

不坚持改革开放，就是要走封闭僵化和生产力不发展的老路；改革不坚持社会主义基本原则，就是要走资本主义私有化的邪路。邓小平在《建设有中国特色的社会主义》一文中早就指出：“如果走资本主义道路，可以使中国百分之几的人富起来，但是绝对解决不了百分之九十几的人生活富裕的问题。而坚持社会主义，实行按劳分配的原则，就不会产生贫富过大的差距。再过二十年、三十年，我国生产力发展起来了，也不会两极分化。”因此，邓小平告诫我们：“要坚持党的十一届三中全会以来的路线、方针、政策，关键是坚持‘一个中心、两个基本点’。不坚持社会主义，不改革开放，不发展经济，不改善人民生活，只能是死路一条。”所以，邓小平讲的不只是“不改革死路一条”，不坚持社会主义更是死路一条。

坚持社会主义，从经济上说就是坚持公有制为主体、多种所有制共同发展的基本经济制度。邓小平讲特区是社会主义的，而不是资本主义的，就是从公有制为主体及其比重，国营经济和集体经济的优势来论证的。他说：“特区姓‘社’不姓‘资’。从深圳的情况看，公有制是主体，外商投资只占四分之一，就是外资部分，我们还可以从税收、劳务等方面得到益处嘛！多搞点‘三资’企业，不要怕。只要我们头脑清醒，就不怕。我们有优势，有国营大中型企业，有乡镇企业，更重要的是政权在我们手里。”“因此，‘三资’企业受到我国整个政治、经济条件的制约，是社会主义经济的有益补充，归根到底是有利于社会主义的。”邓小平讲公有制为主体，首先就包括国有经济。

五、发展混合所有制是把国有经济私有化吗？

习近平总书记在《中共中央关于全面深化改革若干重大问题的决定》的说明中指出：“改革开放以来，我国所有制结构逐步调整，公有制经济和非公有制经济在发展经济、促进就业等方面的比重不断变化，增强了经济发展的活力。在这种情况下，如何更好体现和坚持公有制主体地位，进一步探索基本经济制度有效实现形式，是摆在我们面前的一个重大课题。”

党的十八届三中全会提出要积极发展混合所有制经济，并指出：“国有资本、集体资本、非公有资本等交叉持股、相互融合的混合所有制经济，是基本经济制度的重要实现形式，有利于国有资本放大功能、保值增值、提高竞争力，有利于各种所有制资本取长补短、相互促进、共同发展。”有人把发展混合所有制经济解释为要把国有经济民营化或私有化，这显然是错误的。恰恰相反，这是新形势下坚持公有制主体地位，增强国有经济活力、控制力、影响力的一个有效途径和必然选择。

在 2014 年 8 月 29 日召开的中共中央政治局会议，对国有经济在我国社会主义社会中的重要地位和作用，作了更加明确的肯定和说明。《人民日报》根据新华社电报道这次会议的文章中说：“会议指出，国有企业特别是中央管理企业，在关系国家安全和国民经济命脉的主要行业和关键领域占据支配地位，是国民经济的重要支柱，在我们党和我国社会主义国家政权的经济基础中也是起支柱作用的，必须搞好。”我们认为，这段话对“社会主义与否跟国有不国有没什么关系”、“党的执政基础不在于国有经济比重高低”等错误观点，是一个最有力的回应。

总之，新中国成立以来，由于我们坚持公有制为主体的基本经济制度，发挥国有经济的主导作用，实行社会主义市场经济体制，使我国经济社会发展取得史无前例、举世无双的巨大成就。实践证明，这是一条成功之路，不可动摇。

全面深化改革　必须解决好制度模式选择问题 *

全面深化改革总目标的完整涵义，一是完善和发展中国特色社会主义制度，二是推进国家治理体系和治理能力现代化。这两句话组成了一个严密整

---

* 严书翰：《全面深化改革　必须解决好制度模式选择问题》，《红旗文稿》2015 年第 2 期。

体，全面准确地回答了中国特色制度模式选择问题。前一句话，规定了根本方向；后一句话，规定了在根本方向指引下的鲜明指向。

中国特色社会主义制度模式选择必须解决好两个极为重要的问题。一是根本方向即总道路，二是鲜明指向即具体路径。这是关乎坚持和发展中国特色社会主义，实现社会主义现代化的重大问题。在我国，无论是制度模式选择，还是全面深化改革，都是有方向、有立场、有原则的。正如习近平总书记指出的，我们的方向就是中国特色社会主义道路。中国是一个大国，决不能在根本性问题上出现颠覆性错误，基本原则、根本方向是不能改的。我们既不走封闭僵化的老路，也不走改旗易帜的邪路，要坚定不移走中国特色社会主义道路。

一个国家选择什么样的治理体系，是由这个国家的历史传承、文化传统、经济社会发展水平决定的，是由这个国家的人民决定的。习近平总书记指出："独特的文化传统、独特的历史命运、独特的基本国情，注定了我们必然要走适合自己特点的发展道路。"世界上没有放之四海而皆准的发展模式，也没有一成不变的发展道路。中国的历史传承、文化传统、经济社会发展状况等，决定了今天我国的制度模式。如果照抄照搬别人的制度模式，不仅不能成功，而且还会导致严重后果。

中国特色社会主义制度模式的优势和特点，概括地说，主要体现在三个方面。首先，体现在它的鲜明方向性上。在我国，无论是构建现代化的国家治理体系，还是进一步发展市场经济，都要始终坚持社会主义方向。"治国犹如栽树，本根不摇则枝叶茂荣"。中国特色制度模式的"本根"就是社会主义方向，即中国特色社会主义道路。其次，体现在它的独创性上。独立自主是毛泽东思想活的灵魂，是我们立党立国的重要原则。这个活的灵魂和重要原则，铸就了中国共产党人选择走自己道路的勇气和定力。历史条件的多样性，决定了各国选择发展道路的多样性。独立自主、大胆探索，决定了中国特色制度模式的独创性。再次，体现在它的全面性上。经过新中国成立以来特别是改革开放 30 多年来经济社会发展，我国已经形成一套不同于西方国家的成功制度体系。这个制度体系具有全面性，它既包括根本制度、基本制度和具体制度这三个层面的制度，又包括经济、政治、文化、社会、生态文明等领域的制度。党的十八届三中全会提出的“六个紧紧围绕”，体现了改革和完善中国特色制度体系的全面性。到2020年，我们将形成系统完备、科学规范、运行有效的制度体系，使各方面制度更加成熟更加定型。

中国特色社会主义制度模式选择还包括改进和完善我们国家治理的路径。这种改进和完善只能从中国国情出发，绝不能照搬西方政治制度模式。有人主张，中国国家治理的发展方向，应该实行西方的多党轮流执政、三权鼎立、两院制等。对此，我们要始终保持清醒头脑，鲜明地坚持马克思主义的政治立场。

“橘生淮南则为橘，生于淮北则为枳”。中国近代从变法维新到辛亥革命，都尝试过西方政治制度模式，如君主立宪制、议会制、多党制、总统制等，事实证明在中国行不通。任何一种制度安排都是一定价值取向的体现，在制度模式的背后，都有其特定的价值体系作为支撑。资本主义政治制度以体现其统治阶级意志的资产阶级价值体系为支撑，西方国家无论采取哪种制度模式，都改变不了资本主义国家政治统治的本质。习近平总书记强调，推进国家治理体系和治理能力现代化，要大力培育和弘扬社会主义核心价值体系和核心价值观，加快构建充分反映中国特色、民族特性、时代特征的价值体系。这从战略高度阐明了社会主义核心价值体系和核心价值观对于实现国家治理现代化的重要性及其两者的相互关系，为完善和发展中国特色制度模式指明了前进方向。

国家治理体系与治理能力两者相辅相成、缺一不可。治理国家，制度是起根本性、全局性、长远性作用的。只有更加成熟、更加定型的制度，才能更好发挥制度效力、有效保障经济社会协调发展。但是，制度需要人来执行，没有有效的治理能力，再好的制度也难以发挥作用。只有不断提高治理能力，才能使国家治理体系发挥出更大效力。我们国家治理体系和治理能力总体上是好的，是有独特优势的。但是，相比我国经济社会发展和人民群众的要求，相比当今世界日趋激烈的国际竞争，相比实现国家长治久安，我们的国家治理体系和治理能力还有许多亟待改进的地方。因此，必须更好发挥制度效力，不断提高运用中国特色社会主义制度有效治理国家的能力。

把深化文化体制改革的各项任务落到实处*

当前，文化体制改革到了一个新的重要阶段。文化系统将全面贯彻落实党的十八届三中全会精神，结合实际，全面推进文化各领域各方面的改革发展。

着力完善文化管理体制。按照政企分开、政事分开原则，推动文化行政部门由办文化向管文化转变，与所属文化企事业单位进一步理顺关系，强化政府的政策调节、市场监管、社会管理和公共服务职能。深化行政审批制度改革，减少审批，放宽限制，向市场、社会放权，减少政府对微观事务的干预。加快推进文化立法，推进公共图书馆法、博物馆条例的立法进程和公共文化服务保障法、文化产业振兴法的立法调研。研究探索党委和政府监管国有文化资产、实现管人管事管资产管导向相结合的具体方式。

建立健全现代文化市场体系。加快培育合格文化市场主体，推动已转制的文化企业加快公司制、股份制改造，完善法人治理结构，推动资源整合和战略性重组，支持骨干文化企业做大做强。巩固拓展国有文艺院团体制改革成果，贯彻落实9部门《关于支持转企改制国有文艺院团改革发展的指导意见》，加大转企院团扶持政策的落实力度。规范文化市场秩序，改进网吧、游戏、娱乐、演出、艺术品等市场监管，加强文化市场诚信建设。理顺综合执法管理体制，变“多头管理”为“统一指挥、统一协调”。推动文化产业布局优化和结构调整，继续推进特色文化产业发展工程，加快发展数字文化产业，促进文化与旅游等产业融合发展，拓展文化与科技融合的深度和广度，实施文化与科技融合工程、国家文化创新工程，促进动漫产业转型提质。制定和实施文化产业创业创意人才扶持计划、成长型文化小微企业扶持计划、重要文化设施经营管理人才培养计划。以中国义乌文化产品交易博览会转型

* 节选自蔡武：《打好深化文化体制改革攻坚战》，《人民日报》2014年1月23日。

升级为重点，带动提升各类文化展会的市场化、专业化、国际化水平。培育和发展行业协会、中介组织，健全文化产品评价体系。

积极构建现代公共文化服务体系。建立公共文化服务统筹协调机制，推动建设综合性文化服务中心，实现资源整合、共建共享。促进基本公共文化服务标准化、均等化，制订公共文化权益保障标准、基本公共文化服务内容供给标准，推动文化信息资源共享工程等文化惠民项目与群众文化需求有效对接。研究制定公共文化服务城乡一体化的相关政策，增加对中西部地区、少数民族地区、边疆地区、革命老区公共文化设施建设和文化惠民工程的专项补助，促进公共文化资源在区域和城乡之间合理配置。分类推进文化事业单位改革，明确不同文化事业单位功能定位，建立法人治理结构，完善绩效考核机制。推动公共图书馆、博物馆、文化馆等组建理事会，吸纳有关方面代表、专业人士、各界群众参与管理。引入竞争机制，鼓励社会力量、社会资本参与公共文化服务体系建设，培育文化非营利组织，推动文化志愿服务工作制度化、常态化。

努力提高文化对外开放水平。坚持政府主导、企业主体、市场运作、社会参与相结合的方针，统筹国际国内两个市场、两种资源，统筹推进文化交流、文化传播、文化贸易，推动中华文化走向世界。精心组织实施国家文化年（节）、“欢乐春节”等品牌活动。鼓励社会组织、中资机构等参与海外文化中心建设，力争到2020年海外中国文化中心达到50个。建设中国当代作品翻译工程申报平台、世界汉学家翻译家资源库与工作平台，实施中国当代作品海外推广计划，进一步加强和改进国际传播。大力促进对外文化贸易发展，搞好国家对外文化贸易基地建设和管理工作。完善文化产品和服务出口指导目录，鼓励和发展一批具有国际竞争力的优秀文化企业。积极吸收借鉴国外一切优秀文化成果，同时保护和维护好民族文化，弘扬先进文化，鼓励健康文化，提倡高雅文化，发展通俗文化，确保意识形态安全和国家文化安全。

改革社会组织管理制度　激发和释放社会发展活力*

积极稳妥推进社会组织管理制度改革

按照党中央、国务院部署，到2020年，建立健全统一登记、各司其职、协调配合、分级负责、依法监管的社会组织管理体制，营造法制健全、政策完善、待遇公平的社会组织发展环境，构建结构合理、功能完善、诚信自律、有序竞争的社会组织发展格局，形成政社分开、权责明确、依法自治的现代社会组织体制。实现这一目标，必须深入推进社会组织管理制度改革，探索出一条具有中国特色的现代社会组织发展之路。

深化社会组织登记制度改革。培育发展不足，登记门槛过高，一直是制约我国社会组织发展的瓶颈。下一步改革的重点是，除成立政治法律类、宗教类等社会组织以及境外非政府组织在华代表机构，申请登记前仍需经业务主管单位审查同意外，成立行业协会商会类、科技类、公益慈善类、城乡社区服务类社会组织，可直接向民政部门依法申请登记，不再需要业务主管单位审查同意。加快修订出台《社会团体登记管理条例》、《基金会管理条例》、《民办非企业单位登记管理暂行条例》，制定社会组织分类登记的标准和具体办法。在社会组织登记管理上取消不必要的审批，下放审批权限，取消对社会团体筹备成立和社会团体分支（代表）机构设立、变更、注销登记的审批，将基金会和异地商会登记审批权限从省级以上民政部门下延至县级民政部门。

推进行业协会商会与行政机关脱钩。由于历史原因，部分社会组织特别是行业协会商会行政化倾向严重，政社不分，管办一体，导致社会组织丧失了其本质属性和应有活力。发挥社会组织作用，必须厘清政府与社会的关系，

* 节选自李立国：《改革社会组织管理制度　激发和释放社会发展活力》，《求是》2014年第10期。

积极稳妥推进行业协会商会在机构、职能、资产、财务、人员等方面与行政机关脱钩，真正确立社会组织的法人地位，提升依法自治水平和服务社会能力。当前，要抓紧组织好全国性行业协会商会与行政机关脱钩试点工作，为整个脱钩工作摸索路子，提供经验。同时，引入竞争机制，探索一业多会，保持良性竞争，增强社会组织内在活力，使其真正成为提供服务、反映诉求、规范行为的主体。

创新和完善社会组织综合监管体系。按照“统一登记、各司其职、协调配合、分级负责、依法监管”的要求，在降低社会组织登记门槛的同时要加大事中事后监管力度。明确登记管理机关、行业管理部门、业务主管单位以及相关职能部门职责，切实履行各自的监管责任。建立多部门联合执法机制，加强执法监察，依法查处社会组织违法行为，依法取缔非法社会组织。探索对离岸社团、网络社团的监管措施。健全社会组织第三方评估机制，推进社会组织信息公开，完善社会监督举报受理机制，拓宽社会监督渠道，避免“一管就死，一放就乱”。

优化社会组织发展环境。要结合行政体制改革和政府职能转变，将适合由社会组织提供的公共服务和解决的事项，交由社会组织承担，为社会组织发挥作用提供空间。贯彻落实国务院办公厅关于政府向社会力量购买服务的指导意见，进一步完善配套政策，加大政府购买服务力度。落实社会组织税收优惠政策，扩大税收优惠种类和范围。加大财政金融支持力度，拓宽社会组织筹资渠道。加强社会组织人才队伍建设，将社会组织人才纳入各地各行业人才培养统一规划，造就一支专业化、职业化的社会组织人才队伍。加强舆论宣传引导，传递社会组织的“正能量”，为社会组织改革发展营造良好氛围。

加强社会组织自身建设。要按照现代社会组织体制要求，围绕强化自治功能，推动完善社会组织法人治理结构和民主机制，完善会员大会、理事会、监事会制度，落实民主选举、民主决策、民主管理、民主监督，引导社会组织依法按照章程开展活动，独立承担法律责任。建立健全社会组织法定代表人离任审计、负责人管理、责任追究和资金管理等制度，加强诚信自律建设，建立“黑名单”制度，提高社会组织诚信度和公信力。做好社会组织党建工作，理顺党建管理体制，创新党组织设置方式，强化党组织书记队伍和党员队伍建设，充分发挥社会组织党组织的战斗堡垒作用和党员的先锋模范作用。

正确处理社会组织管理制度改革中的几个重大问题

社会组织管理制度改革是全面深化改革的重要组成部分，涉及各个行业、各个领域，牵一发而动全身，必须注重改革的系统性、整体性、协同性。

坚持党的领导与社会组织依法自治有机统一。坚持党的领导，社会组织管理制度改革才能保持正确方向；尊重社会组织的社会性、民间性、志愿性，社会组织才能充满活力。必须把两者有机统一起来，使社会组织党的建设与社会组织业务建设同步加强，发挥好各级党委在社会组织改革发展中总揽全局、协调各方的领导核心作用，同步增强社会组织依法自治功能。

坚持社会组织管理制度改革与全面深化改革有机统一。把社会组织管理制度改革纳入全面深化改革的大局，统筹推进。在经济体制改革中，把发挥市场在资源配置中的决定性作用、更好发挥政府作用，与行业协会商会在建立开放型市场体系中的组织协调和服务自律等作用结合起来，进一步优化资源配置；在行政体制改革中，把简政放权与提高社会组织承接能力结合起来，进一步促进政府职能转变；在民主政治建设中，把充分发挥社会组织协商民主的主体地位，拓宽协商民主渠道与完善社会组织内部治理结构结合起来，进一步提高社会组织协商民主的质量；在各项社会事业改革中，把推进社会事业改革与提高社会组织服务社会的意识和能力结合起来，进一步发挥社会组织在服务和保障民生中的积极作用。

坚持直接登记与双重管理有机统一。确立直接登记和双重管理并存的管理制度，是适合我国社会组织发展现状的一种现实选择，既体现了简政放权、激发活力的改革方向，又体现了循序渐进、积极稳妥的改革思路。直接登记不等于放手不管，双重管理也不意味着排斥和管死。对直接登记的四类社会组织，要运用新的登记管理方式和手段加以推进。对政治法律类、宗教类等社会组织和境外非政府组织在华代表机构，要按职责规定实施双重管理，做到发展有序、管理到位、作用有益。

坚持登记管理机关统筹与相关部门依法履职有机统一。搞好社会组织管理制度改革，需要各级党委政府统一领导，明确分工，统筹部署。四类社会组织直接登记后不再有业务主管单位，民政部门要依法加强统筹协调、登记审查和监督管理。与社会组织业务活动相关的行业管理部门，要做好行业监管工作，制定符合行业特点的社会组织活动准则和行为规范，通过项目委托、购买服务和政策扶持，引导社会组织健康发展。组织、宣传、外事、发展改革、财政、税务、公安、工商、人力资源社会保障等相关职能部门，要依照法律法规和规定，在各自业务范围内做好社会组织的管理服务工作。对继续实行双重管理的社会组织，业务主管单位要依法加强监管。通过各部门职能的有效衔接，真正形成各司其职、协调配合、合力推进的良好工作格局。

紧扣国家治理现代化深化党的建设制度改革*

要根据全面深化改革的总目标、总要求来谋划和推进党的建设制度改革。在全面深化改革过程中，涉及的问题错综复杂、相互勾连，牵一发而动全身。所有这些问题，往往最后都会归结到“执政党如何执政”的问题上。因此，要把党的建设制度改革放到全面改革大局中去思考、去推进，在改革创新中提升党的制度建设水平，在推动改革发展中体现党的制度建设成效，在深化党的建设制度改革过程中不断加强和改善党的领导。要紧扣全面深化改革定任务、添措施、建机制，紧扣推进国家治理现代化来出主意、想办法、抓落实，不断深化党的建设制度改革。同时，还需要注意增强改革的整体性、协同性，在同频共振中实现新的伟大革命与新的伟大工程的有机统一；要注意改革的关联性和耦合性，使党的建设制度改革与党章国法、与经济政治文化社会各领域改革措施相匹配。

要把握好党的建设制度改革的重点和着力点。党的十八届三中全会决定之所以强调“党的建设制度改革”，而不是笼统地提党的建设其他方面的改

---

* 节选自中共中央组织部党建研究所：《深化党的建设制度改革与推进国家治理现代化》，《求是》2015年第2期。

革，主要就是为了突出党的建设制度改革这个重点。通过深化改革，使党的建设制度更加成熟定型。党的十八届四中全会提出依法治国的总目标，指出要“形成完善的党内法规体系，坚持依法治国、依法执政、依法行政共同推进”。这对深化党的建设制度改革提出了新的要求：要维护党章的严肃性；党规党纪要严于国家法律；要与时俱进加强党内法规建设；实现党内法规与国家法律的有机衔接。深化党的建设制度改革，既要有清醒的政治头脑和坚定的政治勇气，又要有科学得当的方式方法，统筹好改革发展稳定的关系，增强改革的系统性协调性科学性。要树立法治思维，用法治精神全面深化改革，依靠法治来凝聚改革共识、分担改革风险、推动改革深化、巩固改革成果。要注重稳妥有序，做到脚踏实地。把握好改革的力度、时机和节奏，把锐意改革的勇气和科学求实的态度结合起来，既不失时机地推进改革，又考虑现实条件与可能。要注重探索实践，勇于开拓创新。进一步解放思想、更新观念，既坚持和发扬好的传统，又勇于推陈出新、有所突破，在把握规律中有所创新、有所创造。要注重制度执行，强化刚性约束。强化制度意识、制度观念，坚持制度面前人人平等、执行制度没有例外。强化制度执行的督促检查，对违规违纪、破坏制度的现象和行为严厉查处，维护制度的权威。

要贯彻落实好《深化党的建设制度改革实施方案》的要求。党的建设制度改革必须应势而谋、应势而动、深入研究，构建内容协调、程序严密、配套完备、有效管用的制度体系，持之以恒抓好组织落实，实现四个“不断完善”：党的组织制度不断完善，民主集中制有效落实，党内生活严格规范，全党在思想上政治上行动上高度一致；干部人事制度不断完善，选人用人机制科学有效，信念坚定、为民服务、勤政务实、敢于担当、清正廉洁的各方面优秀干部充分涌现；党的基层组织建设制度不断完善，基层组织体系更加严密，基层党组织战斗堡垒作用和党员先锋模范作用有效发挥；人才发展体制机制不断完善，人才流动配置、评价激励等制度基本健全，形成具有国际竞争力的人才制度优势。从而不断促进党的建设制度改革向前发展，国家治理现代化水平不断提升，更好团结带领全国各族人民实现“两个一百年”奋斗目标、实现中华民族伟大复兴的中国梦。

第五章

运用法治思维和法治方式推进改革

引子

全面深化改革，必须自觉运用法治思维和方式，在法治下推进改革、在改革中完善法治，突出重点，对准焦距，找准穴位，击中要害，推出一批能叫得响、立得住、群众认可的硬招实招，处理好改革“最先一公里”和“最后一公里”的关系，突破“中梗阻”，防止不作为。

全面深化改革必须全面推进依法治国*

一、全面深化改革，必须自觉运用法治思维和方式，坚持重大改革于法有据

党的十八届四中全会强调依法治国是党领导人民治理国家的基本方略，依法执政是党治国理政的基本方式。当前，我国正处于全面建成小康社会的决定性阶段，全面深化改革进入攻坚期和深水区，改革发展稳定任务之重前所未有，迫切需要更好发挥法治的引领和规范作用，确保在法治轨道上推进改革，使改革蹄疾而步稳，既生机勃勃又井然有序。习近平总书记提出的凡属重大改革都要于法有据，是正确处理改革与法治关系的基本原则。立法也要主动适应改革和经济社会发展需要。

坚持改革决策与立法决策紧密结合。这是我们党在20世纪90年代初期提出来的，全国人大随后将其作为一条重要立法原则，其基本含义是：把国家的立法决策、立法规划、立法项目、立法草案等与执政党的改革决策紧密结合起来，使党的主张通过法定程序成为国家意志，把改革实践证明行之有效的，及时上升为法律。对于执政党的改革决策来说，遵循宪法精神，就是要使改革决策有利于维护党的领导、有利于维护中国特色社会主义制度、有利于维护最广大人民的根本利益。坚持改革决策与立法决策紧密结合，在全面深化改革总体框架内全面推进依法治国各项工作，可以保证法治建设不偏离正确方向，推进改革不偏离法治轨道。

坚持“破”与“立”的辩证统一。一是处理好深化改革与现行法律的关系。中国特色社会主义法律体系形成以后，国家和社会生活的各个方面总体上已经有法可依。全面深化改革，首先要求坚持依法推进，把现行法律执行好、

* 节选自穆虹：《全面深化改革必须全面推进依法治国》，《求是》2014年第22期。

实施好。坚持在宪法和法律框架内进行改革，充分利用宪法和法律提供的制度空间和条件，大胆探索和创新。二是要在改革进程中，针对法治建设还存在的不适应、不符合问题，实事求是、与时俱进地分类做好相关法律立改废工作。需要修改法律的应当先修改法律，先修后改；需要通过法律解释来解决问题的应当及时释法，先释后改；需要废止的法律要依法废止，先废后改；需要新制定法律的要及时列入立法计划，深入调研论证，广泛征求意见，履行立法程序，先立后改。三是对立改废条件不成熟而改革实践又迫切需要的，要按照法定程序作出特别授权的方式进行先行先试。这就需要立法部门密切关注改革实践，使立改废工作同改革开放不断深化相适应。各项改革牵头部门要与立法部门主动衔接，相向而行、同步推进。

坚持按照法治方式推进改革。坚持重大改革于法有据，不仅要求改革决策必须遵循宪法精神和法治原则，还要坚持改革过程依法办事、遵守法定程序、维护正当权益，把法治方式作为推进改革的行为准则。在改革实施过程中，自觉践行法治原则，自觉维护法律尊严，不让部门利益和地方保护主义、利益集团或个人意志干扰影响改革举措的落实，这是对操作执行层面的基本要求。通过严格执行法律法规来规范改革者的行为，让各项改革沿着法治轨道推进，才能提高全社会对改革的公信度和参与度，使改革获得广大人民的支持。

二、全面深化改革，必须坚持依法行政，致力于推进国家治理体系和治理能力现代化

完善和发展中国特色社会主义制度，推进国家治理体系和治理能力现代化是全面深化改革的总目标，全面推进依法治国则是实现这一目标的必然要求和重要保障。党的十八届四中全会提出，深入推进依法行政，加快建设法治政府。政府既是行政执法的主体，又是改革的实施者和执行者。依法行政不仅关系依法治国能否实现，也关乎改革的成败。

用法律授权明确界定政府职能，是全面深化改革的基本要求。“法定职责必须为，法无授权不可为”是法治政府管理经济社会事务的基本准则。全面深化改革的大多数任务，都涉及政府职责和行政方式的重大调整。2013

年以来，新一届中央政府开始了以“清权、减权、制权”为核心内容的行政管理体制改革，探索实行负面清单管理，清单之外的审批一律取消，是在转变政府职能方面的一项重要举措。随着改革的深入推进，政府如何正确履行保持宏观经济稳定，提供优质公共服务，保障公平竞争，加强市场监管，维护市场秩序，推动可持续发展，促进共同富裕，弥补市场失灵的职能，一个重要的前提就是通过完善立法科学界定政府与市场、市场主体之间的关系，及时作出法律授权和调整，使政府不越位、不缺位，把权力关进制度的笼子。

通过严格执法正确履行政府职能，是全面深化改革的必要条件。行政执法是行政机关履行政府职能的重要方式，我国大约 80% 的法律、90% 的地方性法规和几乎所有的行政法规都是由行政机关执行的，很多改革任务也是借助行政执法方式实现的。严格、规范、公正、文明执法，有利于增强社会对政府管理能力的信心，增强对改革的信心。当前，有法不依、执法不严、违法不究现象比较严重，人民群众反映强烈，也是深化改革需要特别注意和着力解决的问题。建设法治政府需要改革行政执法体制，推行综合执法，整合执法主体，提高执法效率。需要完善行政执法程序和方法，制定并公开执法依据、裁量标准和操作流程。需要严格行政执法人员管理，健全激励约束机制，强化法律制约和监督。这些工作既是建设法治政府的重要内容，也是深化政治体制改革的题中之义。

推进依法行政提高治理能力和治理水平，是全面深化改革的主要目标。政府履行职责需要通过法律方式明确权责、方式和程序，同时也要依靠法律的权威性、规范性、强制性提高行政能力和效率。一方面，要简政放权，用法律法规取代和减少“红头文件”，消灭模糊地带和减少自由裁量权，避免人为干扰和随意性，这是解决以权代法、降低行政成本、提高效能和预防腐败的治本之举。另一方面，依靠法律法规来保障行政行为规范化、公开化、法治化，促进治理体系和治理能力的现代化。

三、全面深化改革，必须坚持公正司法，让改革中各种利益关系的调整获得应有的法律保障

公正司法在维护社会稳定、平衡社会利益、调节社会关系、实现社会公

平正义等方面具有无可替代的作用。促进和保证公正司法是全面深化改革的重要内容之一。改革中涉及的各方权益需要得到公正司法的保护，改革对利益关系的影响很多时候也是通过具体的司法案例传递到社会和个人。党的十八届四中全会鲜明提出保证公正司法，提高司法公信力的任务。

全面深化改革，把促进公正司法作为司法体制改革的主要任务。定分止争是司法的基本功能之一。受现行司法体制自身缺陷和传统观念等因素影响，“人情大于法”、“明规则不如潜规则”等深深影响着人们的价值取向，遇事“托熟人、找关系、钻空子”的不良风气削弱了司法的公信力和效力。党的十八届四中全会明确提出，必须完善司法管理体制和司法权力运行机制，规范司法行为，加强对司法活动的监督，努力让人民群众在每一个司法案件中感受到公平正义。中央已批准出台的深化司法体制改革的意见，明确把确保依法独立公正行使审判权、检察权、保障人民群众参与司法、加强人权司法保障机制、加强对司法活动的监督等，作为深化司法体制改革的主要任务。

全面深化改革，要坚定维护公正司法守住社会公平正义的底线。促进社会公平正义、增进人民福祉是全面深化改革的出发点和落脚点。公正司法是维护社会公平正义的最后一道防线，司法公正对社会公正具有重要引领作用，司法不公对社会公正具有致命破坏作用。守好这道防线，核心是增强司法的公信力，让受到侵害的权利得到保护和救济，让违法犯罪活动受到制裁和惩罚。要通过深化改革推动司法机关依法独立行使审判权和检察权，推进审判公开、检务公开，加强对司法行为的内外部监督，提高司法公信力和权威。司法体制改革落实到位了，公平正义的底线才守得住。

全面深化改革，要通过落实公正司法保护好各方合法权益。全面深化改革，意味着社会经济关系发生深刻变化，利益格局发生深刻调整。在改革过程中，社会利益如何平衡？新的利益关系怎样维系？合法权益谁来保护？都需要司法改革同步跟进。从经济领域看，围绕使市场在资源配置中起决定性作用和更好发挥政府作用，基本经济制度、现代市场体系、转变政府职能等改革举措正在相继推出，亟待完善与经济活动和市场交易相关的法律规范，特别是民事、商事法律规范，并同步完善司法手段，才能及时有效地保护改革中各利益主体的合法权益。例如设立知识产权法院等改革方案的出台，就是在这方面进行的创新。从社会领域看，随着人民群众的公平意识、民主意识、维权意识不断增强和社会管理体制机制的变革，要加快推进完善人权司法保障制度，把群众合理合法的利益诉求解决好。今年以来，继废除劳教制度后，又推出了社区矫正制度、国家司法救助制度、法律援助制度等改革举措，都是为维护人权所开展的新的司法实践。把改革相关方的利益平衡好、合法权益维护好，各类利益纷争能够通过正当合法渠道得以有序化解，改革才会得以顺利推进。

四、全面深化改革，必须增强全民法治观念，使改革在良好的法治氛围中推进

广大人民群众是改革的主体，也是依法治国的主体。改革实施不仅要求国家机关和公职人员依法办事，更需要每个社会组织和个人自觉维护、捍卫和践行社会主义法治。增强全民法治观念，形成自觉守法、遇事找法、解决问题靠法、化解矛盾用法的良好社会环境，是改革顺利推进的重要保障。党的十八届四中全会提出增强全民法治观念、推进法治社会建设的任务。

加强宣传教育，营造全民学法知法的氛围，夯实全面深化改革的社会基础。建立法治社会首先要让每个公民了解法的存在、掌握法律知识。要充分利用国民教育体系、全民普法活动和新闻、文艺等方式，宣传增强对全面依法治国重要性的认识，提高全社会依法推进改革、保护合法权益、维护社会稳定的意识。特别是随着改革不断深化，必然涉及利益关系调整及相关法律的修改完善，应及时做好宣传解读和舆论引导工作，让广大群众第一时间知晓，引导干部群众自觉投身改革，正确理解改革，积极支持改革。

树立守法意识，倡导全民守法的社会风尚，为全面深化改革营造良好的法治环境。全民守法是改革实施必需的法治环境。要增强全民法治观念，共同维护宪法法律权威，法律既是公民保障自身权利的武器，也是必须遵守的行为规范，形成公民权利义务对等的法治理念。要把严守契约、尊重规则、诚实守信、公序良俗作为公民道德教育的内容。要破除“法不责众”、“法外施恩”等错误观念，任何人都必须依照宪法法律行使权利、履行义务，人人守法才能实现社会和谐。

增强用法理念，形成全民用法的行为方式，为全面深化改革创造可持续的法治条件。当每个公民都自觉地把法律作为规范自身活动的基本行为准则、用法律方式维护自身权益时，改革才能步入真正良性运行的轨道。在推进改革中，肯定会遇到一些涉法的问题，要引导群众有问题遵循法律途径来解决，使群众相信只要是合法的诉求，通过法律程序就能得到合法的结果。各级党员领导干部和公职人员率先垂范是必不可少的，自觉提高运用法治思维和法治方式的能力，坚定维护国家法制统一、尊严和权威。

正确认识和把握党和法的关系*

党和法、党的领导和依法治国是一个什么关系？习近平总书记在省部级主要领导干部学习贯彻党的十八届四中全会精神全面推进依法治国专题研讨班开班式上明确指出，中国共产党是中国特色社会主义事业的领导核心，处在总揽全局、协调各方的地位。社会主义法治必须坚持党的领导，党的领导必须依靠社会主义法治。法是党的主张和人民意愿的统一体现，党领导人民制定宪法法律，党领导人民实施宪法法律，党自身必须在宪法法律范围内活动，这就是党的领导力量的体现。党和法、党的领导和依法治国是高度统一的。我们就是在不折不扣贯彻着以宪法为核心的依宪治国、依宪执政，我们依据的是中华人民共和国宪法。这就把党和法、党的领导和依法治国的关系说清楚、说明白了，说透彻、说彻底了。我们可以将其进一步展开，作以下梳理和分析：

第一，领导关系。我们要看一看中国共产党的领导地位是怎样形成的、怎样确立的。我们知道鸦片战争后中国逐渐沦为一个半殖民地半封建社会。近代以来，中国人民和中华民族面临着两大历史任务，即争取民族独立、人民解放和实现国家富强、人民富裕。谁能解决和完成好这两大历史任务，

* 节选自曲青山：《正确认识和把握党和法的关系》，《光明日报》2015年2月16日。

谁就会赢得在中国的执政和领导资格，历史和人民就会选择谁。如果解决和完成不了这两大历史任务，那么，不管它一时多么强大、多么有力量、多么不可一世，历史和人民都会否定它、抛弃它、淘汰它。这是被中国历史发展所证明的一条铁律。我们党就是在这样的奋斗过程中被历史和人民选择的。我们党自成立以来干了三件大事。一是救国，领导人民推翻了帝国主义、封建主义、官僚资本主义在中国的统治，完成了新民主主义革命，建立了新中国。二是兴国，进行社会主义改造，建立社会主义基本制度，进行了社会主义革命和建设。三是强国，实行改革开放，坚持和发展中国特色社会主义，实现“两个一百年”奋斗目标、实现中华民族伟大复兴的中国梦。前两件大事我们已经完成，第三件大事正在做、正在向前推进，但已经取得了举世瞩目的巨大成就。在中国，中国共产党是唯一的执政党，是全中国人民的领导核心。在中国，法是在党的领导下制定的。党领导人民通过法定程序将党的主张和人民的意愿转化为国家的意志，成为法律。中国共产党领导是中国特色社会主义法治之魂，是我们的法治同西方资本主义国家法治的最大区别。

第二，依存关系。我们看一看中国共产党是如何管党治党和治国理政的。建设法治中国，有两件东西十分重要：一件是中华人民共和国宪法，一件是中国共产党章程。我们党以党内法规管党治党，以宪法法律治国理政。党章是党内的根本大法，是管党治党的总章程。宪法是国家的根本大法，是治国安邦的总章程。党内的其他法规是以党章为依据派生出来的，国家的其他法律法规是以宪法为根据衍生出来的。我们党是执政党，明确以法治作为党执政的基本方式。那么，如何实现二者的统一呢？宪法确立了中国共产党的领导地位，赋予党治国理政的责任和使命。党章则规定党必须在宪法法律范围内活动，以执政党的纲领来保证宪法法律的实施。在治国理政和管党治党最大、最高、最权威的根据、依据上，二者实现了高度契合和高度统一。

在实践中如何把党和法、党的领导和依法治国统一起来呢？党的十八届四中全会决定明确要求，要把依法治国基本方略同依法执政基本方式统一起来，把党总揽全局、协调各方同人大、政府、政协、审判机关、检察机关依法依章程履行职能、开展工作统一起来，把党领导人民制定和实施宪法法律同党坚持在宪法法律范围内活动统一起来，善于使党的主张通过法定程序成为国家意志，善于使党组织推荐的人选通过法定程序成为国家政权机关的领导人员，善于通过国家政权机关实施党对国家和社会的领导，善于运用民主集中制原则维护中央权威、维护全党全国团结统一。这“三统一”和“四善于”，既是对过去党领导法治建设经验的科学总结，又是对加强和改进党对全面推进依法治国领导作出的系统部署和提出的进一步要求。党充分发挥总揽全局、协调各方的领导核心作用，领导立法、保证执法、支持司法、带头守法，确保依法治国的正确政治方向。这也就是党的十八届四中全会决定一再强调“坚持党的领导，是社会主义法治的根本要求，是党和国家的根本所在、命脉所在，是全国各族人民的利益所系、幸福所系，是全面推进依法治国的题中应有之义”的意义所在。

第三，递进关系。我们看一看党的各项具体政策与国家法律法规是一个什么样的关系。党的政策和国家法律法规都是党领导人民治国理政的重要方式，各有各的特点，也各有各的优势。从以往实践经验看，党的政策往往是国家法律法规的先导和指引，国家法律法规则往往是党的政策的固定化、定型化。党的一些决定通过政策实施后，需要在实践中不断探索、不断总结，然后经过修订和完善，逐步上升为国家的法律法规。实践证明，党的行之有效的政策及时通过法定程序上升为国家法律法规，就会使得党的政策上升到一个较高的层面，从而实现党的政策与国家法律法规的有效对接和统一。我们再来看，党纪和国法又是一个什么关系？党纪和国法适用的范围、针对的对象、规范的方式、强制的手段是不同的。国法的适用范围要广于党纪，针对的对象要大于党纪，规范的方式要硬于党纪，强制的手段要强于党纪。因此，从国法的形式上看，国法要高于党纪。但是，中国共产党是执政党，党是由无产阶级先进分子所组成，党员比普通群众应有较高的觉悟和素养，应有更高更严的要求。因此，从党纪的内容上看，党纪又严于国法。因此，党的政策与国家法律法规有一个递进关系。反过来，国法与党纪的内容，从严格的标准和严格的程度上看，又有一个倒递进的关系。

第四，遵守关系。既然国法是对所有公民行为所划定的行为底线，党纪是对所有党员的行为所立的规矩。那么，国法对所有的公民具有强制力，党纪对所有的党员具有约束性。在中华人民共和国管辖范围内的所有中国人、外国人都必须无条件地遵守人民政府颁布的各项法律。中国共产党的所有党员都必须无条件地遵守党所作出的各项纪律规定。在中国，没有法外之地，没有法外之民。在党内，没有纪律外的党员，没有纪律外的党员领导干部。任何违反了国法的中国公民和外国公民都要受到法律的制裁，任何违反了党纪的党员、党员领导干部都要受到党纪的处理。既违反国法又违反党纪的党员、党员领导干部，就要既受国法的追究，又受党纪的追究。共产党员特别是“关键少数”的党员领导干部，不仅要严格遵守党纪，还要严格遵守国法，并且要在遵纪守法上起模范带头作用。

通过以上几个关系的梳理和分析，我们可以清楚地看到，不能把党和法、党的领导和依法治国对立起来、割裂开来。党和法分属于不同性质的问题和领域，政党的本质是政治组织，法的本质是行为规则。分析究竟是“党大还是法大”，要设置正确的前提和条件，否则，就会出现逻辑混乱，就会产生谬论。如果不讲条件、不设前提，直接诘问“党大还是法大”，就是一个伪命题。究其实质，是按照西方法治理论的逻辑来观察中国问题，以西方国家的政治制度标准来衡量我国的法治制度，这在理论上是站不住脚的，在政治上是十分有害的，很容易在一些干部群众当中引起思想混乱等严重后果。我们可以得出以下结论：从领导关系、依存关系看，在中国，党政军民学，东西南北中，党是我国最高的政治领导力量。宪法明确规定了中国共产党的领导地位。从这个意义上说，党是最大的。但是，从递进关系、遵守关系看，作为社会主义法治的领导者、组织者、推动者、倡导者，党又必须在宪法法律范围内活动，严格按照宪法法律治国理政。党员领导干部，无论职务高低、权力大小、贡献多少，都没有超越宪法法律的特权，都必须牢记法律红线不可触、法律底线不可越，自觉依照宪法法律行使权力和权利、履行职责和义务。从这个意义上说，法又是最大的。

法治与德治：相辅相成　相得益彰 *

在全面深化改革的过程中，全面推进依法治国与继续加强以德治国就犹如轮之辐辋，翼之骨羽，缺一不为。法律的刚性与道德的柔性相辅相成，国家和社会的现代化治理需要法律和道德共同发挥作用。

一、法律体现的是底线道德，法律不能自动生成，法治不能自动发挥作用，立法、执法、守法整个过程的有效运作离不开全社会的思想道德教育

必须加强执法、司法队伍的思想道德教育。执法和司法队伍是依法治国的现实诠释者，只有坚持不断地开展对执法、司法队伍的思想道德教育，才能保证他们成为自身硬、敢碰硬、扭转社会风气、维护法律尊严的卫士。“打铁必须自身硬”，执法和司法人员不但要有铁的纪律，还要有铁的意志，不但执法有力、司法有度，还要品德高尚、具有人格魅力，只有这样，才能生动鲜活地诠释社会主义依法治国的理念。执法和司法队伍只有站在公正的立场上，让人民群众在每一次执法中看到公平正义，在每一个司法案件中感受到公平正义，才能充分体现依法治国的刚性，才能有效激发社会正能量，在社会上吹起高尚道德之阵阵清风，吹走萦绕人们心头的道德雾霾，重拾道德升势，重建道德高地，逐步形成风清气正的道德环境。

必须加强党和国家各级领导干部的思想道德教育。改革是一块硬骨头，改革的艰难对党和国家各级领导干部提出了更高的要求，必须继续加强思想道德教育，使其勇涉险滩不退缩，甘涉险滩不后悔。孟子曰：“有天爵者，有人爵者。仁义忠信，乐善不倦，此天爵也；公卿大夫，此人爵也。古之人修其天爵，而人爵从之。今之人修其天爵，以要人爵，既得人爵，而弃其

* 严春红：《法治与德治：相辅相成　相得益彰》，《红旗文稿》2015年第13期。

天爵，则惑之甚者也，终亦必亡而已矣。”这就是说，一个人的道德品质是天赐的爵位，社会的官职是人授予的爵位。古代的人修养自己的品德之后，社会的爵位也就会随着得到。现在有些人，修养自己的品德只是作为幌子，目的是获得人授予的爵位，在得到爵位后，也就不要道德品质了，这是极端错误的，其结果一定是毁掉自己的一生。

必须加强全社会公民的思想道德教育。法制教育既是法治教育的一个重要组成部分，又是道德教育的一个重要组成部分。法治教育以塑造知法守法的“法律人”为目标，思想道德教育以塑造全面发展的“社会人”为目标。要让孩子们“记住要求、心有榜样、从小做起、接受帮助”，要让青年在“勤学、修德、明辨、笃实”上下功夫，要让工人“始终做弘扬中国精神的楷模”，要让干部“用自己的模范行为和高尚人格感召群众、带领群众”……这些都需要道德教育。法律是最低标准的道德，高尚道德的光辉总是闪耀在法律之上。法治社会仅是一个良序社会，而德治社会才是一个幸福社会。在法律调节不到的领域，道德良心起着关键作用。德彰法弱则民惘，法彰德弱则民离。法治助力德治，德治完善法治。

二、在社会主义市场经济条件下，全面推进依法治国需要先进道德的引领

《中国共产党章程》第 2 条规定：“中国共产党党员是中国工人阶级的有共产主义觉悟的先锋战士。中国共产党党员必须全心全意为人民服务，不惜牺牲个人的一切，为实现共产主义奋斗终身。中国共产党党员永远是劳动人民的普通一员。除了法律和政策规定范围内的个人利益和工作职权以外，所有共产党员都不得谋求任何私利和特权。”第 3 条规定了党员必须履行的八项义务，包括：“坚持党和人民的利益高于一切，个人利益服从党和人民的利益，吃苦在前，享受在后，克己奉公，多做贡献”；“自觉遵守党的纪律，模范遵守国家的法律法规，严格保守党和国家的秘密，执行党的决定，服从组织分配，积极完成党的任务”；“切实开展批评和自我批评，勇于揭露和纠正工作中的缺点、错误，坚决同消极腐败现象作斗争”；等等。

中国共产党自成立时起，严格遵守党章，无论在革命时期还是在建设时期，始终保持着共产主义先进道德本色，铸就了光辉的中国革命道德。无论是哪个时期，无论面临多大的困难，中国共产党人始终以“讲理想，讲纪律”、“一不怕苦、二不怕死”、“毫不利已、专门利人”的共产主义道德冲锋在第一线，时刻模范践行社会主义先进道德，尤其在面临危险时，“国而忘家、公而忘私”，置个人生死于不顾，“军令如山，将士用命”。目前，改革已进入攻坚期和深水区，中国共产党人依然会成为全面推进依法治国过程中社会道德的中流砥柱。他们将会以自己的行动，诠释以“全心全意为人民服务”为核心、以“社会主义集体主义”为原则的社会主义先进道德，用先进的道德行为感召世人，引领全社会的道德水平向上攀升。

三、依法治国与以德治国并进并行，可以克服西方资本主义现代化内置的道德病

西方资本主义从产生、发展到实现现代化的过程产生了诸多道德问题。这些道德问题给生态环境和世界人民造成了很大的伤害，突出表现为对人性的误导和对生态环境的破坏。

一方面，现代制度建设的基本理据是由自由主义提供的。自由主义标举自由与人权，允诺“给个人以最大自由”。个人自由的界限就是他人的自由，即只要你不侵犯他人的自由，怎么都行！西方现代性站在自己的立场上给对方设定“自由”，主张“己所欲，施与人”，这是一种“我自由”而非“彼自由”的虚假自由。另一方面，“资本的逻辑”将科学技术看作一种牟利工具，肆意地使用科学技术造成对生态环境的巨大破坏，而且很多破坏是不可修复、不可逆的，严重偏离了为人类谋福祉的美好愿望。加强以德治国可以让每一个人从良知出发，“己所不欲，勿施于人”，能最大限度地消除西方现代化的这些道德病。另外，关于社会主义市场经济体制，西方曾经非常质疑，认为社会主义和市场经济在本质上不是一回事，社会主义要求“利他”，市场经济要求“利己”，社会主义市场经济体制改革是不可能成功的。但时至今日，中国经济的飞速发展、中国社会的良好运转，向世人展示了社会主义市场经济体制不但是可行的，而且是成功的。社会主义市场经济赋予市场

经济以崭新的形式。这些成绩的取得，归功于党的领导，归功于人民的辛勤劳动，更归功于中国共产党人从革命到建设，从新中国成立到改革开放，身先示范，对人民进行的坚持不断的思想道德教育：实事求是、坚持真理、严守纪律、服从组织、无私奉献、顽强拼搏、艰苦奋斗、勤俭创业、热爱科学、勇于探索、严于律己、保持节操……

“徒善不足以为政，徒法不足以自行”，德法并行要求我们必须坚持“道德在心、法律至上”的原则。宪法是国之重器，党章乃党之重器。依宪治国，以章治党是法治和德治的出发点。法网恢恢，疏而不漏；党章鲜明，省察自纠。法不阿贵，章不阿贵，不论谁，只要违反了法律，弱化了党章要求，必严惩不贷。道德滋养法治精神，法治体现道德理念。法治与德治相辅相成、相得益彰。当前，法治与德治的辐辋关系、骨羽关系深刻体现于培育和践行“富强、民主、文明、和谐；自由、平等、公正、法治；爱国、敬业、诚信、友善”24字社会主义核心价值观的过程中。8700万中国共产党党员只有勇做先进道德的中流砥柱，身先士卒，引领社会主义社会每一位公民知法守法、懂法敬法，才能全面推进法治社会的实现。守法有责，彰德有责，责任意识、担当意识考验着每一个中国共产党党员对共产主义信仰的忠诚。“蹄疾而步稳，勇毅而笃行”，能否带领全国各族人民知法守法、懂法敬法，把行为匡正于法律之中，崇德向善，求真向上，实现中华民族伟大复兴的中国梦，是我们8700万中国共产党党员共同向人民作答的历史考卷。

领导干部应率先确立和运用法治思维*

习近平同志强调：“各级领导干部要对法律怀有敬畏之心，带头依法办事，带头遵守法律，不断提高运用法治思维和法治方式深化改革、推动发展、化解矛盾、维护稳定能力。”领导干部是现代治理的主体，能否牢固树立和

* 节选自李鸿忠：《法治思维是现代治理的首要思维》，《人民日报》2015年1月14日。

运用法治思维，直接关系全面推进依法治国重大部署的贯彻落实，关系党和国家的长治久安。

主动学法，不断增强法治意识、强化法治理念，是领导干部树立法治思维的必然要求。各级领导干部都应加强对中国特色社会主义法治体系的学习，用法治理论武装头脑、指导行动、规范行为；善于在谋改革、促发展、保稳定等实际工作中强化法治意识、积累法治知识；结合自身岗位要求和工作特点，有针对性地加强法治学习，提高法治素养，破除人治、官本位和特权思想，牢记有权必有责、用权受监督、失职要问责、违法必追究，防止以言代法、以权压法、徇私枉法，带动全社会学法知法、守法用法。

自觉守法，是领导干部的行为底线，而守住底线是树立法治思维的基本要求。各级领导干部都应忠于宪法、遵守宪法，服从宪法规定，遵循宪法准则，确保在宪法规定的范围内活动；带头遵纪守法，做到依法用权、以法制权；遵循法治原则，坚持权责统一，强化自我约束，保持清正廉洁，让权力在法治轨道上运行；自觉接受法律和人民、社会、党内、行政等各类监督，杜绝违法违规现象。

善于用法，是实现法治价值的实践手段。各级领导干部都应善于用法治深化改革，强化法治对改革的规范，实现立法和改革决策相衔接，做到重大改革于法有据、立法主动适应改革和社会发展需要；用法治推动发展，面对经济发展新常态，运用法治理念、法治手段促发展；用法治化解矛盾，适应人民群众多元化诉求和需求，运用法治方式解决问题、协调关系、处理纠纷；用法治维护稳定，准确研判维稳形势，从法律层面分析问题、解决问题、总结经验，运用法治方式把不稳定因素消除在萌芽状态，把打击违法犯罪、维护人民权益、保障社会稳定有机统一起来。

把提升领导干部依法履职能力作为硬要求*

领导干部依法履职能力关键看用法治处理改革发展稳定问题的能力

法治思维和法治能力的形成既靠学习，更靠实践。领导干部应坚持知行合一，把法治理念体现到实践中，把法治方式运用到经济社会发展中，养成和提高运用法治思维和法治方式开展工作、解决问题的能力。

运用法治思维和法治方式深化改革。习近平同志强调，凡属重大改革都要于法有据。法治既是改革的目标，也是改革的手段。回顾我国改革开放历程，改革推进与法治建设齐头并进、相互促进是一条重要经验。在新的改革征程上，让改革列车始终在法治轨道上前行，才能确保改革正确、准确、有序和协调推进，做到蹄疾而步稳、勇毅而笃行。为此，领导干部应深刻认识、正确处理改革和法治的关系，善于在法治基础上凝聚改革共识，善于用法治方式化解改革风险。既要大胆地闯、大胆地试，鼓励“摸着石头过河”；又要走出“边抓牌边定规则”的思维定势，确立“定好规则再抓牌”的法治思维。坚持“破”与“立”辩证统一，做到改革决策与立法决策紧密结合。在研究改革方案和改革措施时，同步考虑改革涉及的立法问题，及时提出立法需求和立法建议。对于实践条件还不成熟、需要先行先试的改革举措，应按照法定程序获得授权。对不适应改革要求的法律法规，应及时修改和废止。要把实践证明行之有效的改革创新成果及时用法律制度的形式巩固、稳定下来，以保障改革顺利进行，使经济、政治、文化、社会、生态文明建设和党的建设等各方面制度更加成熟、更加定型。

运用法治思维和法治方式推动发展。当前经济运行中存在一些不平衡、不协调、不可持续问题，如产能过剩、污染严重、资源能源消耗过大以及管

---

* 节选自尤权：《把提升领导干部依法履职能力作为硬要求》，《人民日报》2015年2月3日。

理体制效能不高、部门和地域分割、市场监管缺位等。这些问题从深层次讲，都与治理体系和治理能力不适应有关系，与经济发展没有完全走上法治化轨道有关系。这就要求在推进社会主义市场经济发展过程中自觉运用法治思维和法律手段，更好发挥法治在调整经济关系、规范经济行为、指导经济运行、维护经济秩序、激发经济活力中的作用。应以保护产权、维护契约、统一市场、平等交换、公平竞争、有效监管为基本导向，加快完善社会主义市场经济法律制度，特别是在建立现代产权制度、促进非公有制经济健康发展、鼓励和支持自主创新、促进生产要素高效流动、完善社会信用体系等方面积极探索实践，推动相关领域法律法规逐步完善。坚决落实加快政府职能转变的要求，坚持“法定职责必须为，法无授权不可为”，处理好政府和市场的关系，处理好“放”与“管”的关系，规范自身权力行使，明确权力“界限”，通过法治方式使市场在资源配置中起决定性作用和更好发挥政府作用，切实让“看得见的手”依法行事、受到约束，让“看不见的手”规范发展、迸发活力。

运用法治思维和法治方式维护稳定。法治具有明确性、公正性、稳定性、权威性的特点，对维护和促进社会和谐稳定具有基础性长久性作用。在维稳工作中，对一些苗头性问题不能视而不见、能捂则捂、能压则压；处理群体性事件不能走极端，要么采取强制手段、粗暴处理，要么违背原则、一味妥协。实践证明，偏离法治轨道、用简单的办法解决纠纷和社会矛盾，暂时可能取得一定效果，但从长远看会积累更多更大的风险，陷入“越维越不稳”怪圈。因此，领导干部应善于运用法治思维谋划平安建设各项工作，运用法治方式解决综治维稳面临的具体问题，不断提高社会治理法治化水平。善于运用法治手段构筑协调和解决社会冲突、维护社会稳定的机制，健全人民调解、行政调解、司法调解的协调联动机制，发挥司法在解决纠纷、化解矛盾中的主导作用。善于引导群众以法律为依据理性合法地表达利益诉求，妥善处理涉及个人切身利益的问题。特别是在处理信访问题时，一定要坚决依法办事，对当事人的诉求，于法有据的，必须坚决支持、及时妥善解决；于法无据的，决不能肆意突破法律“和稀泥”，搞“花钱买平安”那一套。

把提升领导干部依法履职能力作为硬要求、硬标准、硬约束

把提升法治素养和法治能力作为硬要求。党组织应把提高法治素养和能力作为对党员干部特别是领导干部的一项政治要求，作为依法治国的长期性基础性工作。领导干部应自觉把熟练掌握宪法法律知识作为履职尽责的基本条件，做学法尊法守法用法的模范，带头树立和弘扬社会主义法治理念、法治精神，增强走中国特色社会主义法治道路的坚定性，始终坚持宪法法律至上、法律面前人人平等，牢记法律红线不可触、法律底线不可越，确保权力行使不偏离法治轨道、不突破法律边界。

把依法履职能力作为选贤任能的硬标准。强化领导干部法治意识，全面提升领导干部依法履职能力，关键在于树好“风向标”。党组织应把遵纪守法作为衡量干部德才素质的重要标准，把法治素养和法治能力作为考察识别、选拔使用干部的重要依据，尤其要把那些政治上强、熟悉法治工作、领导经验丰富、善于抓班子带队伍的人选拔到领导岗位上来。对那些特权思想严重、法治观念淡薄、法治能力较差的干部，不能提拔重用；经教育不改的，必须调离领导岗位。注重在法治实践一线培养、考察、选拔干部，着力在艰苦条件、复杂环境中培养依法办事能力、依法解决问题能力、依法维护稳定能力、依法维护群众权益能力。

把依法履职情况作为干部奖惩的硬约束。党的十八届四中全会把法治建设成效作为硬性指标纳入政绩考核指标体系。习近平同志强调，要以严的纪律约束干部，使其心有所畏、言有所戒、行有所止。党组织应科学设定考核指标体系，强化对考核结果的运用，奖优罚劣。建立健全激励约束机制，督促党员干部带头遵守法律、带头依法办事；坚持有权必有责、用权受监督、失职要问责、违法要追究，加强对领导干部依法执政、依法行政情况的监督检查。健全问责机制，对不依法履职的领导干部应严肃批评教育；给国家利益、社会公共利益和公民权益带来重大损失并造成严重社会影响的，严格追究行政责任；构成犯罪的，依法追究刑事责任，促进领导干部对法纪心存戒惧，自觉依法用权、秉公用权、廉洁用权。

加强基层法治机构和法治队伍建设 *

党的十八届四中全会提出，要加强基层法治机构建设，强化基层法治队伍，建立重心下移、力量下沉的法治工作机制，改善基层基础设施和装备条件，推进法治干部下基层活动。这就明确了推进基层治理法治化的前进方向，提出了基本要求。

（一）加强机构和队伍建设

加强基层法治机构建设，着力解决法治机构设置不完善、法治机构队伍不稳定和人员配备不足、法治工作物质装备和经费保障机制不健全、行政执法监督工作不到位等问题，努力提高基层法治机构工作能力。加强基层人民法院、检察室、公安派出所、司法所等派出机构建设，建立农村基层大法治网络，整合县一级公检法司力量，组建县、乡、村三级联动的法治网络。在边远乡村设立便民诉讼站、诉讼联系点并选聘诉讼联络员，在人口相对集中的地方设置巡回审判点，大力推行巡回收案、办案，最大限度服务群众。完善基层治理体系，在县乡村建立综治工作机构，实行干部联村维稳制度，加快推进农村社区网格化管理，完善村干部议事制度。加强社区成员代表大会和社区议事协商组织建设，加大城市街道—居委会体制改革力度，进一步整合社区内部治理资源，完善社区单位参与基层治理的协商合作机制，加快形成以社区党组织为核心、社区自治组织为主体、各类社区中介组织充分发挥作用的新型社区组织结构。

（二）建立重心下移、力量下沉的法治工作机制

积极创新社会治理方式，提升预防、化解社会矛盾的水平。要把源头治理、动态管理、应急处置结合起来，完善矛盾纠纷排查、预警、化解、处置机制，变事后处置为事前预防，变治标管理为治本管理，努力掌握预防化解

* 节选自刘佳义：《推进基层治理法治化》，《光明日报》2014 年 12 月 8 日。

社会矛盾主动权。要创新和完善社会管理的各种机制，建立健全重大决策社会风险评估机制，努力在改革发展中解决矛盾，促进经济社会发展。继续强化人民调解中心，按照“统一受理、集中梳理、归口管理、依法办理、限期处理”的原则，发挥和强化人民调解中心组织听证对话、社会舆情研判、稳定风险评估、指导重大纠纷排查调处等综合功能。要以法治为依据健全完善处理社会矛盾和冲突的机制，构建民意吸纳和利益制度化表达机制，探索建立听证、评议、监督、举报、行政效能考核等多种形式的表达诉求渠道，保障城市居民的知情权、咨询权和监督权。结合农村社会建设，拓宽农村社情民意表达渠道，建立健全矛盾纠纷排查调处机制，依法妥善解决农村社会的苗头性、倾向性问题。

（三）推进法治干部下基层活动

开展好法治干部下基层活动是推进基层治理法治化的有效途径。要积极引导、推荐优秀法治干部到基层挂职、任职或驻地服务，为他们在基层工作创造条件，帮助协调解决困难。扎实推进信访接待下基层，有效利用“信访接待日”等形式，做好干部带案下访、专题接访、重点约访等工作。深入开展“法律援助服务为民”主题活动，建立便民化法律援助服务体系，加强法律援助工作站和法律援助队伍建设，扩大法律援助范围，提高法律援助质量。加大普法宣传力度，充分利用各类“中心、展馆、公园、广场、街区、长廊”等场所建立法治文化阵地；广泛开展“法律进村庄、进社区、进企业、进工地、进学校”等专项宣传活动，努力提高法制的社会影响力；大力宣传基层法治建设中的先进典型，通过各种形式交流好经验好做法，不断激发法治干部下基层的积极性、主动性和创造性。

依法决策　减少决策随意性*

在实际工作中，决策失误的原因是多方面的，其中一个重要原因是“决策的随意性”。所谓“随意性”，就是人的行为不遵循一定规则和程序，凭主观愿望，想做什么就做什么，想怎么做就怎么做。决策随意性的主要原因，是不遵循“依法决策”原则。从实际情况看，科学决策民主决策原则讲了很多年，但决策失误时有发生，一个重要原因就是违背依法决策原则。没有依法决策作保障，科学决策民主决策难以真正做到，决策随意性难以避免，决策失误必然发生。

依法决策的含义和要求

“依法决策”中的“法”是广义的。从广泛意义上讲，决策要遵循国家制度、法律法规、政策规定以及党内各种法规。从狭义上讲，在决策过程中，要遵循一定的要求和规则，包括决策主体（谁决策）、决策权限（决策什么）、决策程序（怎样决策）、决策责任（谁来负责）等等，这些都要形成相应的制度并严格执行。在实际工作中，决策随意性的表现是多样的，包括决策主体随意，这个来决策也行，那个来决策也行；决策权限随意，想搞决策什么就搞决策什么；决策过程随意，想怎样决策就怎样决策，不遵循决策程序；决策责任随意，决策出现失误，谁也不负责。这些现象的发生，根本原因就是违反依法决策原则，没有建立严格有效的决策制度，或者有制度而不严格执行。

依法决策的实质是约束和规范决策权力

在权力体系中，决策权是一种十分重要的权力，权力的实际运行是从决策开始的。决策权是否能正确行使，决定着决策是否科学是否正确，也决定

* 李志昌：《依法决策　减少决策随意性》，《学习时报》2014年5月19日。

着各项工作的成败。“决策失误”是各种工作中的“根源性失误”，决策错误可以说是“一错百错”。从一般意义上说，不受约束的权力必然会出现问题，从决策的角度说，不受约束的决策权也必然会出现问题。决策权不受约束，最大的问题就是会发生决策随意性，必然出现决策失误。习近平总书记强调，“把权力关进制度的笼子”，其中也包含把决策权关进决策制度的笼子，有效约束和规范决策权的行使，克服决策随意性现象，减少决策失误。

依法决策是科学决策民主决策的重要保障

强调依法决策，有人反问“依法决策能保证做出正确决策吗？”我们说，做出正确决策不是一件简单的事情，特别是在重大决策上，要保证决策的正确性，涉及很多因素，其中最重要的就是要坚持科学决策民主决策。科学决策和民主决策，都有一定的要求、规则和程序，要使得这些要求、规则和程序在决策中切实得到遵循，就必须使之制度化，严格执行，不得违背，这就是依法决策。如果不坚持依法决策原则，科学决策民主决策原则，就会变成因人而异、因时而异、因地而异的弹性要求，想遵循就遵循，不想遵循就不遵循，最终科学决策民主决策原则就会落空，必然出现决策随意性，必然发生决策失误。只有坚持依法决策，科学决策民主决策才能落到实处，才能最大限度避免决策随意性，最大限度减少决策失误。

依法决策能保证决策效率

有一种观点认为“依法决策影响决策效率”。这种观点中所说的“决策效率”是片面的，只强调决策的“时效性”，就是要求“及时迅速做出决策”，而忽视决策的正确性。不论做什么事情，都要讲效率，真正的效率应该是“快”和“好”的统一，只讲“快”不求“好”，不是真正的效率。科学的“决策效率”，应该是时效性和正确性的统一，而且落脚点在正确性上，时效性必须服从于正确性。坚持依法决策，要遵循一定的规则和程序，其中必然有很多“制约因素”，决策过程会慢一些，但正是这些制约因素，使得决策权不能滥用，克服决策随意性，避免决策失误。在实际工作中，有些决策，正是因为片面强调“及时迅速”，不遵循决策规则和程序，决策不慎重，匆忙草率做出决策，结果造成严重决策失误，这实际上是“迅速做出错误的决策”。实际上，坚持依法决策，遵循决策规则和程序，决策过程一步一步有序推进，可以避免决策过程混乱，既能够及时做出决策，也能够保证决策的正确性。相反，决策随意性，常常会导致决策过程混乱，浪费决策者的时间和精力，既影响及时决策，也会产生决策失误。

建立健全决策问责和纠错制度

上述讲的“依法决策”主要是从决策过程来讲的，就是在决策过程中，要严格遵守国家制度、法律法规、政策规定以及党内各种法规，严格遵循决策规则和程序。还有一个重要问题，就是从决策后果来看，要建立决策问责和纠错制度。党的十八大报告要求，建立健全决策问责和纠错制度，凡是损害群众利益的做法都要坚决防止和纠正。“问责”就是发生决策失误、造成严重损失，要追究决策者的责任。“纠错”就是要纠正决策中的错误，包括决策过程中违反决策规则和程序的错误，以及决策实施后所造成的错误后果。决策问责和纠错制度，是建立在人的心理行为规律基础上的一种制度，是从决策后果来“倒逼”决策行为的约束机制。从人的心理行为规律来看，如果一个人对自己的行为后果不负责任，对他的行为所产生的错误后果不加以纠正，不给予必要的惩罚，那么他的行为就会非常随意、草率；而如果对自己的行为后果要负责任，发生错误的行为后果要加以纠正，要受到一定的惩罚，他的行为就会非常谨慎、非常认真。一个人、一个部门要对自己的决策后果负责，在做决策时，就会非常谨慎、非常理性，而不会随意任意决策，反之就会出现随意、草率决策。实际工作中，为什么决策失误时有发生，而且屡禁不绝，一个重要原因，就是没有建立严格的决策问责和纠错制度，或者即使有这样的制度，也不严格执行。在调研中，听一些基层干部说“现在决策要很小心，搞不好是要承担责任的”。决策问责和纠错制度，是一项有效避免决策随意性、减少决策失误的制度，这是坚持依法决策不可缺少的一个重要方面。

第六章
改革要聚焦聚神聚力抓好落实

引子

改革要坚持从具体问题抓起，着力提高改革的针对性和实效性，着眼于解决发展中存在的突出矛盾和问题，把有利于稳增长、调结构、防风险、惠民生的改革举措往前排，聚焦、聚神、聚力抓落实，做到紧之又紧、细之又细、实之又实。

改革落地生根要除“四障”*

推动改革的关键在落实。当前，能否打通“肠梗阻”、防止“急就章”，能否力戒“一团麻”、避免“大呼隆”，关系改革的直接效果。

日前，习近平总书记在中央全面深化改革领导小组第十一次会议上强调，拿出勇气和魄力，自觉运用改革思维谋划和推动工作，不断提高领导、谋划、推动、落实改革的能力和水平。推动改革的关键在落实，如何细化实化、呼应民意，如何落地生根、开花结果，检验着推进改革的能力和本领。十八届三中全会确定了各项改革任务，过去一年多也有了良好开局，啃下了不少硬骨头，但还有不少硬骨头要啃。如何进一步落实中央要求，深入有效地推进改革？在中国发展高层论坛2015年会上，专家们对此纷纷建言献策。依笔者见，需要妥善处理好一些问题，把握好4个路径。

打通“肠梗阻”，进一步加强改革的统筹协调。全面深化改革是一项宏大的系统工程，如何有条不紊、紧密衔接地推进改革，不简单。改革涉及的部门越多、环节越多，需要协调的频次和难度越大。地方要在中央的指导下推进改革，不能“抢跑”“跑偏”，也不能“滞后”“掉队”。既要给地方应有的改革自主权，又要让地方把握好方向和尺度。换句话说，如何同时发挥好顶层设计的指导作用和基层探索的探路作用，如何同时做好改革的规定动作和自选动作，需要较高的统筹协调能力和水平。

防止“急就章”，进一步提高改革方案的质量。改革，改的是体制，动的是利益，往往涉及既得利益的调整，包括社会不同群体既得利益和部门利益的调整。如果想让各方面各部门都满意，改革的力度和深度可能就小，甚至根本达不到改革目的。改革面临着理想性和现实性如何权衡、“此岸”和“彼岸”如何搭桥、阶段性目标和最终目标如何衔接的问题。因此，如果具

* 韩文秀：《改革落地生根要除“四障”》，《人民日报》2015年4月10日。

体的改革方案质量不高却贸然出台，则会浪费改革的机会，或者造成与改革预期不符的结果。同时，要区分改革措施和发展措施，不能把发展措施当作改革举措，不能把政策调整当作改革措施，而要把改革真正聚焦到体制机制的变革上。

力戒“一团麻”，进一步攻坚改革的重点难点。已经确定的改革任务有几百项，但有大有小、有轻有重。应当抓好牵一发而动全身的重要改革，以此带动其他改革。但重要改革往往难度更大，涉及的利益格局调整更深。改革措施不能光看数量，还要看质量；不能光在形式上改，还要有实质上的变化，尤其是看那些制约经济发展方式转变、影响国家治理体系和治理能力现代化的重大深层体制障碍是否得到破除。同时，改革要防止碎片化，不能单兵作战、孤军深入，要充分考虑改革的系统性、整体性、协同性。

避免“大呼隆”，进一步增强改革的实效性。改革不是方案一出台就万事大吉了，就可以从台账中销号了，而是首先要确保改革举措在地方、部门、基层、企业、社会等领域落地生根，还要跟踪观察改革的成效是否符合原来方案的预期，是否得到社会的认可，进行必要的“回头看”，包括通过改革的效果来检验改革方案是否科学、措施是否协调，乃至对改革方案和措施及时作出适当的整改完善。对改革进程要进行督促检查，对改革成效要进行评估，包括委托第三方评估。

防止“不改、假改、乱改”*

深化行政体制改革，是全面深化改革的题中之义；而审批制度改革，是全面深化行政体制改革的突破口，也是促进国家治理体系和治理能力现代化的重中之重。

我们认为本轮行政体制改革，要实现四大主要目标：目标之一，形成现

* 周汉民：《防止“不改、假改、乱改”》，《文汇报》2015年6月23日。

代政府的主要特征和特色：精干、高效、透明、服务、法治、诚信、廉洁、有限等；目标之二，让市场在资源配置中起决定性作用；目标之三，民众对政府的满意度和自身的幸福感不断提升；目标之四，国家治理体系和治理能力得到明显提高。为此，行政审批制度改革没有最好，只有更好。为此，说三个问题。

“半夜鸡叫”与“一日新政”有损公信力

第一个问题，为什么要改？

2001 年，经过 15 年零 5 个月的艰难谈判，我国加入了 WTO，15 年后，按《入世协定书》约定，世贸组织成员应当承认我们的市场经济地位。但至今为止，一些主要发达经济体依然没有为此表态，这其中不乏有意刁难的因素，但我国经济运行中存在过度政府管制的现象同样值得重视。我们和 WTO 规则已基本接轨，但不足之处也很明显。

此外，经济社会生活中，还会出现一些令人难以置信的行政行为，如曾经出现过被民众戏称为“半夜鸡叫”的半夜出台政策，也有刚推出即废止的“一日新政”。如此种种，很难和法治政府的特征相吻合。因此，行政体制必须要改。否则，治理体系和治理能力的现代化就无从谈起。

“越位”难改，“缺位”更难改

第二个问题，改什么？

一是应该改掉喜欢“越位”的习惯，该放的要放，放给市场，放给社会。二是应该改掉长期“缺位”的惰性，该管的要管，还要管好。让市场在资源配置中发挥决定性作用，同时更好发挥政府的积极作用。

许多无法、无度、无常甚至荒唐的审批，不仅害苦了被审批者，也害苦了审批者，多少领导日理万机，夜以继日，夙兴夜寐，精疲力竭，审批和被审批双方都越来越忙，越来越累，但效果越来越差。

“越位”习惯为什么难改？因为有难以割舍的利益。即使审批者本身无利益相关，但其身旁、身后有一群利益相关者，这是旧体制使然，因此必须革故鼎新。

“越位”难改，“缺位”更难改，因为改变“缺位”要付出真金白银，需要“割肉”。

据相关报道，我国国有经营性资产，即国企总资产，2013 年已过百万亿元（103 万亿元）。但中央文件提出的“划拨国有资产充实社保资金”的要求，直到 11 年后，才终于从山东起步，说明要补“缺位”，也不容易。

党的十八届三中、四中全会，为行政体制改革明确了目标，设计了路径，设定了期限，各地各级政府都在改，但不可否认的是，有的是主动改，有的是被动改，有的是不改，有的是乱改。

当前的任务是，保护、复制、推广真改，防止“不改、假改、乱改”。哪些是“不改、假改、乱改”？我个人总结为“三个划等号”：一是以单项改革代替综合改革，把行政体制改革和审批制度改革划等号；二是以数量增减代替质量提升，把行政体制改革和审批事项数量划等号；三是以权力下放代替权力适配，把行政体制改革和行政权力下放划等号。由此产生“十重十轻”现象，亟待改进：一是重实体下放，轻程序完善，未谋而先动；二是重单项下放，轻整体协调，点动面不动；三是重行政力量，轻社会力量，自动不互动；四是重数量指标，轻质量评价，虚动实不动；五是重行政规定，轻客观规律，心动难行动；六是重前沿推进，轻后续跟进，前动后不动；七是重条款削减，轻制度创设；“破”动“立”不动；八是重文件发布，轻调查研究，口动腿不动；九是重窗口审批，轻门前服务，被动不主动；十是重权责下放，轻过程监管，外动内不动。

把制度笼子升格为法制天网

第三个问题，怎么改？

要以更大的开放，促更深的改革，立足我国特色，借鉴国际经验，注意把握好四个环节。一是关紧龙头，防止继续给政府机构设置注水，对设置不合理、碎片化的政府机构进行拆、并、减，参照国际经验，坚持“大部制”方向不动摇。二是剪断利益，继续保持高压反腐势头，尽快以法律法规形式固化相关反腐措施，并对县市长进行现代治理能力的全员培训。三是织好法网，是说把制度笼子升格为法制天网，坚决剔除法律未授权的审批，又要防止甩开法律随心所欲。四是打开门窗，打造透明政府，体现现代政府开明形象，以公开确保公正，民众满意度指标，应该成为新的重要考核指标。

总之，行政体制改革已在路上，我们要为其鼓劲欢呼，也要实话实说。

以问题为导向继续推进简政放权改革 *

进一步推进简政放权改革，要继续以行政审批制度改革为突破口，针对行政审批事项仍然过多、行政审批不规范等行为，着力规范行政审批权力运行，狠抓政策落地，真正放权于民，让公众切切实实地享受到改革红利。

持续加大取消行政审批事项及变相行政审批事项的力度。该取消的坚决取消，从根本上解决企业、群众办事难问题。全面清理前置审批，彻底废止非行政许可审批，进一步取消或下放含金量更高的投资核准事项，在推进审批目录清单的基础上，逐步向权力清单和负面清单管理模式迈进，使政府真正做到“法无授权不可为，法定职责必须为”，使公民、法人和其他组织真正实现“法无禁止即可为”。坚持数量与质量并重，进一步对各部门现有行政审批项目中进行梳理，对社会关注度高的“硬骨头”进行攻关，拿出更多的“真金白银”，更好地向市场和社会放权。坚持问题导向，取消项目要从“给社会端菜”向“让群众点菜”转变，广泛听取意见，更多借用社会力量促进改革，避免各部门自说自话。地方对于国务院决定取消的行政审批，坚决取消，不以任何理由继续实施或变相实施，坚决制止和纠正以“备案”等名义搞变相实施和权力上收的行为。

切实规范行政权力依法运行。通过建立行政权力运行流程优化制度，推动各项行政审批减少环节、压缩时间、简化程序，最大限度减少和规范审批的自由裁量权，严禁变相审批，逐步建立公开透明、便利高效、程序严密、权责一致的行政审批制度。充分利用电子政务系统设定的程序来规范行政权

* 节选自王君琦：《简政放权关键在政策落地》，《学习时报》2015 年 5 月 18 日。

力运行流程，整合网上网下，减少办事环节，压缩办理时限，简化办事手续，降低办事成本，实现全程公示，“让数据代替百姓跑路”。

加快建立完善权责清单制度。推行权责清单制度是规范权力运行、明确行政责任的重要制度创新。它将梳理出来的权力事项规范化、责任明晰化，并以列清单形式公之于众，主动接受社会监督，挤压了权力寻租的空间，让政府“乱动的手”受到了约束。目前，中央和地方权力清单制度正在积极实施，要尽快建立和完善权责清单运行细化机制，建立动态调整机制，实现权力清单横到边、纵到底、全覆盖。还要强化问责制度，健全违法行政责任追究倒查制度，完善问责程序，明确问责主体，公开问责过程，增强行政问责的可操作性，尤其强化对行政不作为、乱作为的问责。

切实加强事中事后监管。简政放权不是搞“自由落体”，而在于用政府权力的“减法”，换取市场和社会活力的“加法”。长期以来，政府管理有一个习惯性思维，一说到监管，就想设置行政审批，就想要钱要编制。一出问题就搞“突击”监管，搞“大检查”，而且查谁不查谁、罚谁不罚谁、罚多还是罚少，随意性很大。大规模“减权”放开了政府前端关口管理，必须转变管理思路，创新管理模式，从注重事前审批甚至“批而不管”向注重事中事后过程和结果监管转变。加快建立责任明确、任务清晰、程序规范的事中事后监管制度，力求使监管可操作、可监督、可追溯，确保监管真正到位，避免“监管真空”。对监管方式进行改革，创新监管方式，建立健全科学的抽查制度、对问题和责任的追溯制度。完善市场主体信用体系和信用约束制度。建立经营异常名录制度、黑名单制度和信用约束制度。建立违法违规经营重罚机制，让违法付出巨大成本。

简政放权改革还要注重统筹联动，从多头并进向协同推进转变。针对社会反映强烈的下放不同步等问题，通过部门协同、上下协同，着力解决简政放权衔接、不配套、不落实的问题。一是部门联运，打通“最先一公里”。应抓住企业投资、市场准入、生产经营、公共服务等重点领域进行审批改革，整合前置性审批，加强跨部门统筹协调，同步下放项目审批、环境评价、土地预审、风险评估等审批权限，形成部门协同联动，防止出现“你动我不动，改也改不动”。二是上下联动，打通“中梗阻”。从工作重点在国务院层面向与地方一起推动政策落地转变，打通“最后一公里”。政策落地，关键在做好地方简政放权工作，包括制定实施权力清单、责任清单等，让社会公众从改革中得到实惠，切实享受简政放权改革红利，防止出现“上动下不动，动了也白动”情况，改革红利层层截留效果递减。三是内外联运，打通“最后一公里”，加强对中介组织的规范和管理。通过加快推进社会组织管理改革，着力去除行政化色彩。制订出台中介机构管理办法和行业标准，对中介评估进行全面清理，对确需第三方中介机构提供鉴定、认证、检测、评估的，应制定中介目录清单和收费标准，向社会公布。加强对中介机构服务的监管，通过建立中介机构诚信评价制度和“黑名单”制度，依法规范中介机构服务，促进社会组织健康有序发展。

继续深入推进行政审批制度改革 *

不断有新作为、新突破

推进简政放权、深化行政审批制度改革开局很好，但改革任务依然繁重而艰巨，必须下更大的决心、用更大的气力，不断有新作为、新突破。

进一步取消和下放行政审批事项。目前，国务院各部门保留的行政审批事项还有约 1300 项，地方政府部门的行政审批事项数量更多。仔细分析已向社会公开的审批事项清单可以看出，进一步取消和下放行政审批事项还有很大空间。应继续做好政府“瘦身”、取消审批权的改革，最大限度地向市场、向社会放权，把市场能自行调节的交给市场，把社会组织能自行承担和自律管理的交给社会组织；同时，坚决把有利于发挥地方政府优势、有利于提高管理服务效率和方便服务的事项下放给地方政府。不仅应进一步减少审批事项的数量，而且应注重取消和下放更多“含金量”高、对市场和社会影

* 节选自魏礼群：《继续深入推进行政审批制度改革》，《人民日报》2014 年 7 月 30 日。

响大的审批事项，特别是逐步减少对投资项目的层层审批，以激发社会投资创业的积极性。

严格规范行政审批。目前，行政审批不规范问题很突出，主要表现为行政审批事项的设立不规范和审批实施过程不规范。继续深化行政审批制度改革的一项重要任务，就是必须公开透明和严格规范行政审批事项的设立和实施。应推行各级政府及其部门权力清单制度，并依法公开权力运行流程。保留的行政审批事项一律向社会公开，各部门和地方政府还在实施的审批事项应尽快公布目录清单。在目录之外，一律不得实施行政审批。适应情况的发展变化需要新设的行政审批事项，应遵循法律程序，经过严格论证才能设立。对于一些地方和部门不符合法律规定设立的各种名目的行政管理事项，应切实加以清理和废止。为规范行政审批的实施，应对审批程序、条件和标准、时限等作出明确规定，并向社会公开。

着力优化创新行政审批。优化审批权的配置，对过于分散在不同部门的审批事项进行整合，按照有利于提升管理效果、方便行政相对人的原则进行重新配置，解决多头审批、重复审批问题。改进审批流程，对现有审批流程进行梳理和评估，重新设计工作程序，减少不必要的环节。创新审批方式，特别是利用现代信息通信技术，通过网上审批等新方式提供便捷高效的审批服务。

需要注意的几个问题

做到放管结合。在取消和下放行政审批事项的同时，必须加强和改进政府监管。审批是一次性的源头管理，监管是长期性的过程管理。减少审批、强化监管，对于各级行政机关而言，是由行使权力向承担责任转变、由实施管理向提供服务转变，要求更高、任务更重。在监管对象量大面广、监管事务环节多链条长的情况下，必须完善监管体制机制、创新监管方式和手段，切实加强监管和服务。至关重要的是，多设路标、少设路障，抓紧把规范市场运行、社会组织发展的相关规则、标准、治理体系建立起来。

把握好放权的进度。减少行政审批事项方向要坚定、决心要大，但取消和下放什么事权，下放到什么程度，应综合考虑市场自行调节的外部环境、社会组织的发育成熟程度、政府的监管能力等各方面条件和能力，把握好放权的力度和节奏，提前谋划应对下放权力后的新情况和可能出现的风险，使行政审批制度改革既能带动政府职能转变和行政体制改革，又能与全面深化改革进程和促进经济社会发展客观要求相适应。

加快推进法治建设。推进行政审批制度改革，应运用法治思维和法治方式，遵循法治轨道。坚持法治基本要求，依法清理规范行政审批事项和行为；同时，加快清理、修订相关法律法规进程。特别应强化执法，加快建设法治国家、法治政府、法治经济、法治社会，增强全社会的法治意识，从而真正做到市场、企业、社会活中有序，经济社会持续健康发展。

让社会参与改革。政府取消哪些事项、下放哪些事项、保留哪些事项，下放的事项由谁承接、保留的事项由哪些政府部门负责，需要通过适当形式组织相关群体代表和专家进行讨论和评估。改革方案的执行、审批行为的实施，需要社会各方面通过相应的渠道开展监督。社会广泛参与和监督，有利于行政审批制度改革得到各方面的支持和拥护，沿着正确的方向不断深入，取得预期效果。

深化国企改革　完善国资监管*

2014 年深化国有企业改革的新思路、新任务、新举措已经提出，有关部门和国有企业要认真学习领会有关工作部署，积极稳妥推进国有企业改革。

第一，准确界定功能，完善国有企业分类考核办法。研究和界定不同国有企业的功能，就是明确国有企业、国有资本在国民经济中承担的使命和作用，进而厘清企业战略定位、发展目标和深化改革的方向，这对于有针对性地推进国有企业改革调整、调整优化国有资本布局，实施国有企业分类监管

* 白英姿：《深化国企改革　完善国资监管》，《人民日报》2014 年 6 月 12 日。

具有重要意义。

在界定国有企业功能过程中，要始终坚持公有制为主体的基本经济制度。同时，要根据国有企业所处不同行业或领域、不同业务属性、不同目标责任、不同市场地位进行科学分类。在准确界定企业功能的基础上，针对不同类型企业实施分类考核，增强考核的导向性和针对性。

第二，推动国有经济战略性调整。根据对国有企业功能定位的界定，进一步推进国有企业布局结构的战略性调整，推动国有资本更多投向关系国家安全、国民经济命脉的重要行业和关键领域，重点提供公共服务、发展重要前瞻性战略性产业、保护生态环境、支持科技进步、保障国家安全。

结合产业结构的优化升级推进国有经济战略性调整。引导国有企业通过兼并重组向产业链高端布局，积极发展战略性新兴产业。对产能严重过剩行业，支持优强国有企业实施重组整合，提高产业集中度。鼓励研究院所与相关生产企业重组，提高企业的技术创新能力。引导国有资本从缺乏竞争优势的领域逐步平稳退出。

积极推进国有大企业的重组调整。优先将资源配置给有实力的大企业，完善大企业的产业链、价值链，提高大企业的市场竞争能力。

第三，加快国有企业股权多元化改革。加快推进国有企业特别是母公司层面的公司制、股份制改革，除少数涉及国家安全的企业和投资运营公司外，其他国有企业应当积极引入各类投资者，实现投资主体多元化。发展混合所有制经济可以采取的方式有：深化国有企业公司制股份制改革，加快国有企业改制上市步伐，鼓励非公有制企业参与国有企业改制重组，向非国有资本开放重点投资项目，允许混合所有制企业员工持股等。

要通过多种方式推进具备条件的国有企业改制上市。鼓励具有资金、技术、管理优势的战略投资者以及社保基金、保险基金和股权投资基金等机构投资者参与国有企业改制重组。

要深入清理法律法规，结合简政放权取消下放一批审批事项，为非国有资本发展扫清政策障碍。还要完善产权保护制度，规范引入非国有资本的行为，防止国有资产流失。

第四，以管资本为主加强国有资产监管。要研究选择一批符合条件的国有企业，开展国有资本投资运营公司的改组和组建试点工作。要着重探索政府对国有资本投资运营公司的有效授权，实现以管资本为主，完善监管体制。改组和组建后的国有资本投资运营公司要服务国家战略，发挥资本投资运作功能，成为优化国有资本布局结构、推进产业转型升级、提升企业国际竞争力、发展混合所有制经济、创新核心科技和商业模式的重要平台。

深化财税体制改革　建立现代财政制度*

建立现代财政制度是对现行财税体制的继承与重构

《深化财税体制改革总体方案》明确提出，深化财税体制改革的目标任务是，按照完善和发展中国特色社会主义制度、推进国家治理体系和治理能力现代化的全面深化改革总目标，坚持稳中求进、改革创新，充分发挥中央和地方两个积极性，以改进预算管理、完善税收制度、明确事权和支出责任为重点，建立统一完整、法制规范、公开透明、运行高效，有利于优化资源配置、维护市场统一、促进社会公平、实现国家长治久安的可持续的现代财政制度，为实现“两个一百年”奋斗目标提供财税制度保障。现代财政制度是国家治理现代化的重要基础，深化财税体制改革、建立现代财政制度，既是对现行财税体制和制度的继承与创新，又是适应国家治理现代化新形势，对财税体制等基础制度的系统性重构。总体上讲，现代财政制度在体系上应建立全面规范、公开透明的预算制度，公平统一、调节有力的税收制度，中央和地方事权与支出责任相适应的制度；在功能上要坚持公共财政的定位，体现市场在资源配置中起决定作用和更好发挥政府作用的要求，不“越位”、不“缺位”，发挥财政制度稳定经济、提供公共服务、调节分配、保护环境、维护国家安全等方面的职能；在机制上应符合国家治理体系与治理能力现代

* 节选自楼继伟：《深化财税体制改革　建立现代财政制度》，《求是》2014年第20期。

化的新要求，形成公开透明、权责对等、有效制衡、运行高效、可问责、可持续的制度安排。重点围绕以下改革任务展开：

建立全面规范、公开透明的现代预算制度。这是国家治理体系和治理能力现代化的基础和重要标志，是强化预算约束、规范政府行为、实施有效监督，把权力关进制度笼子的重大改革举措。一是建立透明预算制度。除涉密信息外，所有使用财政资金的部门都要公开本部门预决算，尤其是财政资金安排的“三公”经费都要公开；进一步细化政府预决算公开内容、扩大部门预决算公开的范围和内容。二是完善政府预算体系。结合修订有关法律规定，清理规范重点支出与年度财政收支增幅或生产总值挂钩事项，一般不采取挂钩方式；政府收支要全部纳入预算，明确“四本”预算的收支范围和功能定位，加大相互之间的统筹力度。三是改进年度预算控制方式。预算审查的重点由平衡状态、赤字规模向支出预算和政策拓展；建立跨年度预算平衡机制；实行中期财政规划管理，并强化三年滚动财政规划对年度预算的约束。四是完善转移支付制度。完善一般性转移支付稳定增长机制，逐步提高一般性转移支付所占比重；对专项转移支付进行清理、整合、规范，逐步取消竞争性领域专项和地方资金配套，同时严格控制新增项目和资金规模；建立专项转移支付定期评估和退出机制。五是加强预算执行管理。硬化预算约束，预算未安排事项一律不得支出；全面落实国库集中收付制度，借鉴国际经验，推进国库现金管理。六是规范地方政府债务管理。依法建立以政府债券为主体的地方政府举债融资机制；对地方政府债务实行限额控制，分类纳入预算管理，并严格限定举债程序和资金用途；建立权责发生制的政府综合财务报告制度，完善地方政府考核问责机制和信用评级制度。七是清理规范税收优惠政策。除专门的税收法律、法规外，起草其他法律、法规、发展规划和区域政策都不得规定税收优惠政策；未经国务院批准，不能对企业规定财政优惠政策；严肃财经纪律，严格财政资金分配使用的监督问责，严厉查处违法违规行为。

建立健全有利于科学发展、社会公平、市场统一的税收制度体系。税收制度是现代财政制度的重要组成部分。新一轮税制改革总的方向是，优化税制结构、完善税收功能、稳定宏观税负、推进依法治税，充分发挥税收筹集财政收入、调节分配、促进结构优化的职能作用。一是推进增值税改革。扩大营改增实施范围，“十二五”完成营改增目标；适时优化税率，实行彻底的消费型增值税制度并完成增值税立法。二是完善消费税制度。调整消费税征收范围，优化税率结构，改革征收环节和收入分享办法，增强消费引导与调节功能。三是加快资源税改革。抓紧在全国范围内实施煤炭资源税从价计征，全面推进资源税从价计征改革，相应清理取消涉及的行政事业性收费和政府性基金；逐步将资源税扩展到水流、森林、草原、滩涂等自然生态空间。四是建立环境保护税制度。按照重在调控、清费立税、循序渐进、合理负担、便利征管的原则，将现行排污收费改为环境保护税，新设二氧化碳税目，进一步发挥税收对生态环境保护的促进作用。五是加快房地产税立法并适时推进改革。总的方向是，在保障基本居住需求的基础上，对城乡个人住房和工商业房地产统筹考虑税收与收费等因素，合理设置建设、交易、保有环节税负，促进房地产市场健康发展，使房地产税逐步成为地方财政持续稳定的收入来源。房地产税改革要加强调研，立法先行，适时推进。六是逐步建立综合与分类相结合的个人所得税制。合并部分税目作为综合所得，适时增加专项扣除项目，合理确定综合所得适用税率；尽快推广个人非现金结算、建立第三方涉税信息报告制度等。此外，抓紧修订《税收征管法》，促进依法治税，同时也为个人所得税和房地产税改革创造条件。

调整中央和地方政府间财政关系，建立事权和支出责任相适应的制度。在保持中央和地方收入格局大体稳定的前提下，进一步理顺中央和地方收入划分，合理划分政府间事权与支出责任，促进权力与责任、办事与花钱相统一，全面提升国家治理效率。一是进一步理顺中央和地方收入划分。遵循公平、便利、效率等原则，考虑税种属性和功能，将收入波动较大、具有较强再分配作用、税基分布不均衡、税基流动性较大的税种划为中央税，或中央分成比例多一些；将地方掌握信息比较充分、对本地资源配置影响较大、税基相对稳定的税种，划为地方税，或地方分成比例多一些。收入划分调整后，地方形成的财力缺口由中央财政通过税收返还方式解决。二是合理划分各级政府间事权与支出责任。要适度加强中央事权和直接支出比重，将国防、外交、国家安全、关系全国统一市场规则和管理的事项集中到中央，减少委托事务，提高全国公共服务水平和效率；将区域性公共服务明确为地方事权；明确中央与地方共同事权。在明晰事权的基础上，进一步明确中央和地方的支出责任，中央可运用转移支付机制将部分事权的支出责任委托地方承担。

深化财税体制改革是一场牵一发动全身的“硬仗”

《深化财税体制改革总体方案》明确，2016 年基本完成深化财税体制改革重点工作和任务，2020 年基本建立现代财政制度。财税体制改革事关经济社会发展全局，涉及方方面面的权益调整，情况复杂、矛盾交织，而且时间紧、任务重。必须统一思想、凝聚共识、精心组织、周密部署、攻坚克难，确保改革顺利推进。

切实把思想和行动统一到中央改革决策部署上来。我们要认真学习宣传贯彻中央关于深化财税体制改革总体方案，深刻认识新一轮财税体制改革的重大意义和部署要求，凝聚全社会支持改革的共识和力量。深化财税改革必须坚持党的领导，发挥各级党委政府的领导核心作用。要切实增强大局意识，牢固树立全国一盘棋思想，突破部门和地区利益的藩篱，不打“小算盘”，以高度的政治责任感和历史使命感，全面贯彻中央改革决策部署，科学把握稳增长、调结构与促改革的关系。各级财政部门要在党委、政府的统一领导下，既勇于担当，不畏难、不缺位，又审时度势，不抢跑、不越位，扎实做好每一环节的改革工作，确保中央改革决策部署的顺利有序实施。

坚持问题导向研究各项具体改革政策措施。习近平总书记强调：“改革要坚持从具体问题抓起，着力提高改革的针对性和时效性，着眼于解决发展中存在的突出矛盾和问题。”深化财税体制改革要敢于正视问题、化解矛盾，坚持用科学的方法研究和解决问题。尤其是在推进预算公开、清理专项资金、规范税收优惠政策等问题上，要有敢于触及矛盾、解决问题的责任担当。牢固树立实践第一的观点，在深入人民群众、深入基层一线中破解财政改革发展中的难题，以解决问题为已任，集聚推动财政事业发展的正能量。

坚持顶层设计与摸着石头过河相结合。深化财税体制改革必须把顶层设计与摸着石头过河结合起来。改革总体方案是顶层设计，但有了顶层设计不等于可以马上操作，还要深入研究每一项改革任务的具体方案、路径、举措、步骤。在改革过程中，要坚持摸着石头过河的方法，对那些有共识但尚不具备全面推开条件的改革，以及涉及面广、利益关系复杂、意见分歧较大的改革事项，应试点先行，从典型经验中丰富改革理论，完善改革实践。以制度创新为核心任务，以可复制、可推广为基本要求，不能借改革之机要照顾、争优惠，打造新的“政策洼地”。

坚持整体推进与重点突破相结合。深化财税体制改革是一项复杂的系统工程，在实施过程中，要注意处理好政府与市场的关系，发挥中央与地方两个积极性，兼顾效率与公平，统筹当前与长远。一方面要明确改革逻辑顺序、主攻方向、工作机制、推进方式，增强改革的整体性、系统性、协调性，对于财税体制改革中一些矛盾集中、情况复杂的“硬骨头”，要坚决冲破传统观念的束缚，以壮士断腕的精神，尽快在重要领域和关键环节取得改革新进展。另一方面，要注重改革的统筹性，使财税改革与其他方面改革相互衔接、形成合力，以握指成拳、集中发力的方式，将一项项任务落实到位。

改革蓝图绘就，奋进号角劲吹。我们要更加紧密地团结在以习近平同志为总书记的党中央周围，高举中国特色社会主义伟大旗帜，以邓小平理论、“三个代表”重要思想、科学发展观和习近平总书记系列重要讲话精神为指导，坚决贯彻中央深化财税体制改革决策部署，坚定信心、锐意进取、真抓实干，建立完善的现代财政制度，为全面建成小康社会、实现中华民族伟大复兴的中国梦作出新的更大贡献。

促进城镇化的绿色化*

生态文明的城镇化或城镇化的绿色化，必须是一种系统性的，从宏观布局到主体形态、从城市规模到城市开发、从功能分区到城市建设都要绿色化。具体说来，至少包括城镇化六个方面的绿色化。

---

* 节选自杨伟民：《促进城镇化的绿色化》，《瞭望》2015 年第 15 期。

一是宏观布局要绿色化。就是城市化在哪类区域推进的问题。要在适合人居的地方布局城镇化，不适合人居的地方则不能搞城镇化，把适合树、草、水和其他动植物的空间留给自然。这样就会从总量上增加生态空间，减少对自然的伤害，减少洪水发生的频率和强度，减少沙尘暴、水土流失、沙漠化、荒漠化等。

在不宜人居的地区降低城镇化强度，也就会减少开山修路、切坡建房、排放废水、堆载废渣等行为，从而减少由此不断地引发的地质灾害危险，避免年复一年地防灾减灾、灾后重建，避免道路、桥梁修了垮、垮了修，减少水泥钢材砂石的使用量，减少由此带来的大量资源消耗和污染物的排放。

中国的国土很广袤，但适宜城镇化的空间并不宽敞。所以，城镇化必须实行集中·均衡的模式。集中，就是在较大的空间范围如长三角内，集中开发，产业集中集聚、人口高密度居住、城市密集布局，以较少的国土空间承载高强度的经济活动和高密度的人口。均衡，就是在全国范围的大尺度内，形成若干个人口经济密集的城镇化地区。中国有 13 亿人口，仅有长三角、珠三角、京津冀三个经济人口密集区是不够的，要在中西部条件适宜的地区引导形成新的经济人口密集区，如长江中游城市群、成渝城市群等。

二是主体形态要绿色化。就是人口主要分布在哪种类型的城市问题。在这方面，我们走了一段偏路。开始是大力发展小城镇，试图走出一条完全中国化的城镇化道路，希望农民只在小城镇就业和居住，不能进入大城市。但是，农民多数还是跑到大城市，即使在小城镇，也主要是长三角、珠三角地区等就业岗位充足的小城镇。

后来我们认识到这一模式的弊端，在“十一五”规划纲要中，首次提出以城市群为主体形态，2013 年的中央城镇化工作会议、2014 年颁布的《新型城镇化规划》重申了这一方针。

城市群的好处是，由于是多中心的，可以防止城市功能过于集中一个超大城市带来的“城市病”。现在推进的京津冀协同发展，本质上就是要解决北京功能集中过多的问题。

由于城市群又是在一定地域空间相对集中的，可以降低成本，避免过度分散型城镇化带来的浪费。也就是说，城市群可以实现一种生产、生活、生态、交通空间疏密得当的空间结构，人口集聚、生产集中，生产与消费等尽可能在尺度不是很大的同一空间进行，这样就从源头上减少了运输量，也就减少了污染物和碳排放。我们现在的城镇化太分散，到处都是工业园区，到处都是房地产项目，到处都要承接产业转移，到处都要建设电网、高速公路，这是一种极大的浪费。

三是城市规模要绿色化。就是城市规模要不要管控，根据什么管控的问题。城市不应该是一个完全自由成长、完全市场化放任自流的领域。要根据水资源、土地资源、环境容量，引导城市的经济规模、人口规模、产业结构，使之不超出当地资源环境承载能力。城市规模要同当地的自然生态空间比较均衡，当地的大气以及其他自然生态空间能有效吸附达标排放的污染物，当地的“水盆”能净化掉经过处理的污水。城市的水资源主要依靠当地降雨和河流湖泊湿地等“水盆”供给，从源头减少大跨度调水的压力。城市规模控制在水土资源承载力范围内，就不会超采地下水，从而减轻地面沉降的程度，不用去治理地面沉降，也就减少能源资源消耗、减少污染物。

四是城市开发要绿色化。这就要控制城市开发边界，控制城市周边和城市内部的开发强度。城镇化地区和城市建成区内都要保留一定比例的自然生态空间和农田，给水留下空间，给补充地下水留下水源空间，给吸附PM2.5留下足够的植被，这样城市才不会变成一块密不透气的“水泥板”。城市应是一个自然生态系统，不应仅是一个高密度的人口居住地，动植物也应该成为城市中没有户口的“居民”。

城市开发要充分利用自然独特的山水环境，依托原有山脉、河流、坡地，使山在城中、城在水中，使居民望得见山、看得见水。要约束那些改造自然的行为，不填埋原有的河流、湿地、湖泊，不截水建坝，不劈山切坡，不用水泥裹死原有河流，恢复河流生命系统，使水道变成有生命力的河流。尽可能减少修建工程性雨水排放系统，建成主要利用自然排水，靠自然积存、自然渗透、自然净化的“海绵城市”。现在的问题是特大城市的开发强度过高，特别是工业用地太多。很多城市商服用地和工业用地存量比是3∶7，但新的建设用地供给的实际比例却是8∶2，土地指标的供应结构脱离实际。要坚决控制特大城市继续“摊大饼”，划定城市开发边界和生态红线，扩大森林、湿地、湖泊等绿色生态空间。

五是城市分区要绿色化。就是城市内部多种功能如何摆布的问题。要按照主体功能区、而不是单一功能区的思想进行分布设计，不再把城市切割成功能过于单一的CBD、居住区、购物区、科技园、大学城、休闲区、文化区等。除高污染的工业区外，一个城市的各个分区，可以只区分主体功能，实行混合用地，让人口的工作地与居住地尽可能近，让生态空间与居住空间尽可能近，出行尽可能短，这就会减少交通量，减少能源消耗和碳排放。

同时，城市规划和功能区的设计，要体现包容性、有记忆，这也是绿色化。要包容农业，包容农田，包容村庄和民居，保留或修复村庄，而不是消失村庄，保留或修复原有民居，而不是大拆大建，让农田成为城市记忆的一部分，让民居留下民俗的记忆、栖居的记忆、乡愁的记忆。城市的部分街区，要体现包容性，不单纯作为汽车通行的地盘，也应包容居民逛街、购物、嬉戏、吃饭、喝茶的空间，形成综合性功能的街道。要逐步改变封闭的“住宅小区”模式，建设没有围墙的城市，使居民有更多的公共空间、生活空间。

六是城市建设要绿色化。城市供水、交通、能源、防洪和污水、垃圾处理等基础设施系统，要按照绿色、低碳、循环理念进行规划设计，减少水泥化的工程性措施。要尽可能地使用太阳能、风能、地热能等可再生能源，运用分布式电力系统，尽可能让每一栋有条件的建筑物都能成为一个发电中心。要在源头上实现垃圾减量化，能再利用的垃圾应得到再利用，不能利用的垃圾成为发电的燃料，逐步实现基本上不填埋垃圾，不向自然排放有害废弃物，形成真正的环保城市。交通主要使用大运量、高速度、绿色低碳的轨道交通为主的运输体系，节能型的轨道交通应成为大城市群和大城市的主要客运方式，降低私人轿车的使用频率。城市建筑的质量高、寿命长，居住面积适度，充分利用太阳、自然风，使用保暖御寒低碳的建材，减少空调使用率。

户籍制度改革需坚持六个原则*

户籍制度是阻碍农业转移人口融入城镇的主要制度性障碍，户籍制度改革是一项复杂而艰巨的系统工程。加快推进这项改革，需要坚持六个原则。

因城而异。有序推进符合条件的农业转移人口落户城镇，应实行差别化落户政策，因地制宜、区别对待。农民工市民化需要针对不同城镇规模，实行差别化落户政策，在大中小城市和镇实行不同的户籍变动标准。

因群而异。进城农业转移人口包括多种类型，需要区别对待。可以优先把有稳定职业和劳动关系、长期举家工作生活在城镇并基本融入城镇的“沉淀型”流动人口转为城镇居民，实现身份转变，使其获得归属感。

存量优先。户籍制度改革涉及面广，而且需要大量资金支持，必须量力而行，坚持渐进原则。目前，我国有2亿多进城农民工，连同其家属，涉及几亿人口，按照人均10万元的市民化成本计算，全部农民工实现市民化的成本高达几十万亿元。因此，必须循序渐进地推进户籍制度改革，积极稳妥、规范有序，充分考虑能力和可能，优先解决存量，有序引导增量。

自愿选择。尊重城乡居民自主定居意愿，合理引导农业转移人口落户城镇的预期和选择。对不愿和不能落户的农业转移人口，不能强迫，而应通过人口管理制度改革与创新，建立居住证制度，保障其合法权益。此外，还应把户籍制度改革与推动农业转移人口就地城镇化结合起来，降低人口大规模异地转移带来的社会成本。

基本公共服务全覆盖。基本公共服务是指由政府主导、旨在保障全体居民生存和发展基本需要的公共服务，主要包括子女义务教育、就业创业服务、基本医疗保险、基本养老保险、保障性住房等内容。我国城镇存在大量流动人口，对基本公共服务全覆盖有很大需求。享受基本公共服务是公民的基本

* 节选自辜胜阻，吴瞳等：《户籍制度改革需坚持六个原则》，《人民日报》2014年7月25日。

权利，基本公共服务全覆盖是推进以人为核心的新型城镇化的具体体现。

保障转移人口权益。在城镇化进程中，必须在推进城镇基本公共服务全覆盖的同时，维护好农业转移人口的土地承包经营权、宅基地使用权、集体收益分配权。

深化农村改革　推进农业现代化*

党的十八大以来，习近平同志就做好“三农”工作发表了一系列重要讲话。这些讲话高屋建瓴、思想深刻、指导性强。我们要认真贯彻落实这些重要讲话精神，把推进农业现代化作为做好新时期“三农”工作的重要抓手，以深化农村改革为动力，大力推进农业生产现代化、农业经营体系现代化、农村建设管理现代化。

大力推进农业生产现代化

农业生产现代化的核心任务是紧紧围绕粮食和其他农产品生产，着力提高农业综合生产能力。

确保粮食稳产增产，保障国家粮食安全。习近平同志深刻指出，抓农业农村工作，首先要抓好粮食生产；中国人的饭碗任何时候都要牢牢端在自己手上；我们的饭碗应该主要装中国粮。这些重要论述，深刻阐明了保障国家粮食安全的极端重要性。

健全体制机制，进一步优化粮食生产要素。耕地是粮食生产的命根子，耕地红线必须严防死守。必须像爱惜自己的生命一样守住这条红线，实行最严格的耕地保护制度，尤其是保护好水田、高产良田。在严守耕地红线的前提下，还要着眼于提高土地产出率，加快中低产田的改造，建设更多旱涝保收、稳产高产的高标准农田，以土地产出率的提高保证粮食稳产增产。水

* 节选自强卫：《深化农村改革　推进农业现代化》，《人民日报》2014年7月15日。

利是粮食稳产增产的重要基础。要加大农田水利建设投入力度，既要重视大型水利工程这样的“大动脉”，也要重视田间地头的“毛细血管”，解决农田灌溉“最后一公里”问题，不断提升农田水利建设水平。科技是粮食稳产增产的重要支撑。要牢牢抓住良种这个重要载体，优化良种结构，加大农业科技创新力度，推进良种良法配套、农机农艺融合，在集成推广更多适应自然条件的高产高效技术模式上下功夫，努力走出一条“依靠科技、主攻单产，维护国家粮食安全”的新路子。投入是粮食稳产增产的重要保障。要充分发挥惠农资金的引导作用，完善种粮补贴和农资综合补贴政策，探索形成农业补贴同粮食生产挂钩机制。新增补贴必须坚持“谁种粮补贴谁”“不种粮不补贴”“种的多补的多”，真正使政策和资金向种粮大户、农民种粮合作社倾斜。

提高农产品附加值和竞争力，促进农民增收致富。在确保粮食稳产增产的前提下，树立现代市场理念，打造一批在全国乃至世界叫得响的农产品品牌，不断提高农产品附加值和竞争力，使农民尽快富起来。打造品牌，必须在有特色、深加工、保安全和会营销等方面下功夫。有特色，就是根据各地实际情况，选准主导产业，持之以恒抓下去，不能多点开花，更不能东一榔头西一棒子。深加工，就是坚持市场导向，大力发展农产品加工业，延伸农业产业链，提高农产品附加值。保安全，就是牢牢把好生产关、管理关，健全覆盖“从农田到餐桌”的食品安全控制体系，决不让任何企业因一时之利而毁了绿色农产品的牌子。会营销，就是积极整合资源，创新营销模式，敢于“走出去”，善于“走出去”，带动更多农民增收致富。

大力推进农业经营体系现代化

习近平同志指出，农村基本经营制度是党的农村政策的基石；坚持党的农村政策，首要的就是坚持农村基本经营制度；要加快构建立体式复合型现代农业经营体系。这就告诉我们，推进农村改革，必须在始终坚持农村基本经营制度的基础上，大力推进农业经营体系现代化，激发农业农村发展活力和动力。推进农村改革必须科学把握变与不变的关系，在不变的前提下大胆求变，确保改革科学推进。

不变，就是坚持和完善农村基本经营制度。这方面，国家有明确的政策要求，概括起来，一是坚持农村土地属于农民集体所有，这是农村最大的制度，农村基本经营制度是农村土地集体所有制的实现形式，农村土地所有权是土地承包经营权的基础和本位；二是坚持家庭经营基础性地位，切实保障农民家庭作为集体土地承包经营的法定主体，不论承包经营权如何流转，集体土地承包权都属于农民家庭；三是坚持稳定现有农村土地承包关系并做到长久不变，依法保障农民对承包地占有、使用、收益、流转及承包经营权抵押、担保权利。这三条是国家政策的底线，必须毫不动摇地坚持。因此，对于涉及农村基本经营制度的改革，如农村集体经营性建设用地、农村宅基地等方面的改革，必须按照国家统一部署，审慎稳妥推进。

变，就是在坚持基本经营制度的前提下，大力创新经营体系、经营方式。从实际出发，放活土地经营权、搞活经营方式，必须走好三步棋。第一步，确权登记。开展农村土地承包经营权确权登记，是强化农民对承包经营权的物权保护，是稳定农村土地承包关系最有效、最直接的办法。确权之后，农民可以在坚持和完善最严格的耕地保护制度前提下，行使对承包地占有、使用、收益、流转及承包经营权抵押、担保权能。确权方式必须因地制宜，可以确权确地，也可以确权确股不确地。通过确权登记，早日让承包地拿到“户口本”，让农民吃上“定心丸”。第二步，鼓励流转。搞好土地经营权流转，实现土地规模化经营，有利于推进农业的集约化、专业化、组织化、社会化。要加快培育农村土地承包经营权流转服务组织，逐步建立市、县、乡三级农村土地承包经营权流转服务中心，大力推进承包土地经营权放开，大力推进承包土地有序流转。第三步，培育新型主体。农业经营主体的多样化，是农业现代化的必然趋势。要大力推进家庭经营、集体经营、合作经营、企业经营等农业经营方式创新，鼓励发展和大力扶持家庭农场、专业大户、农民合作社、农业企业等新型主体，尤其要把加快农民合作社发展放在突出位置，不断提升农业产业对接市场、抵御风险的能力。

农村改革事关全局，涉及的主体和利益关系十分复杂。推进改革既要积极又要慎重，既要坚决又不能蛮干。对于方向明确、实践中有经验、认识上较一致的改革，要加快推进；对于目标明确、取得共识但具体办法还需要完善的改革，要积极开展试点；对于涉及面广、需要中央决策的改革，特别是对于认识还有争议但又必须推进的改革，要按照中央统一部署，在限定的范围内开展试点。

农村土地制度改革须守住三条底线*

土地制度作为国家一项基础性制度安排，事关农民权益保护、新型工农城乡关系构建和社会和谐稳定大局。农村土地制度改革涉及的主体和利益关系十分复杂，有些问题认识还不一致，有些问题一时还看不准，必须综合各方利益关切，按照中央统一部署，坚持试点先行，探索可复制、可推广的改革成果，总结完善后再逐步推开。在农村土地制度改革中，必须守住土地公有制性质不改变、耕地红线不突破、农民利益不受损这三条底线。

农村土地属于农民集体所有，这是我国农村最大的制度。深化农村土地制度改革，不能把农村土地集体所有制改垮了。一个时期以来，理论界对我国农村土地集体所有制议论较多。有人主张，只有实行土地私有化，允许土地兼并和集中，才能发展现代化大农业。但我国农村人多地少，如果实行土地私有，不加限制地让工商资本大规模圈占土地，就会造成大批农民失地失业，产生严重社会问题。农村土地实行农民集体所有，保障了农民平等拥有最主要的农业生产资料，也保障了农民最基本的居住需要，是实现农民共同富裕的制度保障，是中国特色社会主义的重要制度特征。在变更农村土地公有制性质上瞎折腾是要付出巨大代价的。深化农村土地制度改革的根本方向是，落实农村土地集体所有权，稳定农户承包权，放活土地经营权。落实集体所有权，就是落实“农民集体所有的不动产和动产，属于本集体成员集体所有”的物权法规定，明确界定农民的集体成员权，明晰集体土地的产权归属，实现集体产权主体清晰。稳定农户承包权，就是公平合理地将承包权分配给每个有资格的集体成员。放活土地经营权，就是将土地经营权配置给有经营意愿和经营能

* 韩俊：《农村土地制度改革须守住三条底线》，《人民日报》2015 年 1 月 29 日。

力的主体，提高农业土地资源利用效率，破解“谁来种地、怎么种”的难题。

我国耕地总量不足、质量堪忧，而城市建设走的是外延扩张和大量消耗土地资源的路子。与此同时，尽管农村常住人口趋于减少，但农村建设用地不降反增。不少地方出现“空心户”“空心村”，土地资源严重闲置。在快速城镇化进程中，如果缺乏有效的土地空间规划管理和具有法律强制力的农田保护措施，不仅良田会继续大量流失，危及粮食安全，而且城镇化会无序发展，“城市病”会滋生蔓延。深化农村土地制度改革，必须守住耕地红线不突破这条底线，不能把耕地改少了。这是对子孙后代负责，是确保主要农产品基本产能特别是口粮基本自给的基础。守住耕地红线，既需要发展紧凑型城镇、提高城镇人口密度，也需要提高农村建设用地的集约度，统筹利用城乡存量建设用地，提高城乡建设用地利用水平。应强化耕地占补平衡的法定责任，防止发生只占不补、先占后补、占多补少、占优补劣的现象。应建立耕地和基本农田保护领导干部离任审计制度，做到守土有制、守土有责。

农村土地制度改革既涉及农村内部利益关系调整，又涉及工农、城乡以及国民经济部门之间利益格局调整。深化土地制度改革，必须坚守农民利益不受损的底线。当前，土地制度存在的矛盾确实很多，最大的问题就是征地范围过宽，对农民的补偿标准明显偏低。从保护农民利益的角度讲，当务之急是在法律上改革征地补偿办法。应按照党的十八届三中全会提出的“建立兼顾国家、集体、个人的土地增值收益分配机制，合理提高个人收益”和“保障农民公平分享土地增值收益”的要求，坚持公平合理补偿的原则，着力解决因征收补偿安置标准过低造成被征地农民生活水平下降、长远生计无保障等问题。依法约束滥用征地权，明确补偿资金不落实的不得批准和实施征地。建立征地补偿争议协调裁决制度，完善司法救济程序。过去，无论经营性建设用地还是公益性建设用地，只要城市建设需要，政府都动用征地权对农村集体土地实施征收。如果沿着这条老路走下去，农民就只能等着“被城镇化”。改革土地征收制度，就是要严格界定公益性和经营性建设用地，回归宪法规定的“国家为了公共利益的需要”才动用征地权这一基本原则。在此基础上，对符合规划的经营性建设用地不再实施征收，农村集体土地可以直接进入一级市场。农村宅基地制度是国家为保障农民基本生活和居住权利而实施的一种特殊制度安排。应完善农村宅基地管理制度，引导和规范农村宅基地合理流转。同时，防止以扩大城镇非农建设用地来源为目的，强行收回农民宅基地，损害农民宅基地权益。

教育改革发展需要双轮驱动*

教育领域是当前社会公众议论较多的一个热点。对教育现状的评价可以用一句话来概括：成绩不小，问题不少。改革开放 30 多年来教育事业发展的成绩有目共睹，但公众的意见越来越多。这并不奇怪，恰恰说明了教育的广泛普及。诸如“为什么你的孩子能上重点学校，我的孩子只能上普通学校”等等，教育公平问题就是这样出现的。可见，教育中出现的许多问题都是教育发展中的问题，是因为经济社会发展超出了教育作为社会公益事业的保障能力、教育发展跟不上人民群众的需求。

现在，公众谈论的许多“教育问题”其实并不是简单的教育问题，而是社会问题在教育上的反映。2007 年笔者曾在一次座谈会上提出取消“奥数班”的意见，当场一位小学生就发言：“不上‘奥数班’就上不了好初中，上不了好初中就考不上好高中，上不了好高中就考不上好大学，上不了好大学将来毕业就找不到好工作，没有好工作我怎么养家糊口啊？”这话出自小学生之口，让人觉得又可笑又可叹。这反映一些教育问题的根子并不在教育本身，而在于社会，教育的激烈竞争是社会竞争在教育上的反映。因此，解决教育问题需要全社会共同努力，以转变观念与建设制度两个轮子驱动教育改革发展。

转变观念涉及不同主体。一是各级政府应转变观念。要认真贯彻党的教育方针，把立德树人作为教育的根本任务，让学校和教师能够真正按照教育规律办学，回归教育本真，推进素质教育，使学生得到全面而个性化的发展。

* 顾明远：《教育改革发展需要双轮驱动》，《人民日报》2015 年 5 月 14 日。

二是家长应转变观念。家长不应给孩子预设生活和前途，不应拔苗助长，而应顺应孩子发展的自然，遵循孩子发展的规律，循序渐进。知识不是学得越早越好、越多越好，更为重要的是培养孩子良好的生活习惯和学习能力以及完善的人格、开朗的心态。有了这些优良品质，将来就能成才。家长还应以平和心态对待孩子的发展，克服攀比心理，重视孩子的特点，培养孩子的兴趣爱好，让孩子在愉快的气氛中学习。三是教师应转变观念。树立人人皆可成才的观念，热爱每个学生，尊重每个学生，理解和信任每个学生；树立以学生为主体的观念，用显微镜去发现学生的优点，而不能用放大镜去找学生的缺点；善于发现和培养学生的兴趣和特长，把学习的选择权交给学生，让学生自主自动、生动活泼地生活和学习。

教育观念的转变不是天上掉下来的，也不是大家喊喊口号就能实现的，要有物质基础，要靠制度建设来保证。应按照党的十八届四中全会精神，依法治教，认真贯彻执行教育法律法规，并建立监督问责机制。一是完善投入机制。当前，人们最关心的是教育公平问题，教育的无序竞争也源于教育发展的不均衡。这种不均衡会拉大地区间教育质量的差距，进而加剧教育不公平，制约我国教育发展。现在，发达地区与欠发达地区的生均教育经费差距很大。可以考虑制定一个全国生均教育经费底线，省级统筹达不到的省份由中央补贴。二是改革评价制度。不以升学率和考试成绩评价学校和教师，把教师从分数中解放出来。这样，教师才能放开手脚改革人才培养模式，改进教学方法。这次中央出台的考试招生制度改革，就有利于中学教育改革、推进素质教育，也有利于促进家长、教师转变观念。三是推进教育结构改革。应增加对职业教育的投入，提高教育质量，促进校企合作，增加就业机会，提高职校毕业生待遇，解决千军万马挤向普通大学这一独木桥的难题。四是改进教育治理方式。政府应简政放权，明确学校职责，不应把所有社会责任都加在学校身上。现在学校每年要接收上级下发的大量红头文件，包括交通、安全、卫生等等，校长天天忙于开会，没有时间指导学校的教育教学工作。政府部门应改进学校管理方式，松绑放权，让学校自主办学，办出特色和水平。

深化科技体制改革要解决三个问题 *

处理好科技与经济的协同问题

我国科技体制改革从1985年开始，历经了“科学的春天”“科教兴国”“建设创新型国家”“创新驱动”等多次重大战略调整和变革，取得了诸多进展和成就，但科技与经济“两张皮”问题依然凸显，科技进步与经济发展脱节导致经济实力与科技竞争力不相称。因此，应坚持把科技与经济紧密结合作为我国深化科技体制改革的中心任务，协同推进科技和经济两个方面的改革。

建立企业主体化的技术创新体系。进一步发挥企业在技术创新决策、科研组织和成果转化中的主体作用，产业目标明确的重大科技项目由有条件的企业牵头组织实施，国家、省重点建设的工程技术类研究中心和实验室，优先在具备条件的行业骨干企业布局，有效引导资金、技术、人才等创新要素真正向企业汇聚。进一步改进和完善相关政策和措施，切实确立企业在技术创新中的主体地位，加紧落实企业研发费用税前加计扣除政策，改进企业研发费用计核方法，加大企业研发设备加速折旧等政策的落实力度；建立健全国有企业技术创新的分类绩效考核制度，加大国有资本经营预算对自主创新的支持力度；加大对中小企业、微型企业技术创新的财政和金融支持。

建立产学研一体化的创新战略联盟。科研院所和高等学校要提高知识创新能力，更多地为企业技术创新提供支持和服务，促进产学研用的紧密结合，满足战略性新兴产业发展和传统产业改造升级的需求。行业骨干企业要主动与科研院所、高等学校联合组建技术研发平台和产业技术创新战略联盟，合作开展核心关键技术研发和相关基础研究，联合培养人才，共享科研成果。

---

* 节选自郑友取：《深化科技体制改革要解决三个问题》，《学习时报》2014年12月8日。

充分发挥高等学校的基础和生力军作用，努力推进科技与教育相结合的系统性改革，建立以服务需求和提升创新能力为导向的科技服务体系，定期对学科专业实行动态调整，大力探索与产业需求相结合的人才培养模式。

建立科技与经济协同化的商业创新模式。首先，以商业模式的创新为切入点。完整的技术创新活动是一个从技术到产品再到市场应用和产业化的过程，但由于体制机制原因，我国科技进步后的商业模式缺位问题一直没有很好地解决。近年来我国在云计算、物联网、新能源、新材料等战略性新兴产业领域涌现了一大批高技术成果，但同时开发出完整商业运行模式的企业却屈指可数。其次，以战略性新兴产业的科技支撑为结合点。我国科技与经济“两张皮”的问题，既有科技系统自身体制的原因，也有在全球低端制造平台位置上创新要素需求不旺，导致缺乏有效结合的原因。战略性新兴产业既代表未来社会的产业方向，也代表了科技创新的前沿方向，应该成为科技与经济有机结合的最佳发力点。

处理好科技投入与成果产出的对称问题

近年来，由于缺乏科技资源投入的集约优化和宏观协调，科技投入和成果产出不相称，科技资源配置中“分散、重复、封闭、低效”等问题还比较突出。科研绩效问题突出表现为：科研人员人力多，但人均科研成果产出较少；论文数量多，但高引频次论文较少；专利数量多，但核心专利较少；科研创新模仿和跟跑多，但原创和领跑较少。为此，应全面深化科技管理制度改革，加强科技投入与产出的绩效管理。

加强科技资源的有效配置。在组织架构上，加强顶层设计和统筹协调，整合多家科技计划管理部门职能，统一设立专门决策咨询机构和联席会议制度，重点解决条块分割、政出多门、科技计划“碎片化”等问题。在项目管理上，切实纠正项目工作中行政干预过度的弊端，政府部门不应直接管理具体项目，而应统一交由专业机构负责，政府则重点管宏观、管规划、管布局和管监督。在资源配置上，发挥市场对技术研发方向、路线选择、要素价格、各类创新要素配置的导向作用，除少数战略性、基础性、公益性项目需要政府直接配置资源外，有关技术开发性研究项目尽量交给市场。在管理平台上，加快推动公共科技资源整合和共享，建立国家科技管理信息系统，推进科技计划（专项）信息的互联互通。

加强科技经费的绩效管理。进一步改进竞争性经费和稳定性支持经费的资助机制，加强分类指导，优化经费投入结构，既要防止经费投入的“马太效应”，也要防止“撒胡椒面”。进一步改进科研人员的收入分配制度和激励机制，切实提高科研人员的工资待遇水平，探索教师和科研人员年薪制改革试点。进一步加强对法人单位科研经费使用情况的评估监督，健全符合科研规律的科技项目经费管理机制和审计方式，严格科技财务制度，依法查处违法违规行为。进一步加强科技经费管理使用的综合绩效评价，健全科技项目管理问责机制，依法公开问责情况，提高资金使用效益。

加强科技成果的市场转化。建立行之有效的知识产权保护制度，让重大技术发明者获得较大收益，让侵权、模仿、造假行为付出沉重代价，设立知识产权法院，从严从快受理、查究知识产权案件。探索技术、知识资本化制度，落实科技人员成果转化的股权、期权激励和奖励等收益分配政策，完善科研成果的收益权和处置权归属问题。着力建设孵化器和科技中介服务机构，建立社会科技需求报告和社会技术成果报告制度，推动科技成果双向交流。加大对新技术新工艺新产品应用推广的支持力度，研究采取以奖代补、贷款贴息、创业投资等多种形式，完善和落实促进新技术新产品应用的需求引导政策。

处理好科技评价与创新文化的耦合问题

现行相对单一的科技评价标准普遍存在重数量轻质量、重经费轻水平、重产出轻应用、重短期轻长远、重成果轻人才等一系列问题，以致创新活动目标异化和行为扭曲，滋生学术腐败等不良风气。此外，现行“短平快”的评价模式、行政化倾向及评价程序的日益烦琐，严重压抑了科研主体的创新激情。我国科技评价中出现的这些问题，必将直接影响着创新文化的塑造。因此，创新文化的修复和建设也是繁重而紧迫的任务，科技体制改革也必须涉及深层次的文化层面。

构建多元的科技评价模式。根据不同类型科技活动特点，注重科技创新质量和实际贡献，制定导向明确、激励约束并重的评价标准。建立评价专家责任制度和信息公开制度，完善国家科技重大专项监督评估制度，发挥科技社团在科技评价中的作用。探讨多元化的评价方法，引入文献计量分析、经济回报率分析、业内评价分析、回顾式检验分析和定量指标分析方法，减少单一评价对投入和产出的局限认识。

完善科学的科技奖励制度。提高奖励质量，减少数量，逐步取消层层设奖做法，适当延长报奖成果的应用年限，重点奖励重大科技贡献和杰出科技人才，强化对青年科技人才的奖励导向。根据不同奖项的特点完善评审标准和办法，逐步减少由政府部门组织的奖励评审，尝试引入学科协会组织等第三方组织评奖，鼓励社会力量设奖。科技奖励与职务晋升、职称评级、加薪等福利挂钩要慎重对待，适可而止。

培育浓郁的创新文化氛围。建立健全科研活动行为准则和规范，加强科研道德和科学伦理教育，强化科技人员的学术意识和社会责任。加强科研诚信的社会监督，扩大公众对科研活动的知情权和监督权，加强国家科研诚信制度建设，建立科技项目诚信档案，加大对学术不端行为的惩处力度。科技工作者要自觉践行社会主义核心价值观，大力弘扬科学精神，管理部门要保障学术自由，营造宽松包容、奋发创新的学术氛围，要打破学术壁垒，建立健全共享合作的学术文化生态。

推进就业社保改革　更好保障改善民生 *

就业和社会保障是重大的民生问题。加快推进就业和社会保障制度改革，对于更好保障和改善民生、促进社会公平正义具有十分重要的意义。党的十八届三中全会从战略和全局的高度，提出“健全促进就业创业体制机制”“建立更加公平可持续社会保障制度”，并作出了重大改革部署。

* 尹蔚民：《推进就业社保改革　更好保障改善民生》，《人民日报》2014 年 10 月 23 日。

推动就业领域改革，主要任务就是建立“两个机制”、健全“两项制度”、完善“两个体系”。建立“两个机制”，就是要建立经济发展和扩大就业的联动机制，形成政府激励创业、社会支持创业、劳动者勇于创业新机制；健全“两项制度”，就是要健全政府促进就业责任制度，健全公平就业制度；完善“两个体系”，就是要进一步完善城乡均等的公共就业创业服务体系，构建劳动者终身职业培训体系。围绕推进上述改革，今年出台了促进高校毕业生就业创业的政策措施，启动实施了新一轮大学生创业引领计划。下一步的改革重点是：制定新一轮就业创业政策，指导有条件的地区开展政府购买基层公共管理和社会服务岗位吸纳高校毕业生就业试点；修订全国统一的就业失业登记管理办法；规范招用人制度，努力消除各种就业歧视，等等。

推进社会保障制度改革，包括基本制度改革、可持续发展、多层次体系建设三个方面。基本制度改革，主要是以养老保险制度改革为重点，整合城乡居民基本养老保险、基本医疗保险制度，完善社会保险关系转移接续和参保缴费政策等；可持续发展，主要针对待遇确定和正常调整、社会保险费率、经办管理服务、社会保障财政投入、社保基金投资运营等方面进行改革；多层次体系建设，就是要进一步加快发展企业年金、职业年金等补充社会保险，建立完善大病医疗救助制度等。今年，已经制定实施了统一的城乡居民基本养老保险制度、城乡养老保险制度衔接办法、企业年金职业年金个人所得税办法等重要的改革性文件，启动实施了以养老保险、医疗保险为重点的全民参保登记计划。下一步，重点是研究制定机关事业单位养老保险制度改革方案，全面推进城乡居民大病医疗保险，完善医疗保险转移接续政策，加强和改进异地就医结算管理服务。

以生态文明理念解决环境污染突出问题 *

生态文明的本质是人与自然协调发展

从内涵来讲，生态文明理念既吸纳了我国传统文化中“天人合一”的朴素生态文化思想，也吸收了国际可持续发展的理念；从文明形态来看，生态文明是人类文明演进的高级形态，是工业文明发展到一定阶段的产物；从本质来看，生态文明是高发展水平下人与自然的和谐相处，体现了人类文明发展理念的重大进步。

生态文明并非要求人们放弃对物质生活的追求，回到原生态的生活方式，而是超越和扬弃粗放型的发展方式和不合理的消费方式，使人类活动限制在自然环境可承受的范围内，走生产发展、生活富裕、生态良好的文明发展之路。只有生态文明建设取得成效，每个公民才能生活在优美宜居的环境，才能喝上干净的水、呼吸上清新的空气、吃上安全放心的食品。因此，公众要摈弃人类中心主义的思想和行为，在发展理念上注重“尊重自然、顺应自然、保护自然”，明确“绿水青山就是金山银山”，追求人与自然和谐。

环境问题是全面建成小康社会的最短板

我国经过 30 多年经济快速持续增长，目前已经进入城镇化中期和工业化中后期，走完了发达国家一百多年走过的历程。压缩型的快速工业化进程，积累了不少经济发展阶段的环境问题，数量大且关系复杂：一方面新型环境问题不断出现，另一方面历史遗留环境欠账较多，环境风险不断累积，环境污染总体尚未遏制，成为全面建成小康社会的最短板。

环境质量低下的状况严重威胁着人民群众的健康。例如，城市空气质量

* 节选自吴舜泽：《以生态文明理念解决环境污染突出问题》，《光明日报》2015 年 5 月 15 日。

普遍超标，区域型灰霾、重污染天气频发（目前161个城市中空气质量达标城市仅13个）；水污染问题严重，十大流域劣V类水质断面仍有63个，地表水、地下水饮用水源地不达标率仍有10.8%、13%，城市黑臭水体严重影响人民的生产生活。

环境问题也是影响经济持续发展的短板，成为新型工业化发展亟待解决的难题、制约城镇化健康发展的瓶颈和实现农业现代化的一大阻碍。

由于环境质量改善速度跟不上公众的良好期待，突发环境事件和群体性事件在全国各地时有发生，成为危及社会和谐稳定的重要因素。

扣紧环境质量改善这个核心

解决突出环境问题，重中之重就是要以生态文明理念为指导，围绕环境质量改善这个核心，完善法规、严格执法，加大投入，采取综合措施全过程推进污染防治。一方面，实施资源能源消费量与污染物产生量、排放量联动控制，协同推进新型工业化、信息化、城镇化、农业现代化与绿色化，倒逼经济发展方式转型；另一方面，以大气、水、土壤污染防治“三大行动计划”为重点，实施系统、科学治理，力争大气、水、土壤污染防治取得实效，特别是要把公众身边黑臭水体、灰霾天气等问题作为突破口，重在环境质量改善上见成效。

两个重中之重都需要政府发挥主导作用：一是在治标的同时更要治本，加大机制体制制度改革，改变末端治理的被动局面，完善环境法制；二是调整考核机制，实施质量和总量双管控，强化绿色“指挥棒”引导作用，树立生态环保优先的发展理念，强化市场激励，落实政府环境质量责任，强化市场激励。

用实际行动践行绿色发展理念

培育生态文明的主流价值观，政府责无旁贷。政府的角色是创造绿色发展氛围，营造生态文明发展的体制机制：政府决策应当把提供生态环保产品、践行绿色采购、加大生态环保投入、改善环境质量等作为优先目标，使其成为推进生态文明建设的重要导向和约束；此外，要在资源环境价格、税收、财政和生态文明主流价值观等方面营造遵纪守约的文化道德氛围，健全全社会生态文明建设的长效机制。

企业要履行基本环保责任，不碰环境红线，落实环境保护主体责任要求、法律责任；在此基础上，把握趋势和走向，做资源环境领域的“领跑者”，采用绿色工艺，提供绿色产品，实施绿色供应链管理；同时，要公布环境信息，防范环境风险，落实社会责任。

作为生态文明建设的行动者，社会公众要将生态文明理念融入自己的一言一行，自觉培育生态文化，包括：节水节电，践行绿色生活方式；积极参与社会监督，促进政府履责；倡导消费环境友好型产品，避免过度消费和消费型污染，以绿色消费引导生产方式的绿色革命等。

深化改革增强人才工作实效性*

健全党管人才领导体制，在整合人才工作力量、提高人才工作水平上求实效

习近平总书记指出，择天下英才而用之，关键是要坚持党管人才原则。随着人才强国战略的稳步推进，党管人才工作格局初步形成。但是，我们也要清醒地认识到，在适应人才发展的新形势、经济发展的新常态方面，党管人才领导体制方面还存在诸多不协调、不“赶趟”的地方。必须通过深化党管人才领导体制改革，创新党管人才方式方法，不断提升人才工作水平。

统筹推进，形成合力。围绕党委统一领导，组织部门牵头抓总，有关部门各司其职、密切配合，社会力量广泛参与的人才工作格局，形成统分结合、上下联动、协调高效、整体推进的人才工作运行机制。一是党委“统”。党委应把人才工作纳入党政领导班子综合考核指标体系中，提高人才工作专

* 节选自赵爱明：《深化改革增强人才工作实效性》，《学习时报》2015年5月25日。

项考核的权重，运用好考核成果。完善人才工作领导（协调）小组成员单位联席会议制度，切实把人才工作“统”在党委的坚强领导下。二是组织部门“牵”。组织部门要找准牵头抓总定位，通过完善科学决策机制、分工协作机制、沟通协调机制、督促落实机制等，牵住人才工作的“牛鼻子”。三是部门职能“分”。按照党委统一领导、分类管理原则，科学划分人才工作职能部门职责，形成推进人才工作的总体合力。四是社会力量“参”。充分发挥社会团体、人才中介机构在联系人才、团结人才、服务人才等方面的独特优势，形成全社会关注和参与人才工作的浓厚氛围。

抓住重点，有的放矢。党委重点抓战略思想研究、总体规划的制定、重要政策的统筹、创新工程的策划、重点人才的培养、典型案例的宣传。组织部门具体分析人才形势、研究人才政策、服务人才需要、加强人才思想教育、营造人才发展环境等方面。职能部门特别是人社部门在构建人才服务体系、推动人才队伍建设等方面积极发挥职能作用。社会组织参与人才开发和服务，健全人才租赁、人才外包、人才培训等方面社会化服务体系。

创新集聚人才体制机制，在打造人才承载平台、完善更具竞争力的引才制度上求实效

创新驱动实质上是人才驱动。实施创新驱动发展战略，必须坚持人才优先投入，构建多元化投入机制；加强载体建设，打造人才创新创业的舞台；围绕“高精尖缺”，出台更具竞争力的引才政策等方面，多管齐下，以人才集聚支撑经济社会发展。

人才投入多元化。要加速推进高层次人才集聚，必须创新投入机制。一是加大政府引导投入，把政府资助资金变为“种子基金”，通过杠杆原理，不断扩大全社会人才发展投入规模；二是强化企业主体投入，支持企业设立人才发展专项资金，引导鼓励企业加大对产学研战略联盟、科技创新平台、重点实验室和工程技术研究中心等研发载体的投入力度，加强人才培养和团队建设；三是鼓励社会参与投入，引导社会资金向教育、科技、医疗卫生等公共服务领域流动，鼓励各类社会组织、机构、民间团体和个人以多种形式支持和参与人才投资。

人才承载平台化。一是依托产业聚人才。做到重点产业在哪里，就引导高层次创新创业人才向其聚集；重点产业方向在哪里，就引导重大人才政策向其覆盖；重点产业薄弱环节在什么地方，就引导优秀人才进行集体攻关。二是依托载体聚人才。鼓励引导企业、高校、科研院所建立院士工作站、重点实验室、工程（技术）研究中心、博士后科研工作站等各类创新平台，抓好人才和核心团队建设，以才聚才。同时，建设一批社会公益性的创新创业孵化器，探索建立吸引、支持和服务海外高层次人才创业的新模式。

人才招引系统化。一是建立人才需求动态管理制度。各地各部门应结合自身实际，依据产业、学科建设等不同特点，直接掌握一批“高精尖缺”的人才需求，并定期进行更新，实行动态管理。二是建立人才项目化管理制度。要像管理项目一样，实施人才的招引。通过人才项目包装，人才招引才会有竞争力和吸引力；通过人才项目管理，人才扶持政策才会更有针对性和实效性；通过人才项目实施，人才团队的作用才会得到更大程度的发挥，让创新的合力充分涌流。三是建立督促检查落实制度。一分部署，九分落实。通过建立切实可行的督促检查制度，促进工作落实，同时梳理总结检查中发现的问题，进一步完善人才需求和项目管理。

完善人才流动评价激励机制，在畅通人才流动渠道、选准用好人才上求实效

流动性是人才资源的基本特征，评价激励是人才资源开发的基础性环节。把握人才资源的基本特征，抓住人才开发的基础性环节，促进人才合理流动、优化配置，给予创新创业人才更多的利益回报和精神鼓励，才能充分激发全社会的创新活力。

畅通渠道增效益。人才流动最大的好处是可以激发人的巨大潜力，使人找到自己的最佳位置，实现人的才能与工作需要的最大限度契合，使得人才效益最大化。一是破除人才流动体制机制障碍，构建人才流动的“直通车”。放手让市场在人才资源流动配置中起决定性作用。体制上，让人才能够在城乡之间、行业之间、用人单位之间自由流动，真正使人才资源实现全社会的自由流动与合理化配置；机制上，利用市场信号调控人才的流向，使人才配

置趋于合理，结构趋于优化，效益不断提高，真正建立起符合人才流动规律的供求机制、竞争机制。二是加强人才市场体系建设，构建人才流动的“主渠道”。通过加快人才市场的市场化进程，建立统一的人才资源市场体系，大力培育发展专业技术人才、企业经营人才、高技能人才、农村实用人才、社会工作人才等专业性人才市场，同时加快人才市场的信息化进程，形成统一的信息网络，为广大求职者和各类用人单位提供现代化的人才信息服务，促进人才资源由“有形市场”向“无形市场”转变。三是突出“高精尖缺”，构建人才流动的“绿色通道”。紧密结合经济社会发展的迫切需求和人才队伍建设实际，围绕优势产业、重大项目、特色经济等领域，建立一条急需的高层次人才和紧缺的各类人才“绿色通道”。

评准用好增活力。通过科学的评价激励人才，将具有真才实学并作出较大贡献的人委以重任或加以表彰激励，发挥导向性作用，人才集聚效应才会显现，创新活力才能迸发。同时针对不同类型、不同特点、不同层次、不同年龄段的人才制定相应的人才评价激励体制机制，只有建立符合各类人才特点的评价激励机制，才能充分调动方方面面的积极性和创造性，让各类人才有盼头、有奔头，想干事、干成事。特别是在评价激励青年人才上，应做到客观、包容、及时，尊重青年人才成长规律，为有发展潜力的优秀青年人才多做一些“雪中送炭”的好事实事，助其健康成长。

健全人才服务保障机制，在营造人才创新环境、构筑优质人才服务环境上求实效

习近平总书记指出：“环境好，则人才聚、事业兴；环境不好，则人才散、事业衰。”人才发展环境在人才工作和人才队伍建设中具有长期性、根本性和战略性的作用。良好的人才发展环境，对内是凝聚力、向心力和驱动力，对外是吸引力、竞争力和生产力。要牢固树立人才资源是第一资源的理念，强化人才意识，着力营造人才宜居宜业环境。

营造多元的人才创新环境。一是发展创新文化。提倡创新面前人人平等。营造“四个尊重”的浓厚氛围，才能让全民族的创新意识竞相迸发、创造活力充分涌流。二是培育创新精神。努力营造大众创业、万众创新的政策

环境和制度环境，人人争做创新主体，人人皆是创新的参与者、实践者和获得者，为支持科技人员创新创造有利条件。三是宽容创新失败。要大力倡导追求真理、不怕失败的科学精神，积极建立爱护、支持创新失败人才的机制和制度规定，为创新失败人才营造宽容、和谐的氛围，使创新人才活跃在广阔的发展空间和自由的学术氛围之中。

构筑优质的人才服务环境。一是社会环境要浓。通过深入推进人事制度改革，全方位、多角度拓宽优秀人才的上升空间，在全社会营造人才资源是第一资源的浓厚氛围。二是工作环境要优。着力打造一批功能齐全、优势互补、各具特色的产业平台，为不同领域、不同类型的创新人才搭建创新平台，集聚、承载、吸纳一批高层次创新人才和人才团队。三是政策环境要好。不断打出人才培养开发、评价发现、选拔任用、流动配置、激励保障等方面政策“组合拳”，为各类人才创新创业提供较为完备的政策保障。四是生活环境要顺。要在出入境、落户、住房、税收、医疗、子女入学等方面开辟“绿色通道”，确保高层次人才引得进、留得住、用得好。

围绕经济社会发展中心任务，在人才引领产业企业转型升级、推动创新驱动发展上求实效

习近平总书记指出：“要把人才工作抓好，让人才事业兴旺起来，国家发展靠人才，民族振兴靠人才。”贯彻落实习近平总书记重要讲话精神，结合创新驱动发展战略，以人才在服务经济发展中显现出来的实绩来检验人才工作的实效，要着重在引领产业企业转型升级、推动创新驱动发展上发力。

引领新兴产业发展。一是瞄准关键点。针对产业转型升级、构建现代产业体系的关键环节，着力培养造就一批能够突破关键技术、具有自主知识产权的创新型科技人才，培养造就一批依靠核心技术自主创业的科技企业家。二是抓住需求点。针对转型升级中的重点难点问题，加强科技创新与市场需求的衔接，组织人才开展科技攻关，增强自主创新能力和产业核心竞争力，不断提高高新技术产业比重。

推动企业转型升级。一是把握导向性。要通过财政资金引导、激励政策

扶持，将更多的优秀人才引入企业，激发企业人才开发的内生动力，促进企业成为引进人才主体、研究开发主体、自主创新主体，为企业转型升级服务。二是促进科技成果转化落地。科技成果只有走出实验室、走向生产一线才能转化为现实生产力。通过完善科技成果、知识产权归属和利益分享机制，鼓励企业通过股权、期权、分红等激励方式，探索产学研深度合作机制，加快科技成果转化。

支撑创新驱动发展。要实现创新驱动发展的目标任务，必须坚持人才为先。实践证明，哪个领域拥有越多的高素质人才，其创新能力就越强，专业化程度和现代化水平就越高，产业链延伸能力和市场竞争力就越强。人才是驱动科学技术创新、管理方式创新、组织文化创新的关键，要更加注重培养、用好、吸引各类人才，更加注重强化激励机制，更加注重发挥企业家和技术技能人才队伍创新作用，充分激发全社会的创新活力。

第七章

在全面深化改革中推进反腐倡廉建设

引子

习近平总书记在十八届中央纪委第三次全体会议的重要讲话中，强调要以深化改革推进党风廉政建设和反腐败斗争。在全面深化改革的历史时期，加强党风廉政建设和反腐败工作，可以为改革发展清淤排阻、助力护航；党风廉政建设和反腐败斗争也只有与改革发展同步，才能发挥保障改革、推动改革的巨大作用。

正风肃纪重塑清明政治生态*

重塑清明政治生态的任务艰巨繁重

重塑清明政治生态决非轻而易举。政治生态污染，主要表现在以下方面：

一是存在对“一把手”监督失效问题，党内民主氛围遭到破坏。由于监督缺位、监督无力，有些地方和领域“一把手”践踏民主集中制原则，搞家长制、一言堂的情况比较普遍。

二是存在人身依附关系，纯洁、平等的党内同志关系遭到破坏。《关于党内政治生活的若干准则》规定：“在我们的国家中，人们只有分工的不同，没有尊卑贵贱的分别。谁也不是低人一等的奴隶或高人一等的贵族。”然而，现实生活中，党内政治生活的准则并没有得到严格遵守，出现拉关系、找靠山、攀龙附凤、选边站队等人身依附现象，一些领导的称谓居然变成“老板”、“老大”，党内同志关系严重变味。

三是存在任人唯亲、卖官鬻爵现象，干部选拔任用的基本原则遭到破坏。买官卖官、权钱交易、权权交易屡禁不绝。一些业绩平平、品行恶劣的人上蹿下跳、投机钻营，屡屡得到提拔重用，而踏实干事的干部却少有进步机会，“劣币驱逐良币”，伤了许多好干部的心。

四是腐败官员以权谋私，党风政风和社会风气遭受破坏。有人借手中权力设租寻租、靠山吃山、巧立名目吃拿卡要，不给好处不办事，甚至一些小微权力也“雁过拔毛”，败坏党风，毒化社会风气，严重损害党与人民群众的关系。

五是工程建设、投资领域潜规则盛行，健康的市场经济环境遭受破坏。工程项目、土地流转、矿产资源开发、基础设施建设、国企改制等领域已成

---

* 节选自赵长茂：《正风肃纪重塑清明政治生态》，《求是》2015 年第 12 期。

为滋生腐败的重灾区，官商勾结、利益输送触目惊心，一些部门和岗位的官员“前腐后继”，大肆弄权，严重破坏市场经济秩序。

六是自由主义泛滥，党内纪律和规矩形同虚设。一些党员干部把党的纪律束之高阁、置若罔闻，搞团团伙伙、山头主义；对中央大政方针乱评乱议、发表不负责任的言论；纪律观念差，个人重大事项不向组织汇报，等等。

凡此种种，特别是区域性、系统性、塌方式、家族式腐败的不断出现，严重侵蚀党的肌体、威胁党执政的根基。反腐败斗争形势依然严峻复杂，重塑清明政治生态任务艰巨繁重。

重塑清明政治生态必须正风肃纪从严治党

应当看到，“四风”问题越积越多，党内和社会上潜规则越来越盛行，政治生态受到污染，根子就在从严治党没有做到位。习近平总书记强调：“党要管党丝毫不能松懈，从严治党一刻不能放松。”营造良好政治生态，必须严肃纲纪。

严格党内政治生活。党风政风不纯、不正，与党内政治生活不严格直接相关。正风肃纪，必须从严格党内政治生活做起，把民主集中制真正贯彻好，着力解决发扬民主不够、“一把手”权力过于集中的问题；开展严肃认真而不是敷衍塞责的批评与自我批评，变背后议论为有话当面说，以善意批评促进党内团结。通过严格党内政治生活，重塑清明政治生态。

严明政治纪律和政治规矩。没有规矩不成方圆。良好风气的养成和保持，要靠严明的纪律和规矩。我们党以纪律和规矩建党，以严明纪律和规矩管党治党。当下，重塑清明政治生态，必须重新树立全党的纪律意识和规矩意识，以严明的政治纪律和政治规矩约束每个党员特别是党员领导干部的行为。

抓住领导干部这个关键少数。领导干部作为治国理政的骨干力量，在“领”党风政风之先、“导”社会风气之向方面起着关键作用。如果一个地方或单位的领导干部作风正，以上率下，这个地方或单位通常风清气正；反之则上行下效，这个地方或单位就会歪风邪气上升。习近平总书记强调，加强党的建设，必须营造一个良好从政环境，也就是要有一个良好的政治生态。这就必须从各级领导干部首先是高级干部抓起。

完善选人用人制度。选人用人制度是一个国家政治制度的关键部分。习近平总书记强调：“用一贤人则群贤毕至，见贤思齐就蔚然成风。选什么人就是风向标，就有什么样的干部作风，乃至就有什么样的党风。”必须把完善选人用人制度、端正选人用人之风放在突出位置，把“信念坚定、为民服务、勤政务实、敢于担当、清正廉洁”的好干部选出来，用起来。

严厉打击和惩治腐败。腐败是政治之癌，国之大患。建设廉洁政治，是我们党的一贯立场。党的十八大以来，我们党在反腐败斗争中坚持“老虎”“苍蝇”一起打，深得人民拥护。面对“依然严峻复杂”的形势，打击和惩治腐败的决心不能丝毫动摇，力度不可丝毫放松，要下大力气种“好树”、拔“烂树”、治“病树”、正“歪树”，营造良好“政治生态林”。

反腐败是推动经济发展的强大正能量*

反腐败能杀灭经济发展中的“病毒”，形成经济发展的良好社会环境。经济发展都是在一定的政治社会环境中进行的。政治社会环境好坏直接影响经济发展的好坏。在人类发展历史上，腐败是一种古老的丑恶现象，不仅不是发展的正能量，而且是阻碍经济发展的负面因素，这是被历史和现实证明了的。当前，我国在项目审批、工程招投标、政府采购、土地矿产资源转让等方面腐败易发多发，极大地阻碍了正常的市场竞争，扰乱了正常的市场秩序，败坏了经济发展的环境，还极大地影响了国家战略性重点工程质量和信誉，留下诸多安全隐患。权力寻租的结果，终究是少数企业和个人从不公平竞争中获益，而多数守法企业将面临正常生产经营成本增加、发展处处受限的困难局面。大量事实证明，腐败是经济健康发展的蛀虫，是破坏市场经济良性发展的“定时炸弹”。铲除腐败，正是全面深化改革的迫切需要。反腐

* 节选自中央党校中国特色社会主义理论体系研究中心:《反腐败是推动经济发展的强大正能量》,《求是》2015年第14期。

败令老虎落马、苍蝇落地，形成清正廉明的政治生态，把权力关进制度的笼子，规范了权力的界限，厘清了政府与市场的边界，有利于促进良好政企关系的形成。这能够有效减少企业发展、个人创业的各种干扰，减少发展的风险，促进企业发展内生活力加速释放。

反腐败矫正市场信号和市场秩序，强化市场在资源配置中的决定性作用。统一开放、竞争有序的市场体系是市场在资源配置中起决定性作用的基础。而价格信号又是市场配置资源的基础。价格信号扭曲，市场的资源配置功能必然错误。那些认为腐败“抑制消费”的人，罔顾我国2014年社会消费品零售总额同比增长12%的事实。事实证明，反腐败打击的是公款和寻租消费造就的“虚假繁荣”，并没有抑制关系民生的正常消费，这实际上恢复了理性正常的市场需求，纠正了歪曲的市场信号，为市场功能正常发挥，经济持续健康发展提供了坚实的基础。同时，反腐败的强力推进，使那些肆意妄为干预市场机制的行政行为得以收敛，政府权力回归本位，长期以来政府的越位、缺位和错位问题将逐渐扭转和矫正。这不仅能够防止寻租腐败，而且可以大大提高资源配置效率，使我国社会主义市场经济体系进一步完善。

反腐败倒逼市场主体发展创新，使经济转型升级的新动力不断增强。企业发展是靠关系，还是靠创新？当腐败成为一种普遍的社会现象时，很容易导致一些企业和个人形成以腐败牟取政策和经营便利的错误观念，形成以走关系、输送利益获得权力“保护伞”的思维定势。如果腐败现象不能得到有效追究，相比创新所需要的投入和承担的风险而言，通过各种“公关手段”来投机取巧、迂回获利，显然是推动企业发展成本更低、风险更小、效益更高的一种“优先模式”。在一些资源和传统行业，某些企业的“主攻方向”不是转型创新，而是希望继续借助潜规则、贿赂买通等办法，来套取项目资金、获得特殊待遇、排挤竞争对手、攫取非法利益，损害的是企业创新发展能力和企业形象，损害的是公平公正的市场规则。如果不能持续大力反腐，必然造成市场主体对未来发展的错误预期，把权力变成落后产业的保护伞，影响传统企业的转型升级和发展道路选择。而对于那些创新创业的企业和个人来说，腐败的环境会大大增加他们的创业、经营和融资成本，使他们遭遇许多难以预料的困难，严重挫伤其发展积极性，造成劣币驱逐良币的效应。只有零容忍地反腐败，才能切断歪路、邪路，矫正市场主体发展的路径选择，让企业摆脱不正常的政商关系，回归市场本位，转向依靠创新、依靠提升产品和服务质量的内生发展道路。

反腐败破除利益固化的藩篱，开启了全面深化改革的新局面。改革是发展的动力。不冲破利益固化的藩篱，改革就难以推进。腐败的背后，往往有不正当利益的身影。这种不正当利益的实现，靠的是权力寻租；这种不正当利益的保护，依赖于权权相护。只有坚持不懈反腐败，才能冲破这种利益固化的藩篱，为改革扫清障碍，为发展增添动力。一些地方和部门，借政府名义出台维护集团或部门利益的决策措施，如一些产业规划、项目建设、土地开发利用、要素市场交易规定，违反国家相关法律和政策，巧立名目、堂而皇之地成为红头文件，成为牟利谋私的工具。这些政策性腐败隐蔽性较强，扭曲改革方向严重，对改革信心的损伤破坏力很大。只有加大反腐败力度，加快清理政策性腐败，才能在更深层次上扫除改革障碍，加快经济发展和转型步伐。

在全面深化改革中推进反腐倡廉建设*

全面深化改革是反腐倡廉建设的内在需要

十八届三中全会对全面深化改革作出了部署，对加强反腐败体制机制创新和制度保障、改革党的纪律检查体制作出重大安排，为新形势下推进治理腐败体制机制创新提供了遵循。

完善治理腐败顶层设计的必由之路。反腐要取得好的成效，避免事倍功半，就必须进行顶层设计，系统解决好“不敢腐”“不能腐”“不想腐”的

* 节选自吴自斌：《在全面深化改革中推进反腐倡廉建设》，《学习时报》2015年5月11日。

问题。按照“当前以治标为主，为治本赢得时间”的要求，坚持“老虎苍蝇一起打”，完善惩戒机制，提高对腐败分子和腐败行为的发现率和查处率，减少存量遏制增量，改变政治生态，有效解决“不敢腐”的问题；控制行政权力，凡是公民可以自己决定、市场可以自行调节、社会可以自治的事，政府尽量不要干预，把这部分公权力回归或转移给公民、市场、社会，同时加强对权力的制约、监督，使公权力行使公开透明、公众参与，让权力的行使始终在法律、权力机关和社会舆论的监督之下，解决“不能腐”的问题；持之以恒加强理想信念和反腐倡廉教育，在“不敢腐”、“不能腐”的基础上，逐步解决“不想腐”的问题。

健全反腐败体制机制的可靠保障。十八届三中全会明确指出，要加强反腐败体制机制创新和制度保障，并提出了“两个责任”“两个为主”“两个全覆盖”等一系列重大改革举措。2014 年 6 月 30 日，中共中央政治局会议通过了《党的纪律检查体制改革实施方案》，使相关改革措施进一步具体化、程序化、制度化。创新“两个责任”的实现机制，特别是把责任追究作为重中之重，对发生重大腐败案件和不正之风长期滋生蔓延的地方、部门和单位，实行“一案双查”，既要追究当事人责任，又要追究相关领导责任。推进双重领导体制的改革，强化上级纪委对下级纪委的领导，建立健全报告工作、定期述职、约谈汇报等制度，严格执行查办腐败案件和纪委书记、副书记提名和考察“两个为主”的规定。强化纪检机关主业主责，转职能、转方式、转作风，解决错位、越位、缺位的问题，强化监督执纪问责，着力完成反腐倡廉中心任务。加强派驻机构统一管理工作，积极探索切合反腐倡廉实际的派驻管理方式，完善考核、激励和责任追究机制，促进派驻机构更好履行监督职责。

推进惩治和预防腐败体系建设的强大动力。习近平同志指出，党的十八届三中全会《全面深化改革若干重大问题的决定》和党的十八届四中全会《中共中央关于全面推进依法治国若干重大问题的决定》是姊妹篇，体现了“破”和“立”的辩证统一，深入推进党风廉政建设和反腐败斗争，同样要做好“破”和“立”这两篇文章。按照依法治国、依规管党治党要求，坚持以法治思维和方式推进党风廉政建设和反腐败斗争。以改革的思路加强党内法规制度建设，完善党内法规制定体制机制，形成配套完备的党内法规制度体系，运用党内法规把党要管党、从严治党要求落到实处。要以改革的手段推进放权限权，深化行政审批制度改革，继续简政放权，向社会公布权力清单，推动政府职能向创造良好发展环境、提供优质公共服务、维护社会公平正义转变。发挥市场的决定性作用，完善统一规范的公共资源交易市场，最大限度地减少腐败问题滋生的体制障碍和制度漏洞。以改革的思维推进腐败案件的查处，既要毫不手软地治病树、拔烂树，坚决遏制腐败蔓延势头，又要坚持抓早抓小、防微杜渐，防止小错酿成大错。坚持快查快结，在法治框架下将速度、效率、质量有机统一起来，运用科学作战方式，有效提升反腐败的综合效果。

反腐倡廉是全面深化改革的重要指向和保障

历史证明，改革从来都不是一帆风顺的，在阻碍改革的诸多因素中，腐败可以说是最顽固、最突出的一种。因腐败而产生的问题必须通过反腐败的方式加以解决。只有深入反腐倡廉，坚持打“老虎”和编“笼子”两手并重，才能打破因腐败、特权而导致的既得利益格局，突破既得利益集团给全面深化改革设置的阻力和障碍。

保证干部清正，为全面深化改革提供主体力量支撑。干部是深化改革的主体力量，一支清正廉洁的干部队伍是改革取得成功的重要支撑。党的十八大以来，党中央坚持“老虎苍蝇一起打”，查处了一大批腐败分子，有效维护了党的肌体健康，特别是坚决查处那些打着改革旗号中饱私囊的领导干部，坚决查处那些在干事创业过程中大肆谋私的所谓“能吏”，给游走在腐败边缘的干部敲响了警钟。

促进政府清廉，为全面深化改革打造良好运行平台。各级政府机构及其运行体制是深化改革的主要对象和载体，而全面深化改革的核心问题，就是如何处理政府与市场的关系。要处理好这一关系，一方面要通过反腐败来解决政府在履行行政职能中滥用公共权力、破坏市场秩序、损害群众利益等问题，另一方面要通过深化改革来保证公共权力廉洁规范运行，并不断扩大市场的覆盖面，提高市场的完整度和规范性，使市场在资源配置中真正发挥决定性作用。在全面深化改革的过程中，必须依靠反腐败来清除来自政府自身的阻力，使政府的清廉度足以承当全面深化改革的重任；同时也必须以深化改革的力量厘清政府职能，并助推反腐败在构建清廉政府中更好发挥作用。

实现政治清明，为全面深化改革创造必要环境条件。实现政治清明是反腐倡廉建设的最终目标，也是全面深化改革必不可少的政治环境。政治清明则政通人和，全面深化改革的成本就低、动力就强。因此，必须持之以恒抓好反腐倡廉建设，始终保持严惩腐败的高压势头，积极探索从源头上治理腐败的方法和措施，逐步健全和完善惩治和预防腐败工作体系，实现反腐倡廉与全面深化改革的同频共振、相得益彰。

习近平同志在中央纪委三次全会发表重要讲话时强调，各项改革举措要体现惩治和预防腐败要求，同防范腐败同步考虑、同步部署、同步实施，堵塞一切可能出现的腐败漏洞，保障改革健康顺利推进。反腐倡廉与深化改革是相辅相成的两个方面，反腐倡廉不仅要在宏观层面上贯穿于改革全过程，具体层面的改革举措也要与反腐倡廉无缝对接。要坚持目标同向、行动同步，实现良性互动。在服务、保障和推动改革中找准突破口，着力解决党风政风方面妨碍改革发展稳定的突出问题，促进经济社会发展各项事业顺利进行；在全面深化改革之中找准反腐倡廉建设的切入时机，努力取得反腐倡廉良好的法纪效果和政治效果、社会效果，实现党风廉政建设与经济社会发展的成果共享、互促共赢。

以改革的办法坚决铲除滋生腐败的土壤 *

腐败是社会的毒瘤。因腐败而丧失执政地位或造成国家经济崩溃和社会动荡的实例，古今中外不胜枚举。对于腐败带来的危害，世界银行和国际货币基金组织进行了大量调查，国际货币基金组织顾问瓦特·坦茨等人根据1997年世界银行在97个国家的调查资料得出结论：腐败程度与按人均GDP

* 节选自马勇霞：《以改革的办法坚决铲除滋生腐败的土壤》，《求是》2014年第19期。

计算的经济发展水平、经济年均增长速度都有消极的联系，腐败程度越深，经济发展水平越低，人均 GDP 增长越慢。而最为可怕的是，腐败给一个执政党、一个国家造成的更大损失，在于无形的“内伤”，它损害执政党的执政能力，严重破坏执政党和人民群众的血肉联系，直至动摇执政根基。上世纪 90 年代初，苏共的垮台和苏联的解体，其原因之一，就是苏共自身的严重腐败搞垮了党、搞垮了国家，是自己打败了自己。

一般说来，腐败问题的产生要有三个条件：一是腐败动机。一个有崇高理想和坚定信念的党员领导干部，坚守廉洁自律底线，掌握再大的公共权力也不会腐败。二是腐败机会。体制机制有漏洞，决策不公开不透明，可以搞暗箱操作。三是公共权力。没有公共权力就没有腐败的本钱，绝对的权力导致绝对的腐败。有诱惑就会产生动机，有漏洞就会有机会，掌握公共权力且不受制约监督，这些就是滋生腐败的土壤和条件。

长期以来，我们党和国家一直旗帜鲜明地反对腐败，取得的成绩有目共睹。但目前反腐败形势依然严峻复杂，滋生腐败的土壤依然存在，一些不正之风和腐败问题影响恶劣、亟待解决。从查处的大案要案来看，大都发生在资源和权力较集中的领域和岗位，体制机制的缝隙和漏洞为一些人提供了权力寻租、权钱交易的机会，这正是为什么反腐败反不胜反、按下葫芦浮起瓢的根源所在。“扬汤止沸，不如釜底抽薪”。只有把惩治和预防腐败的要求体现在各项改革举措之中，深化腐败问题多发领域和环节的改革，堵塞一切可能出现腐败的制度漏洞，消除体制机制的障碍和弊端，不断铲除腐败现象滋生的土壤，才能有效地遏制腐败。

完善社会主义市场经济体制机制。着力解决市场体系不完善、市场秩序不规范、政府审批权力过大、对市场干预过多和监管不到位等问题。理顺政府与市场、社会三者的关系，使市场在资源配置中起决定性作用，进一步转变政府职能，简政放权，大幅度减少行政审批事项，减少用行政手段对资源的直接配置，减少行政权力对微观经济活动的干预。高度重视改革措施的配套和衔接，做到改革和预防同谋划、同部署、同实施，避免改革过程中出现制度真空和漏洞。严格规范行政权力审批程序和行为，压缩自由裁量权空间，加强绩效管理，突出责任落实，确保权责一致，最大限度杜绝“权力寻租”机会。

强化权力运行制约和监督体系。如何避免干部犯错误呢？正确的选择是：真正把权力关进制度笼子里，用制度管权管人管事，使好人不能犯错误，坏人不能肆意妄为。要强化制约，规范各级党政领导干部职责权限，科学配置权力和职能，明确职责定位和工作任务，不同权力由不同部门和个人行使，形成决策权、执行权、监督权相互制约、相互协调的权力结构和运行机制。要强化监督，用制度创新解决“上级监督太远、同级监督太软、下级监督太难”的监督难题。健全民主集中制，完善议事决策制度，通过党内监督、行政监察、审计监督和巡视监督，抓早抓小，对党员干部身上的苗头性倾向，早提醒早纠正，防止小问题变成大腐败。要强化公开，推行地方各级政府及其工作部门权力清单制度，明白自己该做什么、不该做什么，严格规范权力行使。依法公开权力运行流程，完善党务、政务、司法和各个领域办事公开制度，推进决策公开、管理公开、服务公开、结果公开，使权力在法治的框架内阳光运行，让广大干部群众在公开中监督权力。

加强反腐败体制机制创新和制度保障。着力解决目前反腐败机构职能分散、形不成合力，有些案件难以得到坚决查办，有的地方案件频发却追究责任不力，影响反腐败成效的问题。强化党委主体责任和纪委监督责任，各级地方或部门的党政主要领导干部要对具体承担的党风廉政建设责任进行签字背书，做到守土有责、守土尽责，保证党风廉政建设责任制落到实处。对领导不力、不抓不管而导致不正之风长期滋生蔓延，或者屡屡出现重大腐败问题而不制止、不查处、不报告的，要追究责任。强化各级反腐败协调小组职能，整合优化审计、公检法机关等各类机构资源，做到目标同向、人员同心、信息同享、工作同步、成果同用，形成反腐败工作的强大合力。推动党的纪律检查工作双重领导体制具体化、程序化、制度化，聚焦党风廉政建设和反腐败斗争中心任务，加强监督执纪问责，坚持用法治思维和法治方式反对腐败，为坚决遏制腐败蔓延势头提供有力的制度保障。

零容忍查处腐败问题不能松*

零容忍是有效遏制腐败的前提和基础

坚持不懈反对腐败，坚定不移割除腐败毒瘤，是坚持党的性质和宗旨、巩固党的执政基础和执政地位的必然要求。党风廉政建设和反腐败斗争永远在路上。只有坚持零容忍的态度，坚守零容忍的底线，才能对腐败行为和腐败风气形成高压态势，使已经有腐败行为或有腐败动机的人，心存畏惧，不抱侥幸，形成不敢腐的社会压力、不能腐的制度压力、不想腐的思想压力，从而遏制腐败蔓延势头，打赢党风廉政建设和反腐败斗争这场攻坚战、持久战。

腐败是党和人民的死敌，与党的性质和宗旨完全相悖，与国家和人民的利益水火不容。凡腐败行为都违犯了党纪，其中相当一部分触犯了法律。坚持党纪国法面前人人平等，就不能容忍任何腐败。反腐败是一项常态性工作，不可能毕其功于一役，不存在阶段性任务，更不能搞“运动式反腐”。零容忍就是有贪必反、有腐必惩，无论是腐败存量还是腐败增量，对所有违纪违法行为都坚决惩治。正如邓小平同志所强调的：“我们要反对腐败，搞廉洁政治。不是搞一天两天、一月两月，整个改革开放过程中都要反对腐败。”查处腐败问题，如果做不到零容忍，做不到抓早抓小，就是对腐败现象的姑息纵容，就会恶化党风政风，形成“破窗效应”。实际上，许多腐败分子正是由小到大，一步步走上犯罪道路的。

从领导干部特别是高级干部违法犯罪的案情看，大多经历一个较长的潜伏期。这些人之所以受贿数额越来越大，违法犯罪情节越来越严重，固然有主观因素，但与组织上没有对其腐败行为零容忍有很大关系。尽管有的腐败

* 节选自张建明：《零容忍查处腐败问题不能松》，《求是》2015年第13期。

行为有关部门早已有所察觉，但由于种种原因，没有得到及时查处，或认为事情不大，不必小题大做；或认为此人贡献大、能力强，查处了可惜；有的高高举起、轻轻放下，有的内部消化、网开一面，导致腐败行为不断发展。更有甚者，搞所谓“带病提拔”，表面看是“关心”、“重用”干部，实则是对党极不负责，既损害党的事业，也害了干部本人。

腐败是党、国家和社会的毒瘤，严重损害党和政府威信，严重损害经济社会发展，严重损害公平正义，严重损害群众切身利益，如果任凭其发展蔓延，势必导致人心涣散、社会动荡，甚至亡党亡国。这样的例子屡见不鲜。坚持零容忍查处腐败问题，既能对腐败分子和想搞腐败的人起到震慑作用，也能打消一些人对反腐败的疑虑和观望态度。政治学上有一个“塔西佗陷阱”的说法，就是当一个政府一旦失去公信力，无论做好事还是坏事、说真话还是假话，都会失去民众的信任。如果做不到零容忍，不仅被查处的腐败分子会认为是自己“运气不好”，还会引来人们对他的“怜惜”和“同情”。有的人就会把查处腐败案件说成“政治斗争”和“权力之争”，甚至认为腐败分子之所以受到查处，是因为“政治上失势”或“在权力斗争中失败”。在这种情况下，反腐败斗争、查处腐败案件就会陷入“塔西佗陷阱”，无论查处还是不查处，无论怎样查处，都会招致人们的怀疑甚至指责。所以，反腐败斗争必须坚持零容忍。如果宽容腐败成为一种潜在的价值观，那么，腐败现象就会像癌症一样蔓延扩散，势必危害党的生命。

需要廓清和清除的思想障碍

当前，我们党和国家反腐败力度空前，措施有力，成效明显。我们党敢于直面问题、纠正错误，勇于从严治党、捍卫法纪，善于自我净化、自我革新，不敢腐、不能腐、不想腐的有效机制正在形成。但仍然存在一些思想障碍，需要加以廓清和消除。

其一，零容忍与“影响党和政府的形象”。有的人认为，现阶段腐败存量太大，如不有条件赦免，会给党和国家带来巨大的负面影响，使党和政府失去人民群众的信任和支持，因而主张“赦免”或“有条件赦免”。这种观点是站不住脚的。不仅与党中央反腐败决心相悖，也违背人民群众的意愿。

严肃查处腐败分子，并不是丑事，袒护、包庇、姑息腐败分子才是丑事，更是耻辱，毒瘤不除肌体必腐，最终将彻底失去党心民心。只有坚持零容忍，依纪依法查处一切腐败分子，才能真正取信于民，切实维护党和政府的形象。况且，如果对一部分腐败分子予以赦免或有条件赦免，而对另一部分腐败分子予以追究和惩治，不仅会打破零容忍的底线，而且会使党纪国法面前人人平等成为一句空话。对周永康案件的依法严肃处理，充分体现了我们党坚持全面依法治国、全面从严治党、坚决惩治腐败的鲜明态度和坚定决心。

其二，零容忍与“影响市场经济发展”。长期以来一直存在一种观点，认为腐败在某些情形和条件下是有“正效应”的，特别是在法制不健全、办事程序不合理的情况下，一定的金钱和物质作为“润滑剂”，有助于促进市场经济发展和提高办事效率。这种观点也是极其错误的。社会主义市场经济是建立在公平效率均衡基础上的法治经济。那些为了眼前的利益和发展，败坏党风、政风和社会风气的做法，只会破坏正常的市场秩序，使市场经济陷于混乱，发展陷于停滞。一件件“楼歪歪”、“桥脆脆”、“毒食品”案件的背后无不充斥着各种腐败行为，这种所谓的“正效应”又“正”在哪里呢？很显然，因为这种所谓的“正效应”而容忍腐败，无异于助纣为虐、饮鸩止渴。

其三，零容忍与“影响干部干事创业积极性”。有人认为大案要案危害大影响大，祸国殃民，必须严惩不贷，以儆效尤。而对那些腐败程度较小、危害不太大的案件，不必那么较真。甚至认为零容忍下“为官不易”，影响了干部干事创业的积极性，应当“抓大放小”，或者放一放、缓一缓。这种把“为官不为”现象归咎于反腐败搞过头了的观点是完全错误的。有腐必反、有贪必肃，是党中央的英明决策和战略部署。反腐败既要打“老虎”，也要拍“苍蝇”；既要惩“大贪”，也要治“小腐”。如果搞所谓的“抓大放小”，光打“老虎”，不拍“苍蝇”，只惩“大贪”，不治“小腐”，很容易造成一种错觉：小贪小腐没关系。久而久之，小腐变大腐，小贪成巨贪，党风政风和社会风气就会越来越差，风清气正就无从谈起。干干净净为官做人，为党的事业勤奋工作，是我们党对党员干部的基本要求，也是党员干部的价值追求。干净是前提，遵守党纪国法是底线。党员干部既要干净，更要干事。要自觉增强法纪观念，始终坚守底线、不踩红线，自觉规范和约束权力，始终确保党和人民赋予的权力用来为人民谋利益。同时，始终保持干事创业的激情，敢于担当，奋力拼搏。

保持反腐败高压态势不放松 *

持续加大惩治腐败力度。腐败问题对我们党的伤害最大，必须在惩治腐败上持续加压，以压促变、以惩促防。必须坚持零容忍的态度不变，猛药去疴的决心不减，刮骨疗毒的勇气不泄，严厉惩处的尺度不松，不定指标、上不封顶，凡腐必惩、有贪必肃，除恶务尽。党内没有“铁帽子王”，党纪国法面前人人平等。不论什么人，不论职位多高，不论有什么背景，只要触犯党纪国法，都必须坚决予以惩治，这样才能使潜在的违纪违法者受到震慑、望而却步。要着力完善有效发现、揭露腐败问题的机制，充分发挥巡视在强化党内监督、发现问题等方面的独特优势，拓展监督内容，突出巡视重点，创新巡视方式，精准发现，定点突破，强化整改，革除时弊，让巡视利剑高悬、震慑常在。充分发挥各级党委对反腐败工作的领导协调作用，统领各有关部门，整合资源，攥紧拳头，查办大要案件，破解工作难题。作风不良是腐败的温床，保持反腐败高压态势不放松，必须横下一条心抓好作风建设。“四风”问题是长期形成的沉疴痼疾，一两次集中整治不可能达到彻底根治。要坚持抓常、抓细、抓长，盯住一个个具体问题，看住一个个时间节点，坚决向这些病灶开刀，特别是要把违反中央八项规定精神的行为列入纪律审查重点，作为纪律处分的重要内容，做到严到底、严到位、严到要害处，持续释放信号，彻底打消一些人的观望和侥幸之心。

切实强化纪律的刚性约束。近些年来，纪律松弛已经成为我们党的心腹之患。有的人认为，只有贪污受贿等触犯法律、成为大案要案的问题才需要重视和惩办，而目无组织纪律、踩线越规之类的问题只是“小节”，不必过

* 节选自王宾宜：《保持反腐败高压态势不放松》，《求是》2015年第12期。

于较真。一些党员干部误以为只要不违法，搞点特殊化无所谓，甚至在党的十八大以后全党正风肃纪、严惩腐败之际，依然在所谓“小节”上不收敛、不收手，无所顾忌，我行我素。纪律是管党治党的戒尺，党纪不能替代国法但严于国法。如果任由一些人忽视党纪，漠视党纪，势必导致纪律松弛、组织涣散的情况蔓延，既损害党纪的严肃性，也造成一些党员干部在“温水煮青蛙”的状态中步入歧途、坠入深渊。严明纪律是看住权力、遏制腐败的决定性条件，把纪律立起来、严起来，确保执行到位，是保持反腐败高压态势不放松的题中应有之义，也是从严治党的重要而紧迫的政治任务。要加强纪律的宣传教育，尤其要强化党的政治纪律和政治规矩，增强党员干部对纪律的敬畏感，使守纪律、讲规矩成为党员干部的自觉行动。要在解决体制和制度问题上下功夫，坚持“破”“立”并举，按照明确规范、完整系统的要求，及时清理、修订和完善党内法规制度。既要有重点地完善惩治腐败和作风建设监督惩戒方面的制度，又要进一步细化党规党纪，切实划定纪律“底线”，努力把制度的篱笆扎紧，有效发挥纪律的治本作用。要在严查违纪行为上下功夫，做到执纪必严、违纪必究，决不搞“网开一面”“下不为例”，坚决维护纪律的权威。坚持抓早抓小，对苗头性、倾向性问题要及时函询、约谈、批评、诫勉，努力把问题消除在萌芽状态，绝不能养痈遗患、放任纵容。

认真落实党风廉政建设主体责任和监督责任。保持反腐败高压态势不放松，离不开从严治党这个政治责任的落实到位，离不开党风廉政建设主体责任和监督责任的全面担当。各级党的组织要切实把党风廉政建设当作分内之事、应尽之责，经常反思工作中有没有党不管党、治党不严的问题，有没有失之于宽、失之于软的现象，进一步健全制度，压实责任，以上率下。党委书记要牢固树立不抓党风廉政建设就是严重失职、抓好党的建设才是最大政绩的意识，经常分析研判本地区本部门本单位反腐败斗争形势，加强对党员干部的日常管理和监督，从严治吏，敦促领导干部按本色做人、按规矩办事。纪检监察机关要聚焦党风廉政建设和反腐败斗争中心任务，体念时艰，敢于担当，坚定不移地强化监督执纪问责，对一切违反党纪政纪的行为敢亮剑、出重拳。突出纪律审查重点，对发生在领导机关和重要岗位领导干部中的腐败问题，对侵害群众利益的恶劣行为，速查严办。要通过进一步强化问责来促进责任落实，对党风廉政建设出了问题的，特别是出了区域性、系统性腐败问题的，必须追究党委和纪委主要负责人的责任，把党要管党、从严治党的政治责任真正落到实处。

严惩腐败必须纠正错误认识 *

从严治党、强力反腐是确保中国特色社会主义事业顺利推进的必然要求

纵观古今中外，没有因反腐而垮台的王朝，只有因腐败而丢失的政权。产生“过头论”、“刮风论”、“影响论”、“矛盾论”等错误论调的根本原因，是对反腐败形势认识不清、把握不准。我们要把思想统一到中央对反腐败的形势判断和决策部署上来，正确看待当前从严治党、强力反腐的态势，认清党风廉政建设的现实紧迫性，进一步增强推进党风廉政建设和反腐败斗争的信心和决心。

从严反腐是巩固党长期执政地位的关键之举。腐败是侵蚀政党肌体的毒瘤。世界上一些长期执政的老党、大党失去政权，有的甚至走向衰亡，最根本的原因就是党内出现了严重的腐败问题。可以说，执政党内部的严重腐败，是导致政党垮台的重要因素，有的甚至是致命因素。前事不忘，后事之师。推进党风廉政建设和反腐败斗争，根本上是为了解决我们党能不能长期执政的问题，关系党的生死存亡，只能成功，不许失败，只能继续深入，不能半途而废。同时，我们在看待党内腐败现象时，要区分主流与支流，认清现象与本质。应当看到，党内的主流情况是好的，决不能看得一团漆黑。所谓“下真格儿反腐就会亡党”，是极端错误、极为有害的伪命题。

从严反腐是全面深化改革的现实需求。全面深化改革的号角已经吹响。

* 节选自李鸿忠：《严惩腐败必须纠正错误认识》，《湖北日报》2014 年 9 月 15 日。

改革的首要目标是加快完善社会主义市场经济体制。市场经济是法治经济，以市场为资源配置的决定性手段。而腐败和不正之风对市场的非正常干预和深层扭曲，造成了资源配置的错位。惩治腐败和纠正不正之风，就是为了减少非正常干预和扭曲，营造风清气正的发展环境，充分发挥市场配置资源的决定性作用，从而促进经济健康有序发展。改革一个重要方面就是涉及到利益关系的调整。一些既得利益集团在改革进程中，必定会阻挠。要想赢得改革攻坚战的胜利，必须以壮士断腕的勇气打破利益固化的藩篱，强力反腐就是顺利推进改革的一把利剑。要想打赢全面深化改革这场攻坚战，必须用好惩治腐败这把利剑。

从严反腐是实现中华民族伟大复兴目标的重要保障。实现中华民族伟大复兴的中国梦，是当代中国共产党人向全国人民作出的庄严承诺。中国共产党是全国各族人民的领导核心，这一承诺能否实现，根本在于党有没有凝聚力、战斗力。如果党因为腐败而失去民心，得不到人民的支持拥护，就丧失了领导资格，就会丧失政权，中华民族又会回到四分五裂、任人宰割的悲惨境地，再一次丧失中华民族复兴的历史机遇，民族复兴就会成为一句空话。唯有从严治党、强力反腐，把营私谋利的腐败分子清除出党，确保我们党立党为公、执政为民的宗旨不变色，党才有能力、有资格团结、带领全国各族人民，为实现伟大的中国梦而不懈奋斗，中华民族伟大复兴的目标才能如期实现。

坚持“力度统一论”，一手抓改革发展，一手抓反腐倡廉

科学发展是解决中国一切问题的总钥匙。我们要始终坚持“力度统一论”，以清廉为官、事业有为为根本要求，一手抓经济社会发展，一手抓党风廉政建设。

认真落实各级党委在党风廉政建设中的主体责任。党委担负主体责任，重点要做到四个落实，即要把主体责任落实到惩治和预防腐败上，做到有腐必反、有案必查，不搞网开一面、姑息迁就，同时加大警示教育力度，建立警示约谈的常态化机制，注重把问题处理在萌芽之前或苗头状态；把主体责任落实到加强和改进作风建设上，紧抓改进作风不放，杜绝“四风”问题反弹，让好的作风形成常态；把主体责任落实到选好用好干部上，从严把好

标准关、人选关、考察关、审批关、监督关，树立风清气正的用人导向，引导广大党员干部明辨是非，增强做清廉为官、事业有为“双为”干部的思想自觉和行为自觉；把主体责任落实到支持纪委履行监督责任上，为纪委开展工作创造条件、提供便利，“松绑减负”。

积极倡导正确的“为官难易”观。任何时候，权力都是一把双刃剑，如何使用、用之何处，最能体现为政者的追求。一方面，为官很难，因为要想干好事业就要殚精竭虑、倾注心血，甚至“5+2”、“白＋黑”地加班加点、日夜操劳。另一方面，为官也很容易，因为只要不突破违纪违法的底线，保持清正廉洁，就能襟怀坦荡、后顾无忧。工作虽累，但不用担惊受怕、惶惶不可终日；工作虽苦，但饭香觉甜，夜无惊梦。共产党的干部，注定是要干事创业、艰苦奋斗的，要找准自身定位，摆脱名缰利锁的束缚，为事业当难官，清廉守节当易官，真正为人民掌好权、用好权，不辜负党的重托、人民的期待。

大力营造“崇尚成功、宽容失误”的良好氛围。要注重把因缺乏经验、先行先试出现的失误与明知故犯而违纪违法的行为区分开来，把国家尚无明确规定时的探索性试验与国家明令禁止后有法不依的行为区分开来，把为加快发展的无意过失与为谋取私利故意违纪违法的行为区分开来。为那些出以公心、出现工作失误的干部担责、分责；为那些因干工作、抓发展而得罪人、受诬陷和被打击的干部撑腰。特别是对那些无事生非，怀揣个人目的的诬告、陷害要坚决查处、打击。对各类信访举报案件，要仔细甄别，防止误伤干部，挫伤干部积极性。对那些没有问题的干部，要及时为他们澄清是非，还以清白。绝不能让勇于担当者流汗又流泪，受到不公正待遇。大力营造鼓励改革者、宽容失误者、查处腐败者、追究诬告者的良好环境，鼓励干部敢于担当、干事创业。

着力惩治庸、懒、散、混的不良现象。庸官、懒官、混官是为官不为的典型代表。各级党委要切实履行主体责任，铲除庸官、懒官、混官的生存土壤。一个地方和单位的主要领导是“关键的少数”，是主心骨和风向标。只要主官不庸、不懒、不混，勤政廉政，敢抓敢管，是能够带出勤而又廉的干部队伍的。我们要以鲜明的用人导向和激励措施，让清廉为官、事业有为的干部有为、有位，让庸官、懒官、混官没有市场、难以立足。各级纪检监察机关要切实履行监督责任，加强对为官不为行为的监督检查，严格执纪问责，让那些混日子、不干事的人混不下去。广泛开展电视问政、治庸问责活动，积极主动接受人民群众和新闻媒体监督，逼“庸”为“能”、逼“懒”为“勤”、逼“混”为“为”，着力惩治和减少庸、懒、散、混的不良现象。

勇于担当主体责任　坚定不移反腐倡廉*

习近平总书记在十八届中央纪委第三次全会上强调，反腐败体制机制改革，一个很重要的方面是厘清责任、落实责任。党风廉政建设是党委工作的重要组成部分，必须坚持党要管党、从严治党，狠抓主体责任和责任主体，深入落实中央八项规定精神，坚决纠正“四风”，以零容忍态度惩治腐败，坚持有错必究、有腐必惩、有贪必肃、有责必问，使广大党员干部不敢腐、不能腐、不易腐，促进全省党风廉政建设和反腐败斗争深入开展。

一、强化履职尽责，种好“责任田”，牢牢把党风廉政建设放在心上抓在手上

党委能否落实好主体责任，直接关系党风廉政建设成效。教育干部廉洁自律、监督干部廉洁从政，是对干部的最大关心爱护。放弃了这方面责任，就是对党和人民、对干部的极大不负责任。履行好党风廉政建设主体责任，关键是责任主体要知其职、明其责、尽其力，旗帜鲜明、态度坚决、毫不含糊地贯彻落实中央各项决策部署。

各级党委必须切实落实好主体责任。党委要高度重视党风廉政建设，发挥统揽全局、协调各方作用，坚持和完善反腐败领导体制和工作机制，保证各级纪委监督权的相对独立性和权威性，切实把党风廉政建设和反腐败工作摆上重要日程，定期听取情况汇报，研究解决重大问题，建立责任传导机制，

---

* 王宪魁：《勇于担当主体责任　坚定不移反腐倡廉》，《求是》2014 年第 16 期。

畅通下达上传渠道，严格监督检查、责任追究，决不允许有责任不落实、有制度不执行、有问题不追究，确保工作有人抓、问题有人管、责任有人担。

各级党委主要负责人必须履行好第一责任人职责。牢固树立不抓党风廉政建设就是严重失职的责任担当意识，管好班子、带好队伍，定期分析研究职责范围内党风廉政建设状况，及时解决存在的问题，对重大问题亲自过问，对重点环节亲自协调，对重要案件亲自督办，做到常研究、常部署，抓领导、领导抓，抓具体、具体抓，特别是要当好廉洁从政的表率，管好自己、管好家人、管好身边工作人员，守住做人、处事、用权、交友的底线，守住党和人民交给自己的政治责任，守住自己的政治生命线，守住正确的人生价值，永葆共产党人的政治本色。

领导班子成员必须对分管工作和部门党风廉政建设担负起领导责任。有权就有责、权责要对等。如果有权用不好、有责不担当，就会滋长不正之风，出现腐败问题。每一名班子成员都要在党爱党、在党为党、在党忧党，严格执行“一岗双责”，制定岗位责任细则，层层分解任务，层层传导压力，对承担党风廉政建设责任“签字背书”，做到工作职责和掌握的权力管到哪里，党风廉政建设的职责就延伸到哪里。

二、坚持从严治吏，践行“三严三实”，努力建设务实干事、清正廉洁的干部队伍

党要管党首先是管好干部，从严治党关键是从严治吏。培养干部既要大胆使用压担子，又要时常帮助提提醒。坚持关口前移、标本兼治，把“三严三实”要求贯穿干部队伍建设全过程，形成事前有预防、事中有管控、事后有监督的常态化制度体系，使党员干部懂规矩、守底线、作表率，绝不能再出现一个人出事、一批人倒下那样令人惋惜和痛心的事情。

坚持从严教育。深入开展理想信念、党风党纪和廉洁自律教育，运用反面案例进行警示教育，开展内容丰富、形式多样的廉政文化创建活动，不断增强党性观念和宗旨意识，切实补足精神之“钙”，筑牢拒腐防变思想防线，使党员干部做到公私分明、克己奉公、严格自律。

坚持从严选拔。树立正确用人导向，坚持德才兼备标准，完善选人用人

机制，严格标准、严格程序、严格把关，不唯票、不唯分、不唯年龄、不唯GDP，切实把信念坚定、为民服务、勤政务实、敢于担当、清正廉洁的好干部选拔出来，坚决防止和纠正选人用人上的不正之风和腐败问题。

坚持从严管理。发挥党组织和领导班子成员之间相互关心、相互爱护、相互提醒的作用，对苗头性、倾向性问题抓早抓小、查早查小、处早处小，经常拽拽袖子、咬咬耳朵、拍拍肩膀，有病就马上治，发现问题就及时处理，绝不能遮丑护短、姑息迁就、养痈遗患，做到防患于未然之时、除祸在萌芽之中。

坚持从严监督。切实加强党内监督，严格执行民主集中制，严肃党内政治生活，深化领导干部经济责任审计，发挥人大监督、政协监督、司法监督、社会监督、舆论监督作用，加强对领导干部特别是一把手行使权力的监督，做到位高不擅权、权重不谋私。严格实行"一案双查"、"一问三责"，对发生重大腐败案件和不正之风长期滋生蔓延的地方、部门和单位，既要追究当事人责任，也要追究相关领导的责任，还要追究纪委监督不到位的责任。

三、狠抓作风建设，汇聚"正能量"，促进教育实践活动深入开展

党的作风关系党的形象，关系人心向背，关系党的生命。党的十八大作出深入开展以为民务实清廉为主要内容的党的群众路线教育实践活动的重大部署，从贯彻落实中央八项规定入手，加强和改进作风建设，切实维护群众利益，抓住了根本，切中了要害。贯彻群众路线没有休止符，党的作风建设永远在路上，必须从经受"四大考验"、应对"四种危险"的高度，镜头不换、力度不减、温度不降，抓常、抓细、抓长，持之以恒改作风，不断巩固教育实践活动成果，切实以优良党风取信于民。

着力解决"四风"突出问题。"四风"是违背我们党的性质和宗旨的，是当前群众深恶痛绝、反映最强烈的问题，也是损害党群干群关系的重要根源。反"四风"，就是把不该拥有的特权、不该得到的利益、不该享受的待遇拿下来、限制住。要严格执行中央反"四风"的各项规定，敢于向旧习惯说不，向潜规则叫板，向违法违纪行为开刀。有什么问题就整治什么问题，什么问题突出就重点整治什么问题，坚决防止"四风"变种、反弹、回潮，

真正让群众看到教育实践活动带来的新气象新变化。

集中整治损害群众利益行为。大力开展“解决群众反映突出问题”专项活动，着力解决克扣侵占群众款物，疑难信访积案、涉法涉诉，城镇管网老旧、农村脏乱差，社会保障工作不规范不公正，困难群众生活，基层党组织软弱涣散等问题。整改效果请群众评判，让老百姓不再难心、愁心、烦心。

建立健全作风建设常态化机制。一阵风式的改作风本身不是好作风，也改不出好作风。要认真落实作风建设各项制度，推动作风建设成果固化为制度约束，坚决维护制度的严肃性和权威性，使制度成为党员干部联系和服务群众的硬杠杠，使贯彻党的群众路线成为党员干部的自觉行动。从源头上遏制不正之风，从根本上治愈作风顽疾，务求群众路线教育实践活动取得实效。

四、注重源头治腐，扎紧制度“铁笼子”，不断强化权力运行制约监督

权力不论大小，职务不论高低，没有制度的制约和监督，权力就有可能被滥用，就很容易产生腐败。从源头上预防腐败行为发生，必须始终坚持标本兼治、综合治理、惩防并举、注重预防方针，进一步加强反腐倡廉法规制度建设，最大限度堵塞制度漏洞，强化制度执行和责任追究，防止制度成为“纸老虎”、“稻草人”。

严格落实党风廉政建设责任制。创新检查考核方式，由党委常委带队，把党风廉政建设责任制检查与领导班子考核同步进行，组织开展党政主要领导向“两委委员”述责述廉，带着问题线索约谈领导干部，向社会公开通报检查考核结果，充分发挥廉政建设责任制在预防腐败中的重要作用。

紧紧依靠改革堵塞体制机制漏洞。注重改革的系统性、整体性、协同性，把深化改革同防范腐败同步考虑、同步部署、同步实施。推行权力清单制度，公开权力运行流程。加快转变政府职能，进一步减少审批事项。既通过改革打破利益固化的藩篱、把权力关进制度的笼子里，又防止借改革之机捞取好处、出现新的腐败现象。

着力构建科学的权力结构和运行机制。积极开展主要领导干部不直接分管人、财、物等重大事项试点。合理分解权力，科学配置权力，不同性质的

权力由不同部门、单位、个人行使。推进权力运行程序化和公开透明，让权力在阳光下运行。同时切实改进巡视工作方式方法，注重巡视成果运用，提高巡视质量和水平，做到纪委派驻监督对党和国家机关监督全覆盖，巡视监督对地方、部门、企事业单位全覆盖。形成决策科学、执行坚决、监督有力的权力运行体系。

五、严格执纪执法，架设“高压线”，始终以零容忍态度惩治腐败

坚决反对腐败，防止党员干部在长期执政条件下腐化变质，是我们必须高度重视并全力抓好的重大政治任务。严惩腐败分子是党心民心所向，党内决不允许有腐败分子的藏身之地，惩治这一手无论如何都不能放松，必须始终保持惩处腐败的高压态势，认真查办违纪违法案件，坚决遏制腐败蔓延势头。

严明党的纪律。纪律面前人人平等、遵守纪律没有特权、执行纪律没有例外。必须严格执行党的政治纪律、组织纪律、工作纪律、财经纪律和生活纪律等各项纪律。一把尺子量到底，做到有纪必依、执纪必严、违纪必究，坚决维护中央权威，坚决克服组织涣散、纪律松弛现象，使纪律真正成为党员干部廉洁从政的硬约束，使党员干部真正敬畏法纪、敬畏组织、敬畏群众，始终保持党的先进性纯洁性，增强党的凝聚力战斗力。

支持纪检监察机关履行监督责任。贯彻落实中央关于改革党的纪律检查体制的决策部署，积极推动纪委转职能、转方式、转作风。整合纪委内设机构，强化办案和内部管理监督力量，清理牵头和参与的议事协调机构，配好配强各级纪委领导班子。稳定纪检监察队伍，纪委书记（纪检组长）任期内一般不调动工作，原则上干满一届，不再分管其他业务工作，使其心无旁骛、集中精力履行监督责任，切实把职能聚焦到主业上来，把更多力量调配到主业上来，真正把中心任务抓起来。

坚决查处大案要案。严肃查办发生在领导机关和领导干部中贪污贿赂、买官卖官、徇私枉法、腐化堕落、失职渎职案件，严肃查办发生在重点领域、关键环节和群众身边的腐败案件。不管是谁，不管什么级别，不管涉及多少人，“老虎”、“苍蝇”一起打，决不网开一面、法外施恩、法不治众。

第八章

自觉运用改革精神谋划推动工作

引子

自觉运用改革精神谋划和推动工作，不断提高领导、谋划、推动、落实改革的能力和水平，是对全面深化改革所处战略地位的深刻论断，是对其重要作用的深刻揭示和目标指向的清晰界定，也是对运用改革精神推动实际工作的再次强调。

以全面深化改革引领新常态*

当前，我国经济转型升级正处在关键时期，增长、转型、改革深度融合的特点突出。在这样的背景下，适应和引领经济新常态，重要的是把握发展大势、突出创新驱动、狠抓改革攻坚，使经济新常态建立在经济结构调整优化的坚实基础上。

以深化改革破解结构性矛盾。当前，我国经济发展出现趋势性重大变化，服务业正在成为稳增长、转方式、调结构的主要力量。例如，高端制造业与现代服务业融合成为大趋势，现代生产性服务业成为提升制造业竞争力的主要因素。实现“中国制造”向“中国智造”的转型升级，关键是通过信息、研发、设计、物流、大数据等生产性服务业发展引领高端制造业发展。但问题在于，多年来形成的某些政策与体制安排从总体上看是同传统大工业发展相适应的，实现服务业主导的转型升级还面临多方面的结构性矛盾。例如，服务业与工业公平税负、公平资源配置的大格局尚未形成；作为服务业主体的中小微企业仍存在融资难问题；现代服务业发展缺乏相应的专业技术人才；等等。这些情况表明，现代服务业发展面临的矛盾和问题是结构性的，不是单纯推进哪一项改革就能奏效的，必须加大结构性改革力度。这样的改革发展，不仅对缓解经济下行压力有重大作用，而且对主动适应和引领经济新常态有决定性影响。

推动服务业市场开放。服务业发展不缺国内需求、不缺资金，关键在于市场开放。过去30多年的改革开放，放开的主要是工业领域。目前，工业部门大多已高度市场化。虽然服务业也在放宽市场准入，但某些行政性垄断尚未打破。社会资本进入某些服务业领域，不仅面临政策制约，还需要通过繁琐的行政审批。尽管中央一再强调社会资本可以进入法律未禁止进入的服务业领域，但由于行政性垄断和管制的存在，由于部门、行业利益结构的固

* 迟福林：《以全面深化改革引领新常态》，《人民日报》2015年5月7日。

化，社会资本事实上依然不易进入教育、医疗、通讯、金融、运输等服务业部门。这就使得某些重要服务业领域难以通过公平竞争提高供给能力、供给质量和供给效率。在服务消费占比越来越高的社会消费发展趋势下，应确立服务业市场开放新思路，尽快实现一些重要服务业领域对社会资本全面开放。应把破除行政性垄断作为加快服务业市场开放的重点，逐步放开服务业领域的价格管制，形成主要由市场决定资源配置的新格局。

从多方面深化结构性改革。我国经济转型升级正处在爬坡过坎的关口，面临诸多体制性弊端和结构性矛盾。这就需要以破解制约服务业发展的结构性矛盾为导向深化经济体制改革，配套推进政策调整。例如，启动消费税改革，将其明确为地方主体税种，这有利于激励地方政府营造良好市场环境、更好提供公共服务；财税体制改革在“放水养鱼”上应有更大力度，为社会资本创新创业提供良好的预期，进一步对小微企业实行结构性减税；支持为中小微企业提供服务的社区银行、互联网金融机构等民间金融创新发展、规范发展；进一步降低社会资本进入职业教育领域的门槛，提高技术应用型高校所占的比重；深化以简政放权为重点的政府职能转变，以实行负面清单管理倒逼转方式、调结构，倒逼服务业市场开放。

新常态下的经济改革具有全面性、深刻性、复杂性，不仅涉及经济领域，还涉及政治、文化、社会、生态文明建设等领域；不仅涉及增量，还涉及存量的利益关系调整。这就需要跳出短期看中长期、跳出速度看结构、跳出政策看改革，以全面深化改革主动适应和引领新常态。

以改革思维破解新常态中的难题*

习近平总书记在中央全面深化改革领导小组第十一次会议发表的重要讲话中强调，必须从贯彻落实“四个全面”战略布局的高度，深刻把握全面

* 杨英杰：《以改革思维破解新常态中的难题》，《学习时报》2015年5月25日。

深化改革的关键地位和重要作用，拿出勇气和魄力，自觉运用改革思维谋划和推动工作，不断提高领导、谋划、推动、落实改革的能力和水平，切实做到人民有所呼、改革有所应。

1978 年以来的中国，国民经济体量快速增长，国家综合实力不断提高，国际影响力日益彰显，无不得益于改革的持续深入。历史和现实告诉我们：问题倒逼改革，不进则退；不改革，社会的巨大变迁很可能诱发更尖锐的社会矛盾。

中国当下之处境同样可用“三千年未有之变局”来形容，轰轰烈烈的改革开放正推动着焕发新生的中华文明沿着历史发展的轨道前行。这一进程如何，既决定于改革开放领导者和推动者的胆识和胸怀，决定于广大人民对美好生活的期待和向往而迸发的活力和创造力，同时也取决于文明的路径依赖、制度的演化变迁、全球化的深入演进。在这一幕幕人类历史所罕见的发展场景切换过程之中，会有怎样的变数甚至中断和迂回，能否把握历史机遇，最大限度减少和降低前进中的各种风险，考验着执政党的智慧。中国当代改革历史进程其实质就是不断用改革解决问题的过程，唯有时刻以改革思维解决现实问题特别是广大人民所吁所求的问题，国家和民族才能够不断前行。农村联产承包责任制、国有企业（包括国有商业银行）股份制、金融体制、财税体制、资本市场、户籍制度、教育医疗、计生体制等各领域的改革，无一不是回应人民所呼所盼。

经济新常态所带来的挑战不可谓不大，经济持续下行暴露出的房地产市场系统性风险扩大、金融机构呆坏账上升、地方债务风险加剧等一系列新问题新挑战摆在我们面前。适应新常态、引领新常态，须持续全面深化改革，舍此别无他途。加大基础设施建设投资，特别是重点强化民生领域投资，是提升新常态下经济增长动力并为未来经济发展提供支撑的重要抓手，也是为进一步深化改革争取时间空间的重要举措，是完全必要的。从长远看，归根结底还是要向改革要动力、向制度要红利。

改革的目标和方向在哪里？很清楚，人民的吁求就是问题之所在，就是经济发展的动力之所在，就是改革的目标和方向。正如总书记所说，人民有所呼、改革有所应。商事制度改革、政府负面清单管理等政府管理体制改革所带来的“万众创新”“草根创业”之局面蓬蓬勃勃，无不彰显中国改革的动力在民间。

总书记之所以强调改革思维，之所以强调人民有所呼、改革有所应，就是要彻底破除陈旧的思维模式及其背后固化的利益藩篱，极其鲜明地昭示了改革的取向和目标。一直以来，计划经济体制的影响可谓根深蒂固，各色各样适应计划经济体制的思维模式直到现在仍以种种变体存在于人们的生产和生活之中。破除陈旧思维，就是要在经济方面破除各种阻碍个人实现选择自由的障碍，强调公平正义；强调改革思维，就是要强调为保障个人选择自由创造条件，破除制度性约束。

市场经济存在的前提是生产要素（劳动力、土地、资本）的自由流动。三十多年来的改革，在推动土地、资本自由流动从而实现资源最优配置的同时，也极大地拓展了个人选择自由进而实现经济自由的权利，促进了社会的生长发育。总书记讲话中所强调的改革要回应人民所呼，其实质是我们党以人为本理念在全面深化改革进程中的自然回响。

新常态伴随新问题，解决新问题需要破除旧思维、树立新思维，关键是要坚持改革思维。以改革思维引领新常态，创造新机遇，释放新红利，不断推动我国经济社会发展努力爬坡过坎迈向新高度，行稳致远实现新目标。

以加快创新、改革和开放推动我国经济结构调整 *

经济结构调整是一项综合的、系统的工程。推动结构转型升级，首先必须明确结构调整的目标和方向。2014 年中央经济工作会议指出，要“坚持以提高经济发展质量和效益为中心，主动适应经济发展新常态，把转方式调结构放在更加重要位置”。根据我们对于中央精神的理解和研究，我认为结构调整的目标和方向是建立更加均衡的结构关系，使国内需求和国外需求、

* 节选自李伟：《以改革开放创新促进经济结构调整》，《中国经济时报》2015 年 5 月 18 日。

投资和消费的关系更加均衡，使高端制造业、现代服务业和传统产业的发展更加均衡，使实体经济和虚拟经济的发展更加均衡，使市场竞争结构更加合理，使经济增长更多依靠技术进步和劳动力素质的提高，使我国经济成功向形态更高级、分工更复杂、结构更优化的阶段演化。

实现上述目标将是一项艰巨的工程。在“三期叠加”的经济新常态下，我们同时面临着转方式、调结构、稳增长的任务，必须把握好三者之间的关系和平衡，既要在结构调整中实现经济较快增长，也要在保持经济平稳增长的条件下实现结构调整。但实现结构调整，更重要的是，要通过加快科技进步和全面创新，培育驱动经济发展的新动力；要通过加快推进全面深化改革，构建起与结构调整的目标和任务相适应的体制机制；要通过加快新一轮对外开放，实现国际分工地位的提升和资源在更大空间范围内的优化配置，推动经济发展迈向中高端水平。

第一，加快创新步伐，构建结构调整的技术基础。一要着力提升生产技术和科技创新能力。技术创新是管理创新、组织创新和商业模式创新的基础。例如，如果没有信息技术的支撑，电子商务等的快速发展就难以想象。要形成更加优化的经济结构，提升增长的质量和效率，在全球分工体系和生产价值链上不断向高端攀升，必须在关键的技术领域实现重大突破，加快对发达国家技术创新的追赶步伐。二要着力推动产品创新和商业模式创新。生产环节的技术创新提升了生产效率，但要使经济结构保持平衡，避免新技术条件下的产能过剩，还需要通过产品创新和商业模式创新来创造新的市场需求。三要进一步优化创新资源配置。从人均水平来看，我国创新资源仍然稀缺，必须提高创新资源利用效率，这就要求根据不同类型创新的特点来优化创新资源配置。在基础性的共同技术和重大的关键技术方面，实现创新突破，必须有相当规模的研发资金和专业人才，这就需要在政府和企业层面建立起整合创新资源的协调机制，加快融入全球创新网络，否则我们难以与拥有雄厚创新资源的国外企业进行竞争。四要建立起鼓励创新的市场环境和制度体系。一些地方为了发展，对于知识产权保护很不到位，这确实促进了当地经济的快速发展，但也抑制了创新主体研发的积极性，阻碍了整体的技术进步和全面创新。在新的发展阶段形成竞争力，必须通过建设更加完善的创新制度体系和市场环境，特别是完善科技成果产权制度、收益分配制度和转化机制，为企业和科研人员的创新提供更大激励。

第二，加快推进改革，构建结构调整的制度基础。一要破除阻碍各类资源要素流动和优化配置的制度壁垒。在现行的财税体制和政绩考核制度激励下，一些地方政府为了本地的发展，设置显性的或隐性的要素流动壁垒。这阻碍了全国统一市场的建设，加剧了各地的低水平、同质化竞争，造成产业同构和产能过剩，制约了经济结构的调整。未来要加快建设全国统一市场，进一步清理和废除妨碍全国统一市场和公平竞争的各种规定和做法，通过公平竞争来实现企业的优胜劣汰和产业的整合重组。同时，要认真吸取地方政府主导地区产业发展的教训，避免“地区合理，但全国、全球市场撞车的重复建设之路”。如风电设备制造业、多晶硅、光伏电池、碳纤维等部分战略性新兴产业也已出现产能过剩。二要完善收入分配结构。我国国民收入分配偏向于生产部门和政府部门，居民部门内部的收入分配也不够公平。这种分配格局既会制约家庭消费能力，影响短期的宏观经济结构平衡，也会抑制居民在教育、健康等方面的投入，影响人力资本积累，从而迟滞经济结构的调整优化。未来要矫正初次收入分配的市场扭曲，完善劳动力市场和工资制度，加大民生领域投入和公共服务供给，通过完善税收政策和规范分配秩序来增强再次分配调节力度。三要转变政府职能，进一步简政放权。简政放权有利于释放市场活力，强化市场调节功能，激活社会创造力，推动结构调整。新一届政府成立以来，在简政放权方面做了大量的工作，仅去年一年，国务院各部门就取消和下放了 246 项行政审批事项。但是政府职能转变和简政放权的任务还远没有完成。今后要根据中央的部署，把该取消的权力彻底取消，把该下放的权力下放到位。当然，要注意的是，在简政放权的同时，也要增强政府维护市场正常竞争秩序的能力。四要推进财税金融改革。更好发挥财政税收政策在推动技术进步、新兴产业发展和企业兼并重组中的作用。要完善金融市场体系，更好发挥金融对实体经济的支持作用；要进一步加大对实体经济的减税清费降负力度，不断提高实体经济的盈利水平。

第三，加快新一轮对外开放，构建结构调整的全球化参与机制。在全球化背景下，经济增长要靠两种资源、两个市场，结构调整同样需要两种资源、两个市场。推动结构转型升级，建立合理的结构关系，必须进一步对外开放。因此，一要按照中央要求，加快构建开放型经济新体制。要通过不同地区、不同侧重的自由贸易试验区建设，加快探索：负面清单加准入前国民待遇的外资管理新模式；加快对外投资备案制改革，建立海外利益保护机制；进一步完善进出口政策，提高贸易便利化水平。二要依托“一带一路”等重大战略的实施，加快对外投资和贸易合作。要通过深入细致的研究，发掘实施“一带一路”战略的机遇，明确我们自身的比较优势，通过相互贸易和相互投资，使我国发展的潜在能力得以充分实现。

以改革新突破释放发展新动力*

一、推进户籍制度改革释放城镇化潜力

城镇化是未来十几年我国经济发展最强大的动力源泉。每增加一个城镇人口，需要增加基础设施投资 10 万元以上，每年增加 1000 万城镇人口，拉动城镇基础设施投资可达 1 万亿元以上。推进人的城镇化重要的环节在户籍制度，中央提出，推进户籍制度改革，总的要求是全面放开建制镇和小城市落户限制，有序放开中等城市落户限制，合理确定大城市落户条件，严格控制特大城市人口规模。为此，要鼓励生产力布局向小城镇和中小城市扩散，以创造更多的就业机会。国务院提出重点抓好“三个一个亿”：东部抓紧解决一亿农民工的市民化，中西部再吸纳一亿农民工进城，城市抓好一亿人棚户区、城中村改造。紧紧抓住这三件事，对农民工和城市低收入人群是雪中送炭，并能加快城镇化进程，对稳增长将起到立竿见影之效。

未来我国的城镇化，将在三个层面同步展开：一是以北京为中心的环渤海都市群、以上海为中心的长三角都市群和以广州为中心的珠三角都市群，

* 节选自郑新立：《以改革新突破释放发展新动力》，《求是》2014 年第 15 期。

再经过10年左右的努力，这三大都市群的经济总量都将居于世界前列，成为拉动我国经济增长的三大引擎。二是以省会城市为中心，以周边地级市为节点，形成一批次区域城市群，在拉动省域经济发展中将发挥重要作用。三是以县城、小城镇、新型居民社区为依托，形成就地城镇化的格局，在县域经济发达地区，这类城镇化模式已经出现。这三种类型的城镇化，都需要用高铁、高速公路等现代运输方式把大大小小的城市连接起来，形成半小时生活圈和一小时商务圈。基于此，加快建设现代高铁网、高速公路网、航空网、水运网和移动互联网，是推进城镇化的前提条件，也是扩大内需、拉动经济发展的历史机遇。

二、改革农村土地制度释放农业现代化潜力

党的十八届三中全会《全面深化改革若干重大问题的决定》在总结农村改革经验的基础上，对农村土地制度改革做出了三大突破，包括赋予农户对土地的承包权、宅基地的使用权、集体经营性建设用地的所有权以商品属性，具有了交换价值。这是继家庭联产承包制之后农村生产关系的又一次大调整。按照《全面深化改革若干重大问题的决定》的部署，慎重稳妥地推进相关改革，必将进一步释放农业劳动力潜力和土地潜力，加快农业现代化进程，既能增加耕地，满足城市建设用地的需求，又能有效缩小城乡居民收入差距，必将带来农村生产力的又一次大解放。去年，我国人均国内生产总值已达6750美元，如能把目前持续健康发展的势头保持下去，到2021年，即中国共产党成立100周年的时候，人均国内生产总值可达1.2万美元以上，从而跨入高收入国家行列。我们党用一个世纪的时间把半封建半殖民地的旧中国引向富强、民主、文明、和谐的新中国，是对人类社会做出的巨大贡献。实现这一目标，关键在于提高农业劳动生产率，增加农民收入。认真地不折不扣地落实党的十八届三中全会关于农村土地制度改革的部署，是达到这一目标的根本举措。

第一，允许农户对土地的承包权抵押、担保、转让。要按照习近平总书记在去年年底召开的中央农村工作会议上的讲话精神，对农村土地包括耕地、林地、草地等实行三权分离的改革，即所有权归村集体，承包权归农户，

经营权放开。稳定所有权，落实承包权，搞活经营权。抓紧土地确权颁证工作。鼓励在不改变土地用途的前提下，推行土地经营权有偿转让。农户凭借土地承包权转让拥有财产性收入，而且一旦转让收入达到甚至超过自己耕种的纯收入，转让的积极性就会提高，这就有利于农村富余劳动力进一步向非农产业转移。种粮大户、合作社等可以充分发挥规模经济效益，经验证明，田埂取消可增加耕地面积5%，统一采用良种，统一深耕、灌溉、施肥、灭虫，单产可提高30%以上，投资回报率可达30%。如果北方单季农业地区一个农业劳动力能种100—120亩地，中南部双季农业地区一个劳动力能种50—60亩地，其劳动生产率就能达到或超过二、三产业的水平，农民就能成为一个体面的职业。土地承包经营制度的改革将成为加快农业现代化的强大动力，推动农业由一个弱质产业转变为具有国际竞争力的产业，并拉动农用工业的发展。

第二，允许农户宅基地抵押、担保、转让。这将为农民工市民化提供重要支持。目前，农村宅基地没有得到有效的保护和利用。我国目前城乡建设共占地22万平方公里，其中城镇占5万平方公里，农村占17万平方公里，改革30多年来，我国农村人口减少2亿多人，宅基地却不减反增。要尊重城乡居民自主定居意愿，合理引导农业转移人口落户城镇的预期和选择。并能妥善维护好农民的宅基地使用权、转让权等合法权益。

第三，允许集体经营性建设用地与国有土地同权同价。要改革征地制度，建立城乡统一的建设用地市场，土地出让金应更多地让农民分享。允许农村集体组织依法并经过批准，利用集体经营性建设用地进行经营性项目建设。

这三项改革的重大意义，集中到一点，就在于使农民能够像城里人一样，分享到城市化进程中土地增值的收益。国际经验表明，能否做到这一点，是发展中国家会不会落入“中等收入陷阱”的关键所在。

当然，农村土地制度改革必须在符合用途管制和城乡规划的前提下，制定周密方案，慎重稳妥进行。推进这些改革，将深刻改变城乡二元结构，有效缩小城乡发展差距，释放新的巨大发展潜力。

三、落实金融体制改革释放资本潜力

我国资本存量已经很大，银行 M2 已达 116 万亿元，外汇储备接近 4 万亿美元。但是，由于金融体制改革滞后，资本流动性差，资金配置不合理，企业融资成本高。仅就资金价格来看，与发达国家相比，我国要高出一倍以上。2013 年中国企业一年期贷款利率为 6.15%，美国是 2.25% 左右，日本是 1% 左右，德国是 3.5% 左右。我国金融业净资产利润率比实体经济也高出一倍以上。金融业的高利率、高利润主要来自于垄断，来自于行业壁垒，阻碍了生产要素在行业之间的自由流动。这种状况持续下去对实体经济的发展是很不利的。

党的十八届三中全会《全面深化改革若干重大问题的决定》针对性地提出金融体制改革要放宽准入，“允许具备条件的民间资本依法发起设立中小型银行等金融机构”。只有通过放宽准入和充分竞争，才能降低企业融资成本。同时，为了解决监管难度增加的问题，《全面深化改革若干重大问题的决定》特别提出要“完善监管协调机制，界定中央和地方金融监管职责和风险处置责任。建立存款保险制度，完善金融机构市场化退出机制”。也就是说，将地方性小型金融机构的监管责任交给地方政府，并建立化解风险的市场机制。美国有 8000 多家银行，我国目前只有几百家。允许民间资本进入，增加竞争主体，打破垄断经营，是改革金融体制的首要任务。

一般认为，合理的债务率应当保持在 40%—60% 之间。但由于企业补充资本金的渠道不畅，我国企业债务率已由十几年前的 70% 左右上升到目前的 80% 以上，一些企业的债务率超过了风险警戒线。因此，扩大直接融资规模，提高企业资本金在融资总额中的比重，既有利于降低企业运营成本，又有利于增加居民财产性收入，应成为当前金融体制改革必须解决好的一个问题。要通过健全多层次资本市场体系，提高直接融资比重。强化对股市的监管，推行股票发行注册制，重振广大投资者对股市的信心，充分发挥股市在筹集资金、企业评价和财富分配方面的功能。同时鼓励企业面向居民和各类基金，发展私募股权融资，通过多种渠道扩大企业股权融资。在现行资本市场结构中，债券市场与股票市场相比，显得更为滞后。应积极发展企业债券市场，为企业提供方便多样的融资工具。

改革外汇管理体制，提高外汇储备使用效益，也是金融体制改革的一个重要方向。要继续扩大海外投资，更好地利用全球资源和市场，打破发展瓶颈，增强创新能力，创造出口需求，转移过剩产能。通过有效利用外汇储备，为缓解经济下行压力、支撑经济持续健康发展做出贡献。要积极扩大人民币在国际贸易投资结算中的使用规模，加快实现人民币资本项目可兑换，稳步推进人民币国际化。为了防范资本项目放开后国外短期流动资金对国内的冲击，可研究开征托宾税。

四、改革投融资体制释放民间投资潜力

解决当前需求不足的矛盾，从长远来看，靠的是消费的增长；从近期来看，主要是靠增加投资。为了避免重回高投资、高消耗支撑高增长的老路，必须精准选择投资方向，优化投资结构，特别是鼓励民间投资增长，这就需要深化投融资体制改革。

围绕转变发展方式调整投资结构，应引导社会资金主要投向这些领域。一是能够带动产业结构优化升级的建设项目，包括新能源、新材料、电动汽车、新一代移动互联网、生物技术、先进制造、海洋经济等战略性新兴产业。二是生产性服务业，包括研发、设计、金融、物流、信息、咨询、会计、审计、法律、文化、创意等产业。三是紧缺的基础设施和公共服务业，包括城际高铁、地铁、停车场、养老、医疗、健康、职业教育、学前教育等。四是环保产业，包括工业烟囱脱硫、脱硝、除尘，污水处理、垃圾处理，强制推广低排放汽车发动机和高标号燃油，绿化环境等。五是顶替进口的大宗物资。我国每年进口化工产品和芯片各2000多亿美元，其中许多产品可以在国内组织研发和生产。如PX进口量已占国内市场的64%，外商趁机抬价，利润大量流失。应选择远离居民的荒岛，集中建设大型先进石化项目，结束进口局面。我国每年进口大豆5000多万吨，应大力扶持国内木本油料种植，既能绿化荒山，又能增加农民收入。六是新的区域经济增长极，包括长江经济带、淮河经济带、京津冀经济一体化等。特别是淮河经济带，自然条件优越，但由于长期以来缺乏全流域整体发展规划，投入不足，至今仍是豫皖苏三省

的经济洼地。如能制定综合规划，协调各方，统一治理，将洪水资源化，可形成千公里河川式水库，重构我国第三条出海黄金通道，新增上千万亩良田，打造我国继珠三角、长三角、环渤海之后的第四增长极。

经过 30 多年的改革发展，我国民间投资能力大幅增长，涌现出一大批具有较强投资能力的企业。通过深化投融资体制改革，尽可能减少政府对项目的审批，将投资决策权交给企业，以充分激发民间投资的巨大活力。

首先是在公共服务类项目建设中推广特许经营权制度。目前公共产品和公共服务供给不足，原因在于公共服务类项目建设主要依靠财政投资，由于财力不足，造成公共事业发展严重滞后。解决这一问题的途径就是通过实行特许经营权制度，给予企业一定的政策，吸引社会资金投入。公共服务类建设项目一般投资回收能力较差，可通过财政补贴等办法来解决。像城际高铁、城市轨道交通等资金需求量大的项目，为了增强投资回收能力，避免项目运营长期亏损，背上财政包袱，可允许建设企业在沿线站点周围进行商业房地产开发，用商业收益弥补地铁运营亏损，香港地铁就有成功经验。其他如养老院、幼儿园、停车场等，只要给予一定政策，使投资得到合理回报，就能吸引大批社会资金进入，供给不足的局面很快就可改观。

其次是建立吸引社会资金投资环保产业的市场机制。今年政府工作报告提出要向污染宣战，表达了国务院的决心和群众的强烈愿望。要想较短时间内在治理大气污染、水污染等方面取得明显成效，关键在于落实“谁污染、谁付费”原则，推行第三方治理制度。政府制定统一的排放标准和环境标准，并严格监督执行。污染排放企业按排放量缴费。政府或社会中介机构组织招标，选择有资质的企业进行治理。这样，投资环保产业的企业有了合理回报，污染治理就可取得事半功倍之效。

再次是用积极的财政政策和适度灵活的货币政策支持投资结构调整。我国政府负债率仅为 39.4%，属于世界最低水平，发挥财政在扩大内需中的作用空间较大。同时，当前物价走低，通货紧缩已成为主要危险。应实行积极的财政政策和适度灵活的货币政策，通过减税、贴息、资本金补助等形式，引导银行贷款和社会资金投向鼓励类建设项目。银行应按照扩大内需的方向，实行定向宽松政策，必要时对重点建设项目实行点贷。通过有效引导投资，使资金投向更加符合转变发展方式的要求，提高投资的经济效益和社会效益。

深化改革促进产业结构升级 *

推动产业结构优化升级必须完成要素和体制机制的双重转换

未来 10 年是我国改造提升传统产业和培育发展新兴产业，推动产业结构调整优化的关键时期。产业结构升级的关键所在，就是提高产业持续创新能力，而其背后的根本推动力，就是要素和体制机制的双重转换：

从要素转换上看，国际经验表明，一个国家要真正确立产业的竞争优势，应逐渐摒弃建立在低端劳动力、土地、一般性设备等初级要素禀赋上建立的比较优势，转而培育高素质的人力资源、现代化的基础设施等高级要素。

改革开放之初，我国依托劳动力、土地、自然资源等要素比较优势，实现了产业结构不断升级和经济较快增长。但随着适龄劳动人口比重下降、劳动力成本快速上升、资源环境约束日益增强，中国产业基于要素低成本的竞争优势快速削弱，依靠传统要素实现产业升级和经济增长已难以为继，必须实现要素转换战略，使产业结构升级更多地建立在人力资本、知识、技术等复杂和高级要素上。

相比要素转换，体制机制转换是我国产业结构升级的根本保障。改革开放以来，我国经济能够保持持续高速增长，一个重要原因就是在一些重要历史时刻及时改革束缚经济发展的体制机制，释放制度红利。从党的十一届三中全会做出改革开放的决策，到 1992 年邓小平南方谈话和党的十四大召开，再到 2001 年加入世贸，都是我国适应形势变化主动做出的重大制度调整，有效推动了生产力的发展。但近年来，我国一些制度红利有所减弱，一些产

* 节选自赵昌文，王晓明，王忠宏：《深化改革　促进产业结构升级》，《人民日报》2014 年 6 月 23 日。

业由于缺乏有效的市场竞争，没有形成自我发展的内生机制和创新能力。因此，必须加快改革不合理的体制机制，为产业结构升级提供有效的制度保障。

实现产业结构升级，既要消除“制度陷阱”又要创造制度红利

每一次工业化阶段转换的背后，都是与相应的生产力和生产方式相匹配的经济制度的转换和调整。对于后发工业化国家，由于工业化过程在时间上被高度压缩，这种制度调整的频率和幅度肯定会相应加大，但由于制度相对于经济来说是慢变量，由此而导致制度的转换和调整难度也成倍地放大。因此，人们通常所说的“中等收入陷阱”，更恰当的说法应该是落入了路径依赖和体制僵化的“制度陷阱”，结果导致工业化进程受阻和产业结构升级停滞。未来 10 年能否释放“结构效应”，实现发展方式的转变和产业结构的升级，关键要看能否认真贯彻落实十八届三中全会精神，消除“制度陷阱”，创造制度红利。

消除“制度陷阱”，就是要通过改革，消除现有体制机制中与经济发展方式转变以及产业结构升级不相适应的地方。以当前社会广泛关注的产能过剩问题为例，不仅传统的钢铁、建材等行业出现库存积压，光伏产业、风电设备等新兴产业也出现产能过剩。市场具有优胜劣汰、自我修复的功能，一般不会出现某个行业长期的产能过剩现象。中国的产能过剩问题却久治不愈，深究之后会发现体制因素是关键。官员政绩的 GDP 考核制度，中央和地方财权和事权不匹配，都加剧了地方政府的投资冲动。如果不突破现有的体制框架，优化资源配置，抑制盲目投资，消除产能过剩的政策目标是难以实现的。

创造制度红利，就是通过创新体制机制，为产业结构升级创造有利条件和发展空间。要将战略性新兴产业和高端生产性服务业发展所需要的体制机制，作为创造“制度红利”的突破口，按照“非禁即准”的原则完善市场准入管理，扶持新兴企业和科技型中小企业发展。进一步完善税收激励政策，针对战略性新兴产业和高端生产性服务业智力投入高、进项抵扣少的特点，在实行所得税优惠政策的基础上探索增值税减免的办法。将金融创新和技术创新结合起来，对中小企业研发阶段起到孵化器作用的风险投资、天使基金

和私募股权投资，应在有效监管的前提下鼓励其发展。

以智慧、绿色、包容式发展的产业政策推进产业结构升级

创造制度红利，就要适应时代变化，深化改革，实现从要素驱动阶段的产业政策向创新驱动阶段的产业政策转换，以智慧、绿色、包容式发展的产业政策推进产业结构不断优化升级。

任务之一，是正确处理好政府、市场、社会等产业治理主体的关系。要深化经济体制改革，使市场在资源配置中起决定性作用，更好发挥政府作用。加快要素市场化改革，深化电力、石油、天然气、土地等领域价格改革。要转变政府职能，政府不直接干预产业的具体活动，主要是加强战略、规划、政策、标准制定和实施，加强市场监管，维护市场秩序，推动可持续发展和绿色增长，弥补市场失灵。要高度重视社会中介组织的培育和发展，引导其在产业政策制定、共性技术平台打造、产业预警等方面发挥更好的作用。

任务之二，是综合运用好法治、经济、行政、信息等产业治理手段。加强公正司法建设，依法保护各种所有制、各类规模企业以及公民的产权和合法权益，依法维护市场竞争秩序，惩罚市场失信行为。在经济手段上，要自觉运用市场规律，尊重企业在产业升级中的主体地位，激发新活力。在行政手段上，增强政府决策的科学化水平和快速反应能力，强化政府监管职能。在信息手段上，要借助互联网和大数据、云计算等信息网络技术，推进产业投资信息共享和信息公开披露，构建完善的经济信息服务体系，为产业投资提供决策依据。

任务之三，是构建产业政策的科学制定、有力执行、动态调整、自我纠错的良性循环机制。统筹考虑各行业发展，增强产业政策制定的科学性、公平性，避免少数行业政策的过度叠加，避免政策上的“套利行为”和机会主义。适应形势变化，做好产业政策的动态调整。加强产业政策事前、事中、事后评估，健全评估标准，及时纠正不合理的政策。

附　录

中央全面深化改革领导小组历次会议

习近平主持召开中央全面深化改革领导小组第一次会议强调

把握大局审时度势统筹兼顾科学实施 坚定不移朝着全面深化改革目标前进*

李克强　刘云山　张高丽出席

新华社北京1月22日电　中共中央总书记、国家主席、中央军委主席、中央全面深化改革领导小组组长习近平1月22日下午主持召开中央全面深化改革领导小组第一次会议并发表重要讲话。他强调，全面深化改革，我们具备有利条件，具备实践基础，具备理论准备，也具备良好氛围，要把握大局、审时度势、统筹兼顾、科学实施，充分调动各方面积极性，坚定不移朝着全面深化改革目标前进。

中共中央政治局常委、中央全面深化改革领导小组副组长李克强、刘云山、张高丽出席会议。

会议审议通过了《中央全面深化改革领导小组工作规则》、《中央全面深化改革领导小组专项小组工作规则》、《中央全面深化改革领导小组办公室工作细则》；审议通过了中央全面深化改革领导小组下设经济体制和生态文明体制改革、民主法制领域改革、文化体制改革、社会体制改革、党的建设制度改革、纪律检查体制改革6个专项小组名单；审议通过了《中央有关部门贯彻落实党的十八届三中全会〈决定〉重要举措分工方案》；听取了各地区各部门贯彻落实党的十八届三中全会精神进展情况，研究了领导小组近期工作。

习近平在讲话中指出，党的十八届三中全会以后，各地区各部门迅速行动，深入学习宣传全会精神，全党全国思想认识高度一致，抓改革的机遇意识、责

---

* 《把握大局审时度势统筹兼顾科学实施　坚定不移朝着全面深化改革目标前进》，《人民日报》2014年1月23日。

任意识、紧迫意识普遍增强，主动性、自觉性明显提高。各地区各部门结合实际情况，制定和采取一系列改革举措，涉及经济体制、政治体制、文化体制、社会体制、生态文明体制和党的建设制度方方面面，突出了凝聚全社会改革共识和合力、致力于推进国家治理体系和治理能力现代化，突出了使市场在资源配置中起决定性作用和更好发挥政府作用，突出了促进社会公平正义、增进人民福祉，突出了对社会热点问题的积极回应，行动比较快，指向比较准，落点比较实，反响比较好。

习近平强调，对改革行政审批制度、改革工商注册制度、推进社会主义核心价值体系建设、实施单独两孩政策、废止劳动教养制度、改革和完善干部考核评价制度、改进干部选拔任用机制、坚持厉行节约反对浪费、深入开展党风廉政建设和反腐败斗争等全社会高度关注、各方面抱有急切期盼的问题，我们及时组织有关部门研究出台了政策措施和制度文件，有的还作出了法律决定。总的看，当前贯彻落实三中全会精神，上上下下热情很高。

习近平指出，我们也要看到，贯彻落实三中全会精神，也存在一些值得注意的问题。主要是有的地方、单位、干部对三中全会精神理解不深、把握不准，对全面深化改革的艰巨性、复杂性、关联性、系统性估计不足；有的对全面深化改革的重要性和紧迫性认识不足，抓改革作风不扎实、工作不到位。还要看到，随着改革不断推进，对利益关系的触及将越来越深，对此也要有足够思想准备。对改革进程中已经出现和可能出现的问题，困难要一个一个克服，问题要一个一个解决，既敢于出招又善于应招，做到“蹄疾而步稳”。

习近平强调，中央全面深化改革领导小组的责任，就是要把党的十八届三中全会提出的各项改革举措落实到位。要深入学习领会三中全会精神，党的十八大和十八届三中全会作出的各项部署是我们议事决策的总依据，领导小组要带头学习好、理解深、消化透，善于观大势、谋大事，站在国内国际两个大局、党和国家工作大局、全面深化改革全局来思考和研究问题。要牢牢把握改革正确方向，在涉及道路、理论、制度等根本性问题上，在大是大非面前，必须立场坚定、旗帜鲜明。要严格按规则和程序办事，坚持集思广益、民主集中，凡是议定的事要分头落实，不折不扣抓出成效。要强化改革责任担当，看准了的事情，就要拿出政治勇气来，坚定不移干。要充分调动各方面积极性，改革任务越繁重，我们越要依靠人民群众支持和参与，善于通过提出和贯彻正确的改革措施带领人民前进，善于从人民的实践创造和发展要求中完善改革的政策主张。

习近平指出，专项小组、中央改革办、牵头单位和参与单位，要建好工作机制，做到既各司其职、各负其责又加强协作配合，形成工作合力。一要抓统筹，既抓住重点也抓好面上，既抓好当前也抓好长远，处理好重大关系，统筹考虑战略、战役、战斗层面的问题，做好政策统筹、方案统筹、力量统筹、进度统筹工作。二要抓方案，全面深化改革总体部署已经有了，要抓紧出台施工方案，按照施工方案推进各项改革举措落地。三要抓落实，三中全会各项具体改革举措，要有时间表，一项一项抓落实，以多种形式督促检查，指导和帮助各地区各部门分解任务、落实责任。四要抓调研，加强对重大改革问题的调研，尽可能多听一听基层和一线的声音，尽可能多接触第一手材料，做到重要情况心中有数。要推动各地区各部门加强调研，注重发挥有关专家学者、研究机构对全面深化改革的调研咨询作用。

习近平强调，一年之计在于春。专项小组和中央改革办要尽快运转起来。各省区市要尽快建立全面深化改革领导小组，有关部委的改革责任机制也要尽快建立起来，并同领导小组形成联系机制。要抓紧研究提出领导小组 2014 年工作要点，把握大局、扎实推进，战略上勇于进取，战术上稳扎稳打。把三中全会对全面深化改革的总体部署落实下来，要在总体工作思路上多动脑筋、多下功夫。

中央全面深化改革领导小组成员出席，中央和国家有关部门负责同志列席会议。

习近平主持召开中央全面深化改革领导小组第二次会议强调

把抓落实作为推进改革工作的重点 真抓实干蹄疾步稳务求实效*

李克强　刘云山　张高丽出席

新华社北京2月28日电　中共中央总书记、国家主席、中央军委主席、中央全面深化改革领导小组组长习近平2月28日下午主持召开中央全面深化改革领导小组第二次会议并发表重要讲话。他强调，全面完成党的十八届三中全会确定的改革任务还有7年时间。起跑决定后程。今年工作抓得怎么样，对起好步、开好局意义重大。要把抓落实作为推进改革工作的重点，真抓实干，蹄疾步稳，务求实效。

中共中央政治局常委、中央全面深化改革领导小组副组长李克强、刘云山、张高丽出席会议。

会议审议通过了《中央全面深化改革领导小组2014年工作要点》，审议通过了《关于十八届三中全会〈决定〉提出的立法工作方面要求和任务的研究意见》、《关于经济体制和生态文明体制改革专项小组重大改革的汇报》、《深化文化体制改革实施方案》、《关于深化司法体制和社会体制改革的意见及贯彻实施分工方案》，听取了关于中央全面深化改革领导小组第一次会议以来各地区各部门改革工作进展情况汇报，部署了当前和今后一个时期工作。

习近平在讲话中指出，中央全面深化改革领导小组第一次会议召开以来，各地区各部门做了大量工作。大多数省区市出台了关于全面深化改革的决定或实施意见及分工方案，对本地区改革任务进行了项目化、责任化的分解。中央和国家机关有关部门结合职责积极谋划改革，按照领导小组明确的重要改革举

---

* 《把抓落实作为推进改革工作的重点　真抓实干蹄疾步稳务求实效》，《人民日报》2014年3月1日。

措分工方案，抓紧提出改革任务清单，明确进度安排和成果形式。各项改革任务都能坚持以影响经济社会发展的重大问题为导向，立足于经济社会发展的瓶颈制约、群众反映强烈的突出问题，努力破除体制机制障碍。

习近平指出，会议审议通过的《中央全面深化改革领导小组2014年工作要点》，明确了今年改革的任务和重点，要把工作要点确定的任务逐项明确责任单位、责任人、时间进度。中央和国家机关有关部门要结合工作要点，对《中央有关部门贯彻实施党的十八届三中全会〈决定〉重要举措分工方案》确定的工作任务进行一次全面的梳理，进一步强化责任、明确分工，找准工作着力点，提出可检验的成果形式和时间进度安排。对已经推出的改革举措，要加强跟踪了解，及时总结经验、解决问题，巩固和发展改革成果。对新启动的改革举措或改革试点，要加大组织和协调工作力度，确保取得成效。对需要长期抓落实的项目和任务，要以抓铁有痕、踏石留印的劲头，坚持不懈抓下去。对今年条件不具备、暂不启动的改革任务，要创造条件，抓紧做好前期准备工作，争取适时启动。

习近平强调，凡属重大改革都要于法有据。在整个改革过程中，都要高度重视运用法治思维和法治方式，发挥法治的引领和推动作用，加强对相关立法工作的协调，确保在法治轨道上推进改革。经济体制改革是全面深化改革的重头，对其他领域改革具有牵引作用，要抓好已经出台的改革措施的落实，运用好已有试点成果和研究成果，加强工作协调，使各项改革协同配套，使改革与宏观经济运行和解决人民群众关心的突出问题协同推进。要紧紧围绕建设社会主义核心价值体系、建设社会主义文化强国，完善文化管理体制和文化生产经营机制，建立健全现代公共文化服务体系、现代文化市场体系来做好工作，以此推动社会主义文化大发展大繁荣。深化司法体制和社会体制改革，要注重改革举措的配套衔接，注重分类推进，强化任务落实，保证严格规范公正文明执法，加快建设公正高效权威的社会主义司法制度，加快形成科学有效的社会治理体制，促进社会公平正义，保障人民安居乐业。

习近平指出，对重大改革尤其是涉及人民群众切身利益的改革决策，要建立社会稳定评估机制。遇到关系复杂、牵涉面广、矛盾突出的改革，要及时深入了解群众实际生活情况怎么样，群众诉求是什么，改革能给群众带来的利益有多少，从人民利益出发谋划思路、制定举措、推进落实。要建立科学评价机制，对改革效果进行全面评估。要大力宣传推进改革的新进展新成效，准确解读出台的改革政策举措，为全面深化改革营造良好舆论氛围。

中央全面深化改革领导小组成员出席，中央和国家机关有关部门负责同志列席会议。

习近平主持召开中央全面深化改革领导小组第三次会议强调

改革要聚焦聚神聚力抓好落实 着力提高改革针对性和实效性*

李克强　刘云山　张高丽出席

新华社北京6月6日电　中共中央总书记、国家主席、中央军委主席、中央全面深化改革领导小组组长习近平6月6日上午主持召开中央全面深化改革领导小组第三次会议并发表重要讲话。他强调，改革要坚持从具体问题抓起，着力提高改革的针对性和实效性，着眼于解决发展中存在的突出矛盾和问题，把有利于稳增长、调结构、防风险、惠民生的改革举措往前排，聚焦、聚神、聚力抓落实，做到紧之又紧、细之又细、实之又实。

中共中央政治局常委、中央全面深化改革领导小组副组长李克强、刘云山、张高丽出席会议。

会议审议了《深化财税体制改革总体方案》和《关于进一步推进户籍制度改革的意见》，建议根据会议讨论情况进一步修改完善后按程序报批实施。会议审议通过了《关于司法体制改革试点若干问题的框架意见》、《上海市司法改革试点工作方案》和《关于设立知识产权法院的方案》。会议还部署了当前和今后一个时期工作。

* 《改革要聚焦聚神聚力抓好落实　着力提高改革针对性和实效性》，《人民日报》2014年6月7日。

习近平在讲话中指出，财税体制改革不是解一时之弊，而是着眼长远机制的系统性重构。主要目的是明确事权、改革税制、稳定税负、透明预算、提高效率，加快形成有利于转变经济发展方式、有利于建立公平统一市场、有利于推进基本公共服务均等化的现代财政制度，形成中央和地方财力与事权相匹配的财税体制，更好发挥中央和地方两个积极性。深化财税体制改革，涉及面广，政策性强，利益调整难度大，落实工作任务艰巨而繁重。要充分认识深化财税体制改革的重要性、紧迫性、复杂性、艰巨性，树立全国一盘棋思想，加强组织领导，周密安排部署，正确引导舆论，凝聚各方共识，积极稳妥推进改革。

习近平强调，推进人的城镇化重要的环节在户籍制度，加快户籍制度改革，是涉及亿万农业转移人口的一项重大举措。总的政策要求是全面放开建制镇和小城市落户限制，有序放开中等城市落户限制，合理确定大城市落户条件，严格控制特大城市人口规模，促进有能力在城镇稳定就业和生活的常住人口有序实现市民化，稳步推进城镇基本公共服务常住人口全覆盖。户籍制度改革是一项复杂的系统工程，既要统筹考虑，又要因地制宜、区别对待。要坚持积极稳妥、规范有序，充分考虑能力和可能，优先解决存量，有序引导增量。要尊重城乡居民自主定居意愿，合理引导农业转移人口落户城镇的预期和选择。要促进大中小城市和小城镇合理布局、功能互补，搞好基本公共服务，还要维护好农民的土地承包经营权、宅基地使用权、集体收益分配权。

习近平强调，完善司法人员分类管理、完善司法责任制、健全司法人员职业保障、推动省以下地方法院检察院人财物统一管理、设立知识产权法院，都是司法体制改革的基础性、制度性措施。试点工作要在中央层面顶层设计和政策指导下进行，改革具体步骤和工作措施，鼓励试点地方积极探索、总结经验。中央有关部门要支持司法体制改革工作，帮助地方解决试点中遇到的难题，确保改革部署落到实处。试点地方的党委和政府要加强对司法体制改革的组织领导，细化试点实施方案，及时启动工作，按照可复制、可推广的要求，推动制度创新。

习近平指出，中央全面深化改革领导小组第二次会议召开以来，各地区各部门按照中央部署，推进各项改革任务，工作抓得比较紧。总的看，改革势头较好。目标是否坚定，决定改革的成败；落实能否到位，决定蓝图的实现。各地区各部门要敢于担当，积极有为推进改革攻坚。推进改革既要管宏观，也要统筹好中观、微观。要突出具有结构支撑作用的重大改革，把握好重大改革的次序，优先推进基础性改革。中央有关部门要加强对地方改革的具体指导，明确改革政策各个环节的衔接配合关系。各牵头单位要加大年度工作要点的推进落实力度，到人到事，凡事都要有人去管、去盯、去促、去干。要抓紧对领导小组工作要点落实情况督促检查和对账盘点，成熟一个，审议一个，出台一个。

中央全面深化改革领导小组成员出席，中央和国家有关部门负责同志列席会议。

习近平主持召开中央全面深化改革领导小组第四次会议强调

共同为改革想招一起为改革发力 群策群力把各项改革工作抓到位 *

李克强　刘云山　张高丽出席

新华社北京8月18日电　中共中央总书记、国家主席、中央军委主席、中央全面深化改革领导小组组长习近平8月18日上午主持召开中央全面深化改革领导小组第四次会议并发表重要讲话。他强调，今年是党的十八届三中全会提出全面深化改革的元年，要真枪真刀推进改革，为今后几年改革开好头。各地区各部门要狠抓工作落实，实施方案要抓到位，实施行动要抓到位，督促检查要抓到位，改革成果要抓到位，宣传引导要抓到位，让人民群众感受到实实在在的改革成效，引导广大干部群众共同为改革想招、一起为改革发力。

中共中央政治局常委、中央全面深化改革领导小组副组长李克强、刘云山、张高丽出席会议。

会议审议了《中央管理企业主要负责人薪酬制度改革方案》《关于合理确

* 《共同为改革想招一起为改革发力　群策群力把各项改革工作抓到位》，《人民日报》2014年8月19日。

定并严格规范中央企业负责人履职待遇、业务支出的意见》《关于深化考试招生制度改革的实施意见》，建议根据会议讨论情况进一步修改完善后按程序报批实施。

会议审议通过了《关于推动传统媒体和新兴媒体融合发展的指导意见》《党的十八届三中全会重要改革举措实施规划（2014—2020年）》《关于上半年全面深化改革工作进展情况的报告》。

会议还总结了改革工作，分析了改革形势，部署了下一阶段工作。

习近平在讲话中指出，国有企业特别是中央管理企业，在关系国家安全和国民经济命脉的主要行业和关键领域占据支配地位，是国民经济的重要支柱，在我们党执政和我国社会主义国家政权的经济基础中也是起支柱作用的，必须搞好。改革开放以来，中央管理企业负责人薪酬制度改革取得积极成效，对促进企业改革发展发挥了重要作用，同时也存在薪酬结构不尽合理、薪酬监管体制不够健全等问题。要从我国社会主义初级阶段基本国情出发，适应国有资产管理体制和国有企业改革进程，逐步规范国有企业收入分配秩序，实现薪酬水平适当、结构合理、管理规范、监督有效，对不合理的偏高、过高收入进行调整。中央企业负责同志肩负着搞好国有企业、壮大国有经济的使命，要强化担当意识、责任意识、奉献意识，正确对待、积极支持这项改革。

习近平强调，合理确定并严格规范中央企业负责人履职待遇、业务支出，是改作风的深化，也是反“四风”的深化，国有企业要做贯彻落实中央八项规定精神、厉行节约反对浪费的表率。要合理确定并严格规范中央企业负责人履职待遇、业务支出，除了国家规定的履职待遇和符合财务制度规定标准的业务支出外，国有企业负责人没有其他的“职务消费”，按照职务设置消费定额并量化到个人的做法必须坚决根除。

习近平指出，考试招生制度是国家基本教育制度。总体上看，我国考试招生制度符合国情，同时也存在一些问题。必须通过深化改革，促进教育公平、提高人才选拔水平，适应培养德智体美全面发展的社会主义建设者和接班人的要求。深化考试招生制度改革，总的目标是形成分类考试、综合评价、多元录取的考试招生模式，健全促进公平、科学选才、监督有力的体制机制，构建衔接沟通各级各类教育、认可多种学习成果的终身学习立交桥。考试招生制度改革要在充分论证搞好顶层设计的基础上，试点先行，分步实施，有序推进。

习近平强调，推动传统媒体和新兴媒体融合发展，要遵循新闻传播规律和新兴媒体发展规律，强化互联网思维，坚持传统媒体和新兴媒体优势互补、一体发展，坚持先进技术为支撑、内容建设为根本，推动传统媒体和新兴媒体在内容、渠道、平台、经营、管理等方面的深度融合，着力打造一批形态多样、手段先进、具有竞争力的新型主流媒体，建成几家拥有强大实力和传播力、公信力、影响力的新型媒体集团，形成立体多样、融合发展的现代传播体系。要一手抓融合，一手抓管理，确保融合发展沿着正确方向推进。

习近平指出，党的十八届三中全会重要改革举措实施规划（2014—2020年），对未来7年的改革实施工作作出整体安排，突出了每项改革举措的改革路径、成果形式、时间进度，是指导今后一个时期改革的总施工图和总台账。中央有关部门要认真组织好规划的实施工作，统筹衔接关联改革，合理安排改革进度，实化细化改革成果，处理好改革与相关法律立改废的关系，及时解决实施中的矛盾问题，力争把改革任务做实。

习近平强调，做好下一步工作，关键是要狠抓落实。实施方案要抓到位，抓住突出问题和关键环节，找出体制机制症结，拿出解决办法，重大改革方案制定要确保质量。实施行动要抓到位，掌握节奏和步骤，搞好统筹协调，使相关改革协同配套、整体推进。督促检查要抓到位，强化督促考核机制，实行项目责任制，分兵把守，守土有责，主动出击，贴身紧逼。改革成果要抓到位，建立健全改革举措实施效果评价体系。宣传引导要抓到位，继续加大对党的十八届三中全会精神的宣传引导，积极宣传改革新进展新成效。

中央全面深化改革领导小组成员出席，中央和国家有关部门负责同志列席会议。

习近平主持召开中央全面深化改革领导小组第五次会议强调

严把改革方案质量关督察关 确保改革改有所进改有所成*

李克强 张高丽出席

新华社北京9月29日电 中共中央总书记、国家主席、中央军委主席、中央全面深化改革领导小组组长习近平9月29日下午主持召开中央全面深化改革领导小组第五次会议并发表重要讲话。他强调，要高度重视改革方案的制定和落实工作，做实做细调查研究、征求意见、评估把关等关键环节，严把改革方案质量关，严把改革督察关，确保改革改有所进、改有所成。

中共中央政治局常委、中央全面深化改革领导小组副组长李克强、张高丽出席会议。

会议审议了《关于引导农村土地承包经营权有序流转发展农业适度规模经营的意见》、《积极发展农民股份合作赋予集体资产股份权能改革试点方案》、《关于深化中央财政科技计划（专项、基金等）管理改革的方案》，建议根据会议讨论情况进一步修改完善后按程序报批实施。

习近平在讲话中指出，现阶段深化农村土地制度改革，要更多考虑推进中国农业现代化问题，既要解决好农业问题，也要解决好农民问题，走出一条中国特色农业现代化道路。我们要在坚持农村土地集体所有的前提下，促使承包权和经营权分离，形成所有权、承包权、经营权三权分置、经营权流转的格局。发展农业规模经营要与城镇化进程和农村劳动力转移规模相适应，与农业科技进步和生产手段改进程度相适应，与农业社会化服务水平提高相适应。要加强引导，不损害农民权益，不改变土地用途，不破坏农业综合生产能力。要尊重农民意愿，坚持依法自愿有偿流转土地经营权，不能搞强迫命令，不能搞行政

* 《严把改革方案质量关督察关 确保改革改有所进改有所成》，《人民日报》2014年9月30日。

瞎指挥。要坚持规模适度，重点支持发展粮食规模化生产。要让农民成为土地适度规模经营的积极参与者和真正受益者。要根据各地基础和条件发展，确定合理的耕地经营规模加以引导，不能片面追求快和大，更不能忽视了经营自家承包耕地的普通农户仍占大多数的基本农情。对工商企业租赁农户承包地，要有严格的门槛，建立资格审查、项目审核、风险保障金制度，对准入和监管制度作出明确规定。

习近平强调，积极发展农民股份合作、赋予集体资产股份权能改革试点的目标方向，是要探索赋予农民更多财产权利，明晰产权归属，完善各项权能，激活农村各类生产要素潜能，建立符合市场经济要求的农村集体经济运营新机制。搞好这项改革，一项重要基础工作是保障农民集体经济组织成员权利。要探索集体所有制有效实现形式，发展壮大集体经济。试点过程中，要防止侵吞农民利益，试点各项工作应严格限制在集体经济组织内部。我国农村情况千差万别，集体经济发展很不平衡，要搞好制度设计，有针对性地布局试点。

习近平指出，我们的科技计划在体系布局、管理体制、运行机制、总体绩效等方面都存在不少问题，突出表现在科技计划碎片化和科研项目取向聚焦不够两个问题上。要彻底改变政出多门、九龙治水的格局，坚持按目标成果、绩效考核为导向进行资源分配，统筹科技资源，建立公开统一的国家科技管理平台，构建总体布局合理、功能定位清晰、具有中国特色的科技计划体系和管理制度，以此带动科技其他方面的改革向纵深推进，为实施创新驱动发展战略创立一个好的体制保障。政府部门主要负责科技计划（专项、基金）的宏观管理，不再直接具体管理项目，通过统一的国家科技管理平台，建立决策、咨询、执行、评价、监管各环节职责清晰、协调衔接的新体系。要根据国家战略需要和科技创新规律，构建新型科技计划（专项、基金）管理体系，避免重复申报和重复资助。科技布局上既要注重全面布局，也要讲究重点突破、非对称发展，坚持有所为有所不为的方针，形成聚焦重点任务配置资源、集成攻关的新体制。

习近平强调，研究、思考、确定全面深化改革的思路和重大举措，必须进行全面深入的调查研究。要下功夫查找突出问题和现实困难，下功夫发现基层的有益探索，下功夫了解党内外对改革的各种意见和建议，下功夫了解群众的所想所盼，精准把脉、精确制导，为方案制定接地气、攒底气。要主动听取各方面意见，是什么问题就解决什么问题。对方案的不同意见，牵头部门要担负起协调责任。改革所涉及的法律法规立改废及试点工作所需法律授权问题，要与立法部门主动衔接，相向而行、同步推进。

习近平指出，随着改革方案不断出台，抓落实的任务越来越重。要把抓改革举措落地作为重要政治责任，强化主责部门和一把手责任，要敢于担当，主动作为。不仅要重视改革施工方案质量，更要考核验收改革竣工结果，没有完成或完成不到位的要问责。对通过的方案要查哨查铺，确保落实到位。要调配充实专门督察力量，开展对重大改革方案落实情况的督察，做到改革推进到哪里、督察就跟进到哪里。

中央全面深化改革领导小组成员出席，中央和国家有关部门负责同志列席会议。

习近平主持召开中央全面深化改革领导小组第六次会议强调

学习贯彻党的十八届四中全会精神 运用法治思维和法治方式推进改革 *

李克强　刘云山出席

新华社北京 10 月 27 日电　中共中央总书记、国家主席、中央军委主席、中央全面深化改革领导小组组长习近平 10 月 27 日上午主持召开中央全面深化改革领导小组第六次会议并发表重要讲话。他强调，党的十八届四中全会通过了全面推进依法治国的决定，与党的十八届三中全会通过的全面深化改革的决定形成了姊妹篇。全面深化改革需要法治保障，全面推进依法治国也需要深化改革。学习贯彻党的十八届四中全会精神是当前和今后一个时期全党全国的重大政治

* 《学习贯彻党的十八届四中全会精神　运用法治思维和法治方式推进改革》，《人民日报》2014 年 10 月 28 日。

任务，各地区各部门务必抓紧抓好，切实提高运用法治思维和法治方式推进改革的能力和水平。

中共中央政治局常委、中央全面深化改革领导小组副组长李克强、刘云山出席会议。

会议审议了《关于加强社会主义协商民主建设的意见》、《关于中国（上海）自由贸易试验区工作进展和可复制改革试点经验的推广意见》、《关于加强中国特色新型智库建设的意见》，审议通过了《关于国家重大科研基础设施和大型科研仪器向社会开放的意见》，建议根据会议讨论情况进一步修改完善后按程序报批实施。

习近平在讲话中指出，社会主义协商民主在我国有根、有源、有生命力，是中国共产党人和中国人民的伟大创造，是中国社会主义民主政治的特有形式和独特优势，是党的群众路线在政治领域的重要体现。对这个基本定性，我们要深刻理解，进一步凝聚共识，更好推进这项制度建设。我们坚持有事多商量，遇事多商量，做事多商量，商量得越多越深入越好，就是要通过商量出办法、出共识、出感情、出团结。加强社会主义协商民主建设的目标是构建程序合理、环节完整的协商民主体系，为我国社会主义民主政治注入新的活力。加强协商民主建设，要坚持党的领导、人民当家作主、依法治国有机统一，坚定不移走中国特色社会主义政治发展道路，有组织、有重点、分层次积极稳妥推进各方面协商。

习近平强调，上海自由贸易试验区成立以来，在党中央、国务院领导下，在中央有关部门和上海市委、市政府共同努力下，以制度创新为核心，以形成可复制可推广经验为要求，在简政放权、放管结合、加快政府职能转变、体制机制创新、促进贸易投资便利化以及营造市场化、国际化、法治化营商环境等方面，进行了积极探索和大胆尝试，取得了一系列新成果，为在全国范围内深化改革和扩大开放探索了新途径、积累了新经验。党的十八届三中全会提出，要在推进现有试点基础上，选择若干具备条件的地方发展自由贸易园（港）区。上海自由贸易试验区取得的经验，是我们在这块试验田上试验培育出的种子，要把这些种子在更大范围内播种扩散，尽快开花结果，对试验取得的可复制可推广的经验，能在其他地区推广的要尽快推广，能在全国推广的要推广到全国。

习近平指出，总体上看，现在一些地方和部门，科技资源配置分散、封闭、重复建设问题比较突出，不少科研设施和仪器重复建设和购置，闲置浪费比较严重，专业化服务能力不高。要从健全国家创新体系、提高全社会创新能力的高度，通过深化改革和制度创新，把公共财政投资形成的国家重大科研基础设施和大型科研仪器向社会开放，让它们更好为科技创新服务、为社会服务。推进这项改革要细化公开有关实施操作办法，加强统筹协调，一些探索性较强的问题可先试点。

习近平强调，智力资源是一个国家、一个民族最宝贵的资源。我们进行治国理政，必须善于集中各方面智慧、凝聚最广泛力量。改革发展任务越是艰巨繁重，越需要强大的智力支持。近些年来，我国智库发展很快，在出思想、出成果、出人才方面取得了很大成绩，为推动改革开放和现代化建设作出了重要贡献。同时，随着形势发展，智库建设跟不上、不适应的问题也越来越突出，尤其是缺乏具有较大影响力和国际知名度的高质量智库。要从推动科学决策、民主决策，推进国家治理体系和治理能力现代化、增强国家软实力的战略高度，把中国特色新型智库建设作为一项重大而紧迫的任务切实抓好。要坚持党的领导，把握正确导向，充分体现中国特色、中国风格、中国气派；坚持科学精神，鼓励大胆探索；坚持围绕大局，服务中心工作；坚持改革创新，规范发展。要统筹推进党政部门、社科院、党校行政学院、高校、军队、科技和企业、社会智库协调发展，形成定位明晰、特色鲜明、规模适度、布局合理的中国特色新型智库体系，重点建设一批具有较大影响和国际影响力的高端智库，重视专业化智库建设。

习近平指出，科学立法是处理改革和法治关系的重要环节。要实现立法和改革决策相衔接，做到重大改革于法有据、立法主动适应改革发展需要。在研究改革方案和改革措施时，要同步考虑改革涉及的立法问题，及时提出立法需求和立法建议。实践证明行之有效的，要及时上升为法律。实践条件还不成熟、需要先行先试的，要按照法定程序作出授权。对不适应改革要求的法律法规，要及时修改和废止。要加强法律解释工作，及时明确法律规定含义和适用法律依据。要把党的十八届四中全会提出的 180 多项对依法治国具有重要意义的改革举措，纳入改革任务总台账，一体部署、一体落实、一体督办。

中央全面深化改革领导小组成员出席，中央和国家有关部门负责同志列席会议。

习近平主持召开中央全面深化改革领导小组第七次会议强调

鼓励基层群众解放思想积极探索 推动改革顶层设计和基层探索互动*

李克强　刘云山　张高丽出席

新华社北京 12 月 2 日电　中共中央总书记、国家主席、中央军委主席、中央全面深化改革领导小组组长习近平 12 月 2 日上午主持召开中央全面深化改革领导小组第七次会议并发表重要讲话。他强调，改革开放在认识和实践上的每一次突破和发展，无不来自人民群众的实践和智慧。要鼓励地方、基层、群众解放思想、积极探索，鼓励不同区域进行差别化试点，善于从群众关注的焦点、百姓生活的难点中寻找改革切入点，推动顶层设计和基层探索良性互动、有机结合。

中共中央政治局常委、中央全面深化改革领导小组副组长李克强、刘云山、张高丽出席会议。

会议审议了《关于农村土地征收、集体经营性建设用地入市、宅基地制度改革试点工作的意见》、《关于加快构建现代公共文化服务体系的意见》、《关于县以下机关建立公务员职务与职级并行制度的意见》、《关于加强中央纪委派驻机构建设的意见》，审议通过了《最高人民法院设立巡回法庭试点方案》和《设立跨行政区划人民法院、人民检察院试点方案》，建议根据会议讨论情况进一步修改完善后按程序报批实施。

---

* 《鼓励基层群众解放思想积极探索　推动改革顶层设计和基层探索互动》，《人民日报》2014 年 12 月 3 日。

会议指出，土地制度是国家的基础性制度。党的十八届三中全会明确了农村土地制度改革的方向和任务，这 3 项改革涉及农村集体经济组织制度、村民自治制度等一系列重要制度，关乎城镇化、农业现代化进程。要始终把维护好、实现好、发展好农民权益作为出发点和落脚点，坚持土地公有制性质不改变、耕地红线不突破、农民利益不受损三条底线，在试点基础上有序推进。土地征收、集体经营性建设用地入市、宅基地制度改革关系密切，可以作统一部署和要求，但试点工作中要分类实施。严守 18 亿亩耕地红线是推进农村土地制度改革的底线、是试点的大前提，决不能逾越。对宅基地制度改革的试点条件和范围要严格把关，不能侵犯农民利益，同时不得以退出宅基地使用权作为进城落户的条件，这是关系社会安定的重要举措。中央有关部门和地方要加强指导监督，严格把握试点条件。

会议强调，构建现代公共文化服务体系是保障人民群众基本文化权益、建设社会主义文化强国的重要制度设计。要把现代公共文化服务体系建设作为一项民心工程，坚持政府主导、社会参与、共建共享，统筹城乡和区域文化均等化发展，加快形成覆盖城乡、便捷高效、保基本、促公平的现代公共文化服务体系。要牢固树立以人民为中心的工作导向，坚持以社会主义核心价值观为引领，深入研究新时期人民群众文化需求特点，发展先进文化，创新传统文化，扶持通俗文化，引导流行文化，改造落后文化，抵制有害文化，为实现中华民族伟大复兴的中国梦提供强大的精神动力和文化支撑。要注重体制机制创新，关键是要整合用好各类公共文体设施和服务资源，做到物尽其用、人尽其才。要把工作重心放在基层，着力加强贫困地区公共文化服务体系建设，保障困难群众等基本文化权益。

会议指出，在职务之外开辟职级晋升通道，有利于调动广大基层公务员的积极性，是为基层公务员办好事、办实事，一定要把好事办好。在全国县以下机关实施这项改革，要总结试点工作经验，坚持好的做法，改进存在的不足，认真抓好组织实施。

会议强调，党的十八大以来，党中央高度重视党风廉政建设和反腐败工作，深入推进作风建设，坚定不移惩治腐败。党风廉政和反腐败工作要继续抓下去，除了继续保持高压严打态势外，还要加强制度建设。实现全面派驻就是要使党内监督不留死角、没有空白。派驻监督是中央纪委纪检职能的重要组成部分，派驻机构的主业是党风廉政建设和反腐败斗争，首要职责是监督执纪问责。派驻机构要发挥“派”的权威和“驻”的优势，履行党章赋予的职责。派驻干部要牢记使命、坚持原则，做到忠诚、干净、担当。对党风廉政问题该发现没有发现就是失职，发现问题匿情不报、不处理就是渎职。

会议指出，最高人民法院设立巡回法庭，设立跨行政区划人民法院、人民检察院，是党的十八届四中全会提出的重要改革举措。最高人民法院设立巡回法庭，审理跨行政区域重大行政和民商事案件，有利于审判机关重心下移、就地解决纠纷、方便当事人诉讼。探索设立跨行政区划的人民法院、人民检察院，有利于排除对审判工作和检察工作的干扰、保障法院和检察院依法独立公正行使审判权和检察权，有利于构建普通案件在行政区划法院审理、特殊案件在跨行政区划法院审理的诉讼格局。这两项改革试点涉及司法管理体制、司法权力运行机制等深层次问题。试点方案先在基础扎实、需求迫切的地方开展试点。这是新生事物，新开门面要站在高起点上，有整体性考虑和系统性设计，创造可复制、可推广的机制制度。

会议强调，进行改革试点，对全面深化改革具有重要意义。我国地区发展不平衡，改革试点的实施条件差异较大，要鼓励不同区域进行差别化探索。要坚持眼睛向下，脚步向下，尊重基层群众实践，解决群众生产生活中面临的突出问题，务必使改革的思路、决策、措施都能更好满足群众诉求，做到改革为了群众、改革依靠群众、改革让群众受益。

会议指出，要抓紧制定明年工作要点，特别是要提出一些起标志性、关联性作用的改革举措，把提高改革方案质量放到重要位置，进一步明确抓落实的责任。党的十八届四中全会提出的重大改革举措，由中央全面深化改革领导小组统筹协调、督促落实，要有明确的路线图、时间表和可检验的成果形式。

中央全面深化改革领导小组成员出席，中央和国家有关部门负责同志列席会议。

习近平主持召开中央全面深化改革领导小组第八次会议强调

巩固良好势头再接再厉乘势而上 推动全面深化改革不断取得新成效*

李克强　刘云山　张高丽出席

新华社北京 12 月 30 日电　中共中央总书记、国家主席、中央军委主席、中央全面深化改革领导小组组长习近平 12 月 30 日上午主持召开中央全面深化改革领导小组第八次会议并发表重要讲话。他强调，今年是全面深化改革的开局之年，改革形成了上下联动、主动作为、蹄疾步稳、狠抓落实的好局面，呈现出全面播种、次第开花的生动景象，在一些重要领域和关键环节取得重大进展和积极成效，有力促进了稳增长、调结构、惠民生、防风险等方面的工作。明年是全面深化改革的关键之年，气可鼓而不可泄，要巩固改革良好势头，再接再厉、趁热打铁、乘势而上，推动全面深化改革不断取得新成效。

中共中央政治局常委、中央全面深化改革领导小组副组长李克强、刘云山、张高丽出席会议。

会议审议通过了《关于 2014 年全面深化改革工作的总结报告》、《中央全面深化改革领导小组 2015 年工作要点》、《贯彻实施党的十八届四中全会决定重要举措 2015 年工作要点》。

会议强调，今年以来，在党中央坚强领导下，各地区各部门把落实党的十八届三中全会提出的各项改革举措作为中心任务，凝心聚力，统筹谋划，把抓部署、抓统筹、抓方案、抓落实、抓督办、抓宣传等关键环节衔接贯通，一个问题一个问题跟进解决，一个节点一个节点扎实推进，一个方案一个方案有序推出，经济体制改革领先推进，民主法制领域改革协调推进，文化体制改革积极创新，社会治理体制改革标本兼治，社会事业领域改革统筹推进，生态文明体制改革稳慎探路，党的纪律检查体制改革立行立改，党的建设制度改革力度加大。

会议指出，2014 年领导小组确定的 80 个重点改革任务基本完成，此外中央

---

* 《巩固良好势头再接再厉乘势而上　推动全面深化改革不断取得新成效》，《人民日报》2014 年 12 月 31 日。

有关部门还完成了108个改革任务，共出台370条改革成果。这些改革，有的是具有顶层设计性质的专项改革总体方案，带有统领和指导作用，有的是涉及多部门、跨不同领域，牵一发动全身的突破口，有的是议论多年、改革阻力较大、多年都啃不动的硬骨头，还有的是具有积极探路性质的改革试点，各地区也结合实际推出一批有力度、有特色、有影响的改革举措。实践说明，中央全面深化改革领导小组的组织领导是坚强有力的，推进改革的决策机制、统筹协调机制、督办督察机制、宣传引导机制也是有效管用的。这些机制要继续坚持和发挥作用。

会议指出，明年是全面深化改革的关键之年，气可鼓而不可泄。各地区各部门都要认真回顾开局之年的工作，总结经验、找出不足、摸索规律，为今后改革工作创造良好条件。要强化责任意识、问题意识、攻坚意识，加强组织领导。要抓好改革任务统筹协调，更加注重改革的系统性、整体性、协同性，重点提出一些起标志性、关联性作用的改革举措，把需要攻坚克难的硬骨头找出来，把需要闯的难关、需要蹚的险滩标出来，加强对跨区域跨部门重大改革事项协调，一鼓作气、势如破竹地把改革难点攻克下来。

会议强调，要把提高改革质量放到重要位置，坚持速度服从质量，做实做细调查研究，多深入基层听取各方意见，严格方案制定程序。对已出台的具有重大结构支撑作用的改革，要抓紧出台细化实施方案，坚决消除“中梗阻”、“肠梗阻”。对已经出台的重大方案要排队督察，及时跟踪、及时检查、及时评估、及时整改，重在发现问题。

会议指出，要明确各部门各单位落实改革方案的责任和要求，提高改革方案穿透力，以钉钉子精神抓好落实。要增强改革动力和合力，强化部门的责任担当，增强大局意识、紧迫意识，以政府自身改革带动重要领域改革。要发动群众参与改革，引导社会支持改革，引导社会舆论和各方预期，汇聚起全社会支持改革的正能量。

会议强调，中央全面深化改革领导小组要对十八届三中、四中全会重要改革举措进行一体部署、一体落实、一体督办，切实抓好政策统筹、方案统筹、力量统筹、进度统筹。有关单位要抓紧分解任务，明确完成时间，确保改革有序推进、扎实落地。

会议审议通过了《关于进一步规范刑事诉讼涉案财物处置工作的意见》。会议指出，规范刑事诉讼涉案财物处置工作，是一件事关正确惩治犯罪、保障人权的大事，是一项促进司法公正、提高司法公信力的重要举措。这些年来，司法不公、贪赃枉法的一个突出问题就发生在刑事诉讼涉案财物处置的过程中。涉案财物处置涉及不同诉讼领域、不同执法司法环节，是一项跨部门、跨地方的复杂工作，政策性、操作性要求都很高，各地区各部门要牢固树立大局意识，加强协作配合，尽快探索建立涉案财物集中管理信息平台，完善涉案财物处置信息公开机制。各级党政部门要率先尊法守法，不得干预涉案财物处置过程。要加强境外追赃追逃工作，抓紧健全境外追赃追逃工作体制机制，运用法治思维和法治方式开展追赃追逃工作。有关部门要对涉案财物的定义、认定标准和范围等进行明确，增强各地和各司法机关执行政策的统一性。

会议还就构建开放型经济新体制、全面深化公安改革等问题进行了研究。

中央全面深化改革领导小组成员出席，中央和国家有关部门负责同志列席会议。

习近平主持召开中央全面深化改革领导小组第九次会议强调

明确任务落实责任加强督察 确保各项改革举措落地生根*

李克强　刘云山　张高丽出席

新华社北京1月30日电　中共中央总书记、国家主席、中央军委主席、中央全面深化改革领导小组组长习近平1月30日上午主持召开中央全面深化改革领导小组第九次会议并发表重要讲话。他强调，落实今年改革任务的责任重、要求高，各地区各部门要明确任务，落实责任，及早部署，精心组织，提高改革方案质量，加大改革落实力度，深入开展改革督察，努力使各项改革举措落

* 《明确任务落实责任加强督察　确保各项改革举措落地生根》，《人民日报》2015年1月31日。

地生根，确保各项改革取得预期成效、真正解决问题。

中共中央政治局常委、中央全面深化改革领导小组副组长李克强、刘云山、张高丽出席会议。

会议审议通过了《关于贯彻落实党的十八届四中全会决定进一步深化司法体制和社会体制改革的实施方案》《省（自治区、直辖市）纪委书记、副书记提名考察办法（试行）》《中央纪委派驻纪检组组长、副组长提名考察办法（试行）》《中管企业纪委书记、副书记提名考察办法（试行）》。

会议强调，全面深化改革是全党的一项重要工作，各级党委（党组）都要强化责任担当。党委（党组）书记作为第一责任人，既要亲自抓部署、抓方案、抓协调，又要亲自抓改革方案督办督察，一级抓一级，层层传导责任。

会议指出，全面深化改革，既要取势，又要取实。我国各地情况千差万别，改革需要在实践中不断探索、积累经验。中央全面深化改革领导小组要观大势、议大事、抓大事，履职尽责，充分发挥领导核心作用。要统筹谋划、协调推进中央和地方改革。需要中央先定调子、划底线的，要按照统一部署及时给地方交底。需要地方先探路子、创造经验的，中央要及时给予授权，有效调动中央和地方两个积极性。

会议强调，地方各级党委要着力抓好有关重要改革部署的具体落实，抓好调查研究、问题反馈、实践创新。在细化落实中央确定的重大改革措施时，要结合实际，因地制宜，一环紧扣一环，一步紧跟一步，盯住干、马上办、改到位。要重点抓提高改革方案质量，坚持问题导向，聚焦体制机制顽疾，敢于突破部门利益的藩篱，多站在党和国家发展大局、全面深化改革大局的立场上谋划改革。承担牵头任务的中央有关部门，是抓落实、抓督察的主责单位，要切实担负起改革落地的责任，特别是要注意打通改革推进的“最后一公里”。要深入开展督察工作，对存在的问题及时指出纠正，对需要调整完善的改革方案及时分析研究，努力使各项改革都能适应党和国家事业发展要求，都能满足人民群众愿望和期待。

会议强调，党的十八届四中全会着眼于解决影响司法公正、制约司法能力的深层次问题，着眼于破解影响法治社会建设的体制机制障碍，对深化司法体制和社会体制改革作出了全面部署，专门制定一个实施方案非常必要。实施方案明确了各项改革任务的政策取向、责任分工、时间进度、成果要求，特别是注意把握了三中全会、四中全会有关司法体制和社会体制改革举措的内在联系，注重统筹政策、方案、力量、进度，以确保改革任务相互协调、改革进程前后衔接、改革成果彼此配套。各有关部门要自觉支持改革，主动把配套政策和保障措施落实到位。要抓住在司法体制和社会体制改革全局中居于基础性和制度性地位、牵一发而动全身的重点事项进行攻坚，以重点事项突破带动改革全面开展。要及时检查、及时评估，把解决了多少突出问题、群众对问题解决的满意度作为检验司法体制和社会体制改革成效的标准。

会议指出，这次提出的推进纪检体制改革的3个具体举措，既有利于坚持党对反腐败工作的领导，又有利于增强纪委监督权的相对独立性和权威性。当前，反腐败斗争形势依然严峻复杂，必须深化党的纪律检查体制改革，强化上级纪委对下级党委和纪委的监督，推动纪委双重领导体制落到实处。反腐败斗争要不断深入，关键在党，关键在人。纪委书记、副书记和纪检组长、副组长是纪检干部队伍的骨干，必须坚持高标准、严要求，把那些敢于担当、敢于监督、敢于负责的好干部选出来、用起来。要拓宽选人用人渠道，纪委书记、副书记人选既可以从纪检系统内产生，也可以从纪检系统外产生。各级党委、纪委和组织部门要认真落实这3个办法，推动建设一支思想上、政治上、作风上、能力上过硬的纪检干部队伍。执法者必先守纪，律人者必先律己。纪检干部尤其要严守政治纪律，对党忠诚、严格履职、敢于担当、守住底线，要牢记使命，把责任扛起来，用铁的纪律打造全党信任、人民信赖的纪检监察干部队伍。

会议还就深化体制机制改革加快实施创新驱动发展战略、推行地方各级政府工作部门权力清单制度等问题进行了研究。

中央全面深化改革领导小组成员出席，中央和国家有关部门负责同志列席会议。

习近平主持召开中央全面深化改革领导小组第十次会议强调

科学统筹突出重点对准焦距 让人民对改革有更多获得感*

李克强　刘云山　张高丽出席

新华社北京2月27日电　中共中央总书记、国家主席、中央军委主席、中央全面深化改革领导小组组长习近平2月27日上午主持召开中央全面深化改革领导小组第十次会议并发表重要讲话。他强调，要科学统筹各项改革任务，协调抓好党的十八届三中、四中全会改革举措，在法治下推进改革、在改革中完善法治，突出重点，对准焦距，找准穴位，击中要害，推出一批能叫得响、立得住、群众认可的硬招实招，处理好改革"最先一公里"和"最后一公里"的关系，突破"中梗阻"，防止不作为，把改革方案的含金量充分展示出来，让人民群众有更多获得感。

中共中央政治局常委、中央全面深化改革领导小组副组长李克强、刘云山、张高丽出席会议。

会议审议通过了《中国足球改革总体方案》、《关于领导干部干预司法活动、插手具体案件处理的记录、通报和责任追究规定》、《深化人民监督员制度改革方案》、《上海市开展进一步规范领导干部配偶、子女及其配偶经商办企业管理工作的意见》。

会议强调，实现中华民族伟大复兴的中国梦与中国体育强国梦息息相关。发展振兴足球是建设体育强国的必然要求，也是全国人民的热切期盼。发展振兴足球，必须克服阻碍足球发展振兴的体制机制弊端，为足球发展振兴提供更好体制保障。要遵循足球运动发展规律，坚持立足国情和借鉴国际经验相结合、着眼长远和夯实基础相结合、创新重建和问题治理相结合、举国体制和市

---

* 《科学统筹突出重点对准焦距　让人民对改革有更多获得感》，《人民日报》2015年2月28日。

场体制相结合，持续研究推动，不断总结改进。发展振兴足球事业关键是把路子走对，长期努力、久久为功，注重打好群众基础、夯实人才根基，从娃娃抓起，从基层抓起，从基础抓起，从群众性参与抓起。要让校园足球、新型足球学校、职业俱乐部、社会足球等各种培养途径衔接贯通，使足球事业发展动力更足、活力更强。体育界特别是足球界要抓住时机，大胆改革，大胆探索，不仅要为我国足球发展振兴探索新体制，而且要趟出一条深化体育管理体制改革的新路来。

会议指出，建立领导干部干预司法活动、插手具体案件处理的记录、通报和责任追究制度，是党的十八届四中全会提出的一项重要改革举措，主要目的是通过创新制度、加强监管，制约领导干部违法违规干预司法活动、妨碍司法公正的行为，对促进司法公正、抑制司法腐败具有制度性意义。出台这个规定，就是要为领导干部干预司法划出“红线”，建立防止司法干预的“防火墙”和“隔离带”，为司法机关依法独立公正行使职权提供制度保障。各级领导干部在推进依法治国方面肩负着重要责任，要牢固树立法律红线不能触碰、法律底线不能逾越的观念，不能违法干预司法活动、插手具体案件处理，不能对司法机关工作进行不当干预。各级党组织和领导干部要正确处理好坚持党的领导和确保司法机关依法独立公正行使职权的关系，保证司法机关积极主动、独立负责、协调一致开展工作。有关方面要进一步完善相关工作程序，把领导干部干预司法的情况纳入党风廉政建设责任制和政绩考核体系，作为考核干部遵守法律、依法办事、廉洁自律的重要依据。

会议强调，深化人民监督员制度改革是党的十八届三中、四中全会提出的一项重要改革举措，目的是进一步拓宽人民群众有序参与司法渠道，健全确保检察权依法独立公正行使的外部监督制约机制，对保障人民群众对检察工作的知情权、参与权、表达权、监督权具有重要意义。要认真总结人民监督员监督范围、监督程序试点和人民监督员选任管理方式改革试点经验做法，在人民监督员选任方式、监督范围、监督程序、知情权保障等方面深化改革。实行人民监督员制度，引入外部监督力量，改变了检察机关查办职务犯罪案件的具体程序和要求，健全了对犯罪嫌疑人、被告人的权利保护机制，是对司法权力制约机制的重大改革和完善。

会议指出，按照中央全面深化改革领导小组工作部署，中央有关方面将完善领导干部亲属经商办企业、担任公职和社会组织职务方面的规定。上海市委提出了进一步规范领导干部配偶、子女及其配偶经商办企业管理的意见，这是贯彻落实党要管党、从严治党要求的一个实际步骤。对规范领导干部配偶、子女及其配偶经商办企业问题，国家法律和党内法规都有明确规定，关键是要落实到位，让规矩起作用。对上海进行这项工作试点，中央有关部门要给予支持，跟踪进展，总结经验，在试点基础上扩大试点、逐步全面推开。领导干部的家风，不是个人小事、家庭私事，而是领导干部作风的重要表现。各级党委（党组）要重视领导干部家风建设，把它作为加强领导班子和领导干部作风建设的一项重要内容，定期检查有关情况。

会议强调，党中央已经明确，由中央全面深化改革领导小组负责统筹推进十八届三中、四中全会重要改革举措的贯彻落实，各地区各有关部门也要抓紧建立由党委（党组）统一领导、统筹落实的推进机制。要根据改革举措的轻重缓急、难易程度、推进条件，部署改革推进的步骤和次序，抓好各项改革任务的统筹协调。要抓紧编制党的十八届四中全会重要改革举措中长期规划，以施工图方式明确 190 项改革举措的改革路径、成果形式、时间进度。要强化领导落实责任，统筹推进科学立法、严格执法、公正司法、全民守法。中央全面深化改革领导小组要加大督察工作力度，各改革方案牵头部门对出台的改革举措要进行检查，重点了解和调研改革举措落实情况。

会议还就行业协会商会与行政机关脱钩、加强城乡社区协商等问题进行了研究。

中央全面深化改革领导小组成员出席，中央和国家有关部门、上海市负责同志列席会议。

习近平主持召开中央全面深化改革领导小组第十一次会议强调

深刻把握全面深化改革关键地位 自觉运用改革精神谋划推动工作*

李克强　刘云山　张高丽出席

新华社北京4月1日电　中共中央总书记、国家主席、中央军委主席、中央全面深化改革领导小组组长习近平4月1日下午主持召开中央全面深化改革领导小组第十一次会议并发表重要讲话。他强调，必须从贯彻落实“四个全面”战略布局的高度，深刻把握全面深化改革的关键地位和重要作用，拿出勇气和魄力，自觉运用改革思维谋划和推动工作，不断提高领导、谋划、推动、落实改革的能力和水平，切实做到人民有所呼、改革有所应。

中共中央政治局常委、中央全面深化改革领导小组副组长李克强、刘云山、张高丽出席会议。

会议审议通过了《乡村教师支持计划（2015—2020年）》、《关于城市公立医院综合改革试点的指导意见》、《人民陪审员制度改革试点方案》、《关于人民法院推行立案登记制改革的意见》、《党的十八届四中全会重要举措实施规划（2015—2020年）》。

会议指出，到2020年全面建成小康社会、基本实现教育现代化，薄弱环节和短板在乡村，在中西部老少边穷岛等边远贫困地区。发展乡村教育，让每个乡村孩子都能接受公平、有质量的教育，阻止贫困现象代际传递，是功在当代、利在千秋的大事。要把乡村教师队伍建设摆在优先发展的战略位置，多措并举，定向施策，精准发力，通过全面提高乡村教师思想政治素质和师德水平、拓展乡村教师补充渠道、提高乡村教师生活待遇、统一城乡教职工编制标准、职称（职务）评聘向乡村学校倾斜、推动城市优秀教师向乡村学校流动、

* 《深刻把握全面深化改革关键地位　自觉运用改革精神谋划推动工作》，《人民日报》2015年4月2日。

全面提升乡村教师能力素质、建立乡村教师荣誉制度等关键举措，努力造就一支素质优良、甘于奉献、扎根乡村的教师队伍。各级党委和政府要加强组织领导，因地制宜制定符合乡村学校实际的有效措施，把准支持重点，着力改革体制，鼓励和引导社会力量参与支持乡村教师队伍建设。

会议强调，公立医院是我国医疗服务体系的主体。要把深化公立医院改革作为保障和改善民生的重要举措，着力解决好群众看病就医问题。要坚持公立医院公益性的基本定位，将公平可及、群众受益作为改革出发点和立足点，落实政府办医责任，统筹推进医疗、医保、医药改革，坚持分类指导，坚持探索创新，破除公立医院逐利机制，建立维护公益性、调动积极性、保障可持续的运行新机制，构建布局合理、分工协作的医疗服务体系和分级诊疗就医格局。城市公立医院改革综合性强、涉及面广，在改革公立医院管理体制、建立公立医院运行新机制、强化医保支付和监控作用、建立符合医疗行业特点的人事薪酬制度、构建各类医疗机构协同发展的服务体系、推动建立分级诊疗制度、加快推进医疗卫生信息化建设等方面都要大胆探索、积极创新。要落实政府的领导责任、保障责任、管理责任、监督责任。要立足我国国情，加快推进改革试点，尽快形成可复制可推广的经验。

会议指出，人民陪审员制度是社会主义民主政治的重要内容。要通过改革人民陪审员制度，推进司法民主，促进司法公正，提升人民陪审员制度公信度和司法公信力。要坚持党的领导、人民当家作主、依法治国有机统一，坚定不移走中国特色社会主义法治道路，围绕改革人民陪审员选任条件和选任程序、扩大人民陪审员参审范围、完善人民陪审员参审案件机制、探索人民陪审员参审案件职权改革、完善人民陪审员退出和惩戒机制、完善人民陪审员履职保障制度等重要环节开展试点，提高人民陪审员广泛性和代表性，发挥人民陪审员制度的作用。

会议强调，改革人民法院案件受理制度，变立案审查制为立案登记制，目的是要通过改进工作机制、加强责任追究，切实解决人民群众反映强烈的“立案难”问题，保障当事人诉权。人民法院要明确登记立案范围、规范登记立案程序、健全配套机制、制裁违法滥诉、强化立案监督，逐步建立一套符合中国国情、符合司法规律的立案登记制度，坚决杜绝“有案不立、有诉不理、拖延立案、增设门槛”等现象。要强化法治意识，积极配合做好工作，坚决杜绝干预、阻挠人民法院依法立案现象发生。要加强诉讼诚信建设，加大对虚假诉讼、恶意诉讼、无理缠诉行为的惩治力度，依法维护正常立案秩序。

会议指出，党的十八届四中全会重要举措实施规划（2015—2020年），是今后一个时期推进全面依法治国的总施工图和总台账。要组织好规划实施，注重政策统筹、方案统筹、力量统筹、进度统筹，确保改革任务相互协调，改革进程前后衔接，改革成果彼此配套，及时解决实施中的矛盾问题，努力把各项重要举措落到实处。

会议强调，推进全面深化改革、全面依法治国，任务很重，时间很紧。要发扬钉钉子精神，乘势而上、顺势而为，加大改革方案出台力度，试点工作要抓紧抓实。出台的方案一定要有可操作性，细化改革任务的责任主体、完成时限、考核问责等。改革方案通过后，能公开的要向社会原原本本发布，以利社会共同监督落实。要抓好改革方案的进度统筹、质量统筹、落地统筹，理清各项改革的“联络图”和“关系网”，增强改革的有序性。

会议还就深化农村改革、鼓励社会力量兴办教育促进民办教育健康发展等问题进行了研究。

中央全面深化改革领导小组成员出席，中央和国家有关部门负责同志列席会议。

习近平主持召开中央全面深化改革领导小组第十二次会议强调

把握改革大局自觉服从服务改革大局 共同把全面深化改革这篇大文章做好*

李克强　刘云山　张高丽出席

新华社北京5月5日电　中共中央总书记、国家主席、中央军委主席、中央全面深化改革领导小组组长习近平5月5日下午主持召开中央全面深化改革

* 《把握改革大局自觉服从服务改革大局　共同把全面深化改革这篇大文章做好》，《人民日报》2015年5月6日。

领导小组第十二次会议并发表重要讲话。他强调，要教育引导各级领导干部自觉用“四个全面”战略布局统一思想，正确把握改革大局，从改革大局出发看待利益关系调整，只要对全局改革有利、对党和国家事业发展有利、对本系统本领域形成完善的体制机制有利，都要自觉服从改革大局、服务改革大局，勇于自我革命，敢于直面问题，共同把全面深化改革这篇大文章做好。

中共中央政治局常委、中央全面深化改革领导小组副组长李克强、刘云山、张高丽出席会议。

会议审议通过了《关于在部分区域系统推进全面创新改革试验的总体方案》、《检察机关提起公益诉讼改革试点方案》、《关于完善法律援助制度的意见》、《深化科技体制改革实施方案》、《中国科协所属学会有序承接政府转移职能扩大试点工作实施方案》。

会议指出，在部分区域系统推进全面创新改革试验，是贯彻落实《中共中央、国务院关于深化体制机制改革加快实施创新驱动发展战略的若干意见》的重要举措。要紧扣创新驱动发展目标，以推动科技创新为核心，以破除体制机制障碍为主攻方向，开展系统性、整体性、协同性改革的先行先试，统筹推进科技、管理、品牌、组织、商业模式创新，统筹推进军民融合创新，统筹推进“引进来”和“走出去”合作创新，提升劳动、信息、知识、技术、管理、资本的效率和效益，加快形成我国经济社会发展的新引擎，为建设创新型国家提供强有力支撑。要加强政策统筹、方案统筹、力量统筹，支持试点区域发挥示范带动作用。

会议强调，党的十八届四中全会提出探索建立检察机关提起公益诉讼制度，目的是充分发挥检察机关法律监督职能作用，促进依法行政、严格执法，维护宪法法律权威，维护社会公平正义，维护国家和社会公共利益。要牢牢抓住公益这个核心，重点是对生态环境和资源保护、国有资产保护、国有土地使用权出让、食品药品安全等领域造成国家和社会公共利益受到侵害的案件提起民事或行政公益诉讼，更好维护国家利益和人民利益。

会议指出，法律援助工作是一项重要的民生工程，要把维护人民群众合法权益作为出发点和落脚点，紧紧围绕人民群众实际需要，积极提供优质高效的法律援助服务，努力让人民群众在每一个案件中都感受到公平正义。要适应困难群众的民生需求，降低门槛，帮助困难群众运用法律手段解决基本生产生活方面的问题。要注重发挥法律援助在人权司法保障中的作用，加强刑事法律援助工作，保障当事人合法权益。要通过法律援助将涉及困难群体的矛盾纠纷纳入法治化轨道解决，有效化解社会矛盾，维护和谐稳定。各级党委和政府要高度重视法律援助工作，不断提高法律援助工作水平。

会议强调，为打通科技创新与经济社会发展的通道，最大限度激发科技创新的巨大潜能，制定深化科技体制改革实施方案非常重要。要坚持问题导向，突出改革整体性，强调继承和发展，注重可操作性，聚焦制约科技创新和驱动发展的突出矛盾，统筹衔接当前和长远举措，明确分工、完成时限，把握节奏，分步实施，力争到2020年在科技体制改革的重要领域和关键环节上取得突破性成果，基本建立适应创新驱动发展战略要求、符合社会主义市场经济规律、科技创新发展规律的国家创新体系。

会议指出，中国科协所属学会有序承接政府转移职能扩大试点工作，要围绕服务改革需要，以科技评估、工程技术领域职业资格认定、技术标准研制、国家科技奖励推荐等适宜学会承接的科技类公共服务职能的整体或部分转接为重点，加强制度和机制建设，完善可负责、可问责的职能转接机制，强化效果监督和评估，尽快形成可复制可推广的经验模式。

会议同意山西、内蒙古、黑龙江、江苏、浙江、安徽、福建、山东、重庆、云南、宁夏开展推进司法责任制、司法人员分类管理、司法人员职业保障、省以下地方法院检察院人财物统一管理等4项改革试点。这是继去年上海、广东、吉林、湖北、青海、海南、贵州7个试点省市后的第二批试点。会议要求试点地方要加强组织领导，细化试点实施方案，推动制度创新。

会议强调，思想是行动的先导，要高度重视做好思想政治工作，改革推进到哪一步，思想政治工作就要跟进到哪一步，有的放矢开展思想政治工作，引导大家争当改革促进派。要高度重视全面深化改革引起的利益关系调整，通盘评估改革实施前、实施中、实施后的利益变化，统筹各方面各层次利益，分类指导，分类处理。要着力强化敢于担当、攻坚克难的用人导向，把那些想改革、谋改革、善改革的干部用起来，激励干部勇挑重担。

中央全面深化改革领导小组成员出席，中央和国家有关部门负责同志列席会议。

习近平主持召开中央全面深化改革领导小组第十三次会议强调

树立改革全局观积极探索实践 发挥改革试点示范突破带动作用*

李克强 刘云山 张高丽出席

新华社北京6月5日电 中共中央总书记、国家主席、中央军委主席、中央全面深化改革领导小组组长习近平6月5日上午主持召开中央全面深化改革领导小组第十三次会议并发表重要讲话。他强调，试点是改革的重要任务，更是改革的重要方法。试点能否迈开步子、趟出路子，直接关系改革成效。要牢固树立改革全局观，顶层设计要立足全局，基层探索要观照全局，大胆探索，积极作为，发挥好试点对全局性改革的示范、突破、带动作用。

中共中央政治局常委、中央全面深化改革领导小组副组长李克强、刘云山、张高丽出席会议。

会议审议通过了《关于在深化国有企业改革中坚持党的领导加强党的建设的若干意见》、《关于加强和改进企业国有资产监督防止国有资产流失的意见》、《关于完善国家统一法律职业资格制度的意见》、《关于招录人民法院法官助理、人民检察院检察官助理的意见》、《关于进一步规范司法人员与当事人、律师、特殊关系人、中介组织接触交往行为的若干规定》。

会议强调，坚持党的领导是我国国有企业的独特优势。把国有企业做强做优做大，不断增强国有经济活力、控制力、影响力、抗风险能力，要坚持党的建设与国有企业改革同步谋划、党的组织及工作机构同步设置，实现体制对接、机制对接、制度对接、工作对接，确保党的领导、党的建设在国有企业改革中得到体现和加强。要坚持党管干部原则，建立适应现代企业制度要求和市场竞

* 《树立改革全局观积极探索实践 发挥改革试点示范突破带动作用》，《人民日报》2015年6月6日。

争需要的选人用人机制。要把加强党的领导和完善公司治理统一起来，明确国有企业党组织在公司法人治理结构中的法定地位。国有企业党组织要承担好从严管党治党责任。

会议指出，防止国有资产流失，要坚持问题导向，立足机制制度创新，强化国有企业内部监督、出资人监督和审计、纪检巡视监督以及社会监督，加快形成全面覆盖、分工明确、协同配合、制约有力的国有资产监督体系。要全面覆盖、突出重点，加强对国有企业权力集中、资金密集、资源富集、资产聚集等重点部门、重点岗位和重点决策环节的监督。要权责分明、协同联合，清晰界定各类监督主体的监督职责，增强监督工作合力。要放管结合、提高效率，改进监督方式，创新监督方法，增强监督的针对性和有效性。要完善制度、严肃问责，依法依规开展监督工作，完善责任追究制度。

会议指出，完善国家统一法律职业资格制度，目的是建设一支忠于党、忠于国家、忠于人民、忠于法律的高素质社会主义法治工作队伍，为全面依法治国提供人才保障。要按照法治队伍建设正规化、专业化、职业化标准，建立统一职前培训制度，加强对法律职业人员的管理，把好法律职业的入口关、考试关、培训关，提高法律职业人才选拔的科学性和公信力。

会议强调，建立从政法专业毕业生中招录法官助理、检察官助理的规范机制，对推进人民法院、人民检察院队伍正规化、专业化、职业化建设，提高司法队伍整体职业素质和专业水平具有重要意义。要根据司法队伍的职业特点、职位性质、管理需要，遵循司法规律，建立符合审判、检察人员职业特点的招录机制，贯彻公开、平等、竞争、择优原则，坚持德才兼备、以德为先的标准，对艰苦边远地区实行政策倾斜，确保新录用的审判、检察人员具有良好的政治和专业素质。

会议指出，依法规范司法人员与当事人、律师、特殊关系人、中介组织的接触交往行为，对全面推进依法治国、建设社会主义法治国家、确保司法机关公正廉洁司法十分重要。要坚持从严管理，完善预防措施，加大监督力度，不断完善司法行为规范，优化司法环境。广大司法人员要做公正司法的实践者和维护者，守住做人、处事、用权、交友的底线，管好自己的生活圈、交往圈，自觉维护法律尊严和权威。

会议同意海南省就统筹经济社会发展规划、城乡规划、土地利用规划等开展省域“多规合一”改革试点。

会议强调，对一些矛盾问题多、攻坚难度大的改革试点，要科学组织，在总结经验的基础上全面推广。根据改革需要和试点条件，灵活设置试点范围和试点层级。改革试点要注意同中央确定的大的发展战略紧密结合起来，为国家战略实施创造良好条件。要鼓励地方和基层在教育、就业、医疗、社会治理、创新创业等关系群众切身利益的方面积极探索。对涉及风险因素和敏感问题的改革试点，要确保风险可控。要加强改革试点统筹部署和督察指导。主责部门要落实主体责任，谁主管、谁牵头、谁负责。

中央全面深化改革领导小组成员出席，中央和国家有关部门负责同志列席会议。

习近平主持召开中央全面深化改革领导小组第十四次会议强调

把“三严三实”贯穿改革全过程 努力做全面深化改革的实干家*

刘云山 张高丽出席

新华社北京7月1日电 中共中央总书记、国家主席、中央军委主席、中央全面深化改革领导小组组长习近平7月1日下午主持召开中央全面深化改革领导小组第十四次会议并发表重要讲话。他强调，领导干部是否做到严以修身、严以用权、严以律己，谋事要实、创业要实、做人要实，全面深化改革是一个重要检验。要把“三严三实”要求贯穿改革全过程，引导广大党员、干部特别是领导干部大力弘扬实事求是、求真务实精神，理解改革要实，谋划改革要实，落实改革也要实，既当改革的促进派，又当改革的实干家。

* 《把“三严三实”贯穿改革全过程 努力做全面深化改革的实干家》，《人民日报》2015年7月2日。

中共中央政治局常委、中央全面深化改革领导小组副组长刘云山、张高丽出席会议。

会议审议通过了《环境保护督察方案（试行）》、《生态环境监测网络建设方案》、《关于开展领导干部自然资源资产离任审计的试点方案》、《党政领导干部生态环境损害责任追究办法（试行）》、《关于推动国有文化企业把社会效益放在首位、实现社会效益和经济效益相统一的指导意见》。

会议强调，现在，我国发展已经到了必须加快推进生态文明建设的阶段。生态文明建设是加快转变经济发展方式、实现绿色发展的必然要求。要立足我国基本国情和发展新的阶段性特征，以建设美丽中国为目标，以解决生态环境领域突出问题为导向，明确生态文明体制改革必须坚持的指导思想、基本理念、重要原则、总体目标，提出改革任务和举措，为生态文明建设提供体制机制保障。深化生态文明体制改革，关键是要发挥制度的引导、规制、激励、约束等功能，规范各类开发、利用、保护行为，让保护者受益、让损害者受罚。

会议指出，建立环保督察工作机制是建设生态文明的重要抓手，对严格落实环境保护主体责任、完善领导干部目标责任考核制度、追究领导责任和监管责任，具有重要意义。要明确督察的重点对象、重点内容、进度安排、组织形式和实施办法。要把环境问题突出、重大环境事件频发、环境保护责任落实不力的地方作为先期督察对象，近期要把大气、水、土壤污染防治和推进生态文明建设作为重中之重，重点督察贯彻党中央决策部署、解决突出环境问题、落实环境保护主体责任的情况。要强化环境保护“党政同责”和“一岗双责”的要求，对问题突出的地方追究有关单位和个人责任。

会议强调，完善生态环境监测网络，关键是要通过全面设点、全国联网、自动预警、依法追责，形成政府主导、部门协同、社会参与、公众监督的新格局，为环境保护提供科学依据。要围绕影响生态环境监测网络建设的突出问题，强化监测质量监管，落实政府、企业、社会的责任和权利。要依靠科技创新和技术进步，提高生态环境监测立体化、自动化、智能化水平，推进全国生态环境监测数据联网共享，开展生态环境监测大数据分析，实现生态环境监测和监管有效联动。

会议指出，开展领导干部自然资源资产离任审计试点，主要目标是探索并逐步形成一套比较成熟、符合实际的审计规范，明确审计对象、审计内容、审计评价标准、审计责任界定、审计结果运用等，推动领导干部守法守纪、守规尽责，促进自然资源资产节约集约利用和生态环境安全。要紧紧围绕领导干部责任，积极探索离任审计与任中审计、与领导干部经济责任审计以及其他专业审计相结合的组织形式，发挥好审计监督作用。

会议强调，生态环境保护能否落到实处，关键在领导干部。要坚持依法依规、客观公正、科学认定、权责一致、终身追究的原则，围绕落实严守资源消耗上限、环境质量底线、生态保护红线的要求，针对决策、执行、监管中的责任，明确各级领导干部责任追究情形。对造成生态环境损害负有责任的领导干部，不论是否已调离、提拔或者退休，都必须严肃追责。各级党委和政府要切实重视、加强领导，纪检监察机关、组织部门和政府有关监管部门要各尽其责、形成合力。

会议指出，国有文化企业是建设社会主义先进文化的重要力量，必须发挥示范引领和表率带动作用，在推动实现社会效益和经济效益相统一中走在前列。要着力推动国有文化企业树立社会效益第一、社会价值优先的经营理念，完善治理结构，加强绩效考核，推动企业做强做优做大。要建立健全两个效益相统一的评价考核机制，形成对社会效益的可量化、可核查要求。要落实和完善文化经济政策，加强文化市场监管，不断优化国有文化企业健康发展的环境条件。

会议强调，改革越是向纵深发展，越是要重视思想认识问题。要结合“三严三实”专题教育，抓好思想政治工作，教育引导广大党员、干部看大局、明大势，深刻认识全面深化改革的重大意义，自觉站在改革全局的高度，正确看待局部利益关系调整，坚定改革决心和信心，形成推动改革的思想自觉和行动自觉。要把方案质量放在第一位，坚持问题导向，抓实问题，开实药方，提实举措，每一条改革举措都要内涵清楚、指向明确、解决问题，便于基层理解和落实。要把好改革方案的主旨和要点，把准相关改革的内在联系，结合实际实化细化，使各项改革要求落地生根。要集中力量做好督察工作，对执行不力、落实不到位的要严肃问责。

中央全面深化改革领导小组成员出席，中央和国家有关部门负责同志列席会议。

习近平主持召开中央全面深化改革领导小组第十五次会议强调

增强改革定力保持改革韧劲
扎扎实实把改革举措落到实处 *

李克强刘云山张高丽出席

新华社北京 8 月 18 日电　中共中央总书记、国家主席、中央军委主席、中央全面深化改革领导小组组长习近平 8 月 18 日下午主持召开中央全面深化改革领导小组第十五次会议并发表重要讲话。他强调，今年以来，在去年全面深化改革开局良好的基础上，各方面改革继续呈现蹄疾步稳、纵深推进的良好态势，在一些重要领域和关键环节取得新突破。各级党委和政府要增强改革定力、保持改革韧劲，加强思想引导，注重研究改革遇到的新情况新问题，锲而不舍、坚韧不拔，提高改革精确发力和精准落地能力，扎扎实实把改革举措落到实处。

中共中央政治局常委、中央全面深化改革领导小组副组长李克强、刘云山、张高丽出席会议。

会议审议通过了《关于改进审计查出突出问题整改情况向全国人大常委会报告机制的意见》、《关于完善人民法院司法责任制的若干意见》、《关于完善人民检察院司法责任制的若干意见》、《统筹推进世界一流大学和一流学科建设总体方案》、《全面改善贫困地区义务教育薄弱学校基本办学条件工作专项督导办法》、《关于建立居民身份证异地受理挂失申报和丢失招领制度的意见》。

会议指出，改进审计查出突出问题整改情况向全国人大常委会报告的机制，目的是健全全国人大常委会监督工作制度，推进审计整改工作制度化、长效化，增强监督的针对性和实效性，更好发挥全国人大常委会的重要作用。全国人大常委会要把宪法法律赋予的监督权用起来，实行正确监督、有效监督，把听取和审议审计查出突出问题整改情况报告，同开展专题询问等监督形式结合起来，

* 《增强改革定力保持改革韧劲　扎扎实实把改革举措落到实处》，《人民日报》2015 年 08 月 19 日。

把督促审计查出突出问题整改工作同审查监督政府、部门预算决算工作结合起来，改进报告方式，加强督促办理，增强监督实效。

会议强调，完善人民法院司法责任制，要以严格的审判责任制为核心，以科学的审判权力运行机制为前提，以明晰的审判组织权限和审判人员职责为基础，以有效的审判管理和监督制度为保障，让审理者裁判、由裁判者负责，确保人民法院依法独立公正行使审判权。要坚持问题导向，遵循司法权运行规律，着力改进审判组织形式、裁判文书签署机制、审判委员会制度。要落实法官在职责范围内对办案质量终身负责，严格依纪依法追究法官违法审判责任，同时建立健全法官履职保护机制。

会议指出，完善人民检察院司法责任制，目标是构建公正高效的检察权运行机制和公平合理的司法责任认定、追究机制，做到谁办案谁负责、谁决定谁负责。要健全司法办案组织和运行机制、健全检察委员会运行机制、明晰各类检察人员职权、健全检察管理和监督机制、严格责任认定和追究等举措，形成对检察人员司法办案工作的全方位、全过程规范监督制约体系。检察人员应该对其履行检察职责的行为承担司法责任，在职责范围内对办案质量终身负责，依法履职受法律保护。

会议强调，要全面贯彻党的教育方针，遵循教育规律，以立德树人为根本，以中国特色为统领，以支撑创新驱动发展战略、服务经济社会为导向，推动一批高水平大学和学科进入世界一流行列或前列，提升我国高等教育综合实力和国际竞争力，培养一流人才，产出一流成果。要引导和支持高等院校优化学科结构，凝练学科发展方向，突出学科建设重点，通过体制机制改革激发高校内生动力和活力。

会议指出，全面改善贫困地区义务教育学校基本办学条件，要落实政府主体责任。要依法依规开展对全面改善贫困地区义务教育薄弱学校基本办学条件工作的专项督导，明确督导内容、程序、结果应用方式，重点监督经费保障、质量管理、进展成效、社会监督等情况，建立评价、激励、问责机制，推动地方政府履行责任，保障工作进度和成效。

会议强调，建立居民身份证异地受理、挂失申报和丢失招领制度，是一项便民利民服务举措。要考虑各地人口集聚和服务管理工作实际情况，分步实施，有序推进。要发挥公安机关人口服务管理信息化优势，让信息多跑路、让群众少跑腿，方便群众异地换领、补领居民身份证和挂失申报、丢失招领。要严密操作规程，确保公民个人信息安全。

会议指出，要深入调查研究，广泛听取意见，最大限度使提出的改革方案符合实际、符合改革要求，切实解决问题。要引导干部群众从党和国家事业发展大局出发看问题，认识到改革是党和国家各项工作充满活力的必由之路，讲大局、顾大局，正确认识和对待改革中的利益调整。要坚定不移抓好落实，不打折扣，不能遇到矛盾和问题就绕着走、遇到困难就打退堂鼓。对改革遇到的新情况新问题，要及时研究、提出对策、积极化解。

会议强调，要把有利于稳增长、调结构、惠民生、防风险的改革举措往前排，也要在有利于建章立制的改革举措上下功夫，依靠改革增强经济社会发展的活力和动力。要在国企、财税、金融、司法、民生、党建等领域，集中推出一批力度大、措施实、接地气的改革方案。要保持督察工作力度，在是否解决了突出问题上下功夫，让实践来检验、让基层来评判、让群众来打分，确保改革落地见效。

中央全面深化改革领导小组成员出席，中央和国家有关部门负责同志列席会议。

习近平主持召开中央全面深化改革领导小组第十六次会议强调

坚持以扩大开放促进深化改革
坚定不移提高开放型经济水平 *

李克强刘云山张高丽出席

新华社北京 9 月 15 日电　中共中央总书记、国家主席、中央军委主席、中央全面深化改革领导小组组长习近平 9 月 15 日上午主持召开中央全面深化改革

* 《坚持以扩大开放促进深化改革　坚定不移提高开放型经济水平》，《人民日报》2015 年 9 月 16 日。

领导小组第十六次会议并发表重要讲话。他强调，以开放促改革、促发展，是我国改革发展的成功实践。改革和开放相辅相成、相互促进，改革必然要求开放，开放也必然要求改革。要坚定不移实施对外开放的基本国策、实行更加积极主动的开放战略，坚定不移提高开放型经济水平，坚定不移引进外资和外来技术，坚定不移完善对外开放体制机制，以扩大开放促进深化改革，以深化改革促进扩大开放，为经济发展注入新动力、增添新活力、拓展新空间。

中共中央政治局常委、中央全面深化改革领导小组副组长李克强、刘云山、张高丽出席会议。

会议审议通过了《关于实行市场准入负面清单制度的意见》、《关于支持沿边重点地区开发开放若干政策措施的意见》、《关于推进价格机制改革的若干意见》、《关于鼓励和规范国有企业投资项目引入非国有资本的指导意见》、《关于深化律师制度改革的意见》、《法官、检察官单独职务序列改革试点方案》、《法官、检察官工资制度改革试点方案》、《关于加强外国人永久居留服务管理的意见》。

会议指出，实行市场准入负面清单制度，对发挥市场在资源配置中的决定性作用和更好发挥政府作用，建设法治化营商环境，构建开放型经济新体制，具有重要意义。要坚持社会主义市场经济改革方向，把转变政府职能同创新管理方式结合起来，把激发市场活力同加强市场监管统筹起来，放宽和规范市场准入，精简和优化行政审批，强化和创新市场监管，加快构建市场开放公平、规范有序，企业自主决策、平等竞争，政府权责清晰、监管有力的市场准入管理新体制。对应该放给企业的权力要松开手、放到位，做到负面清单以外的事项由市场主体依法决定。实行市场准入负面清单制度要通过试点积累经验、逐会议强调，重点开发开放试验区、沿边国家级口岸、边境城市、边境和跨境经济合作区等沿边重点地区是我国深化同周边国家和地区合作的重要平台，是沿边地区经济社会发展的重要支撑。要着眼于实现稳边安边兴边，综合考虑经济发展、边疆稳定、民族团结、周边安宁的需要，深入推进兴边富民行动，加强基础设施建设，加大精准扶贫力度，扶持特色产业发展，提高旅游开放水平，加大财税支持力度，实施差别化扶持政策，深化体制机制改革，发挥沿边重点地区对边境地区的辐射和带动作用。要以改革创新助推沿边开放，允许沿边地区先行先试，大胆探索创新跨境经济合作新模式、促进沿边地区发展新机制、实现兴边富民新途径。

会议指出，要完善重点领域价格形成机制，健全政府定价制度，加强市场价格监管和反垄断执法，实现竞争性领域和环节价格基本放开，政府定价范围主要限定在重要公用事业、公益性服务、网络型自然垄断环节，建立起科学、规范、透明的价格监管制度和反垄断执法体系。凡是能由市场形成价格的都交给市场，坚持放管结合，强化事中事后监管，提高监管效率。要统筹兼顾生产者、经营者、消费者利益，协调好经济效率和社会公平、环境保护的关系。要推进定价项目清单化，推进政府定价公开透明。

会议强调，要按照有利于改善国有企业投资项目的产权结构，有利于国有资本放大功能、保值增值、提高竞争力，有利于各种所有制资本取长补短、相互促进、共同发展的总体要求，依法依规、公开透明，完善体制、优化环境的原则，拓宽国有企业投资项目引入非国有资本的领域，分类推进国有企业投资项目引入非国有资本工作。要完善引资方式，规范决策程序，防止暗箱操作和国有资产流失。

会议指出，要围绕全面推进依法治国，完善律师执业保障机制，加强律师队伍建设，建设一支拥护党的领导、拥护社会主义法治的高素质律师队伍，充分发挥律师在全面依法治国中的重要作用。要把法律规定的律师执业权利切实落实到位，建立健全配套的工作制度和救济机制，依法保障律师在辩护、代理中所享有的各项执业权利，确保侵犯律师执业权利的行为能够得到及时纠正。要加强律师执业管理，明晰律师执业行为边界，加强律师队伍思想政治建设。

会议强调，开展法官、检察官单独职务序列和工资制度改革试点，是促进法官、检察官队伍专业化、职业化建设的重要举措。要突出法官、检察官职业特点，对法官、检察官队伍给予特殊政策，建立有别于其他公务员的单独职务序列。要注重向基层倾斜，重点加强市（地）级以下法院、检察院。要实行全国统一的法官、检察官工资制度，在统一制度的前提下，体现职业特点，建立与法官、检察官单独职务序列设置办法相衔接、有别于其他公务员的工资制度。要建立与工作职责、实绩和贡献紧密联系的工资分配机制，健全完善约束机制，鼓励办好案、多办案。要加大对一线办案人员的工资政策倾斜力度，鼓励优秀人员向一线办案岗位流动。

会议指出，要实行更加积极有效的外国人永久居留服务管理政策，进一步理顺体制机制，健全政策法规，优化申请条件，简化工作流程，落实资格待遇，加强日常管理，形成更为科学合理、开放务实的外国人永久居留管理服务工作格局。

会议强调，提高利用国际国内两个市场、两种资源的能力，要牢牢抓住体制改革这个核心，坚持内外统筹、破立结合，坚决破除一切阻碍对外开放的体制机制障碍，加快形成有利于培育新的比较优势和竞争优势的制度安排。要从制度和规则层面进行改革，推进包括放宽市场投资准入、加快自由贸易区建设、扩大内陆沿边开放等在内的体制机制改革，完善市场准入和监管、产权保护、信用体系等方面的法律制度，着力营造法治化、国际化的营商环境。要加快走出去步伐，协同推进东中西部对外开放，巩固外贸传统优势，加强国际产能合作，加快培育竞争新优势。

会议指出，利用外资是我们的长期方针，中国利用外资的政策不会变，对外商投资企业合法权益的保障不会变，为各国企业在华投资兴业提供更好服务的方向不会变。要把利用外资同转变经济发展方式、调整经济结构紧密结合起来，更加注重引进先进技术、管理经验和高素质人才。扩大对外开放要同实施“一带一路”等国家重大战略紧密衔接起来，同国内改革发展衔接起来。要积极参与国际经贸规则制定，推动国际经济秩序朝着更加公正合理的方向发展。

中央全面深化改革领导小组成员出席，中央和国家有关部门负责同志列席会议。

后 记

改革开放是推动发展的制胜法宝，是当代中国最鲜明的特色，是实现中华民族伟大复兴的关键一招。只有坚定不移朝着全面深化改革目标前进，全面建成小康社会、全面依法治国、全面从严治党的伟大战略布局才能落实，中华民族伟大复兴的中国梦才能铸就。习近平总书记主持召开中央全面深化改革领导小组第十四次会议时强调，广大党员、干部特别是领导干部要大力弘扬实事求是、求真务实精神，理解改革要实，谋划改革要实，落实改革也要实，既当改革的促进派，又当改革的实干家。

改革改什么？改革怎么改？广大党员、干部如何在落实全面深化改革过程中处理好改革“最先一公里”和“最后一公里”的关系，突破“中梗阻”，防止不作为？如何既当改革的促进派，又当改革的实干家？本书以做改革实干家为主题，集聚众多专家学者，聚焦改革关键点与热点难点问题，从不同角度全面、系统地论述了如何在全面深化改革过程中做一名合格的改革实干家。对广大党员、干部敢于担当、攻坚克难，同心协力推进国家治理体系和治理能力现代化提供了极具权威性、实用性、操作性的参考。既可作为广大党员、干部自我学习提高的读本，同时还可作为党校、行政学院讲授改革相关课题的培训教材。

在选编本书的过程中为了避免遗珠之憾，我们尽最大可能在最广的范围内收录相关领导干部和专家关于改革论述的思想精华。唯有如此，才能够接近完整地为广大党员、干部奉献一本谈做改革实干家的好书。但是，这样一来，由于山水遥远，或联系方式的局限，未能跟上述某些作者或著作版权代理人一一取得联系，在此先行致谢。望其见书后，能与我们取得联系。联系方式：xdf2003@vip.163.com

编　者

2015 年 8 月 8 日